すし 天ぷら 蕎麦 うなぎ

江戸四大名物食の誕生

飯野亮一

筑摩書房

はじめに

今からおよそ二〇〇年前の江戸の町。そこにはいろいろな食べ物屋があり、それぞれに繁盛していた。なかでも人気があったのが、すし・天麩羅・蕎麦・うなぎだった。江戸の町には屋台がたくさん出ており、文字通り江戸前の魚介類を使って、握りたてのすしや揚げたての天麩羅を立食いさせていた。そば屋では、自家製の手打ちそばをかつお節のだしを利かせたそばつゆで食べさせていたし、蒲焼屋では、生簀に飼っている江戸前の生きた鰻をその場で裂いて蒲焼にしていた（ちなみに「江戸前」を最初にうたったのは蒲焼屋だった）。

江戸は早くから外食文化が栄え、十九世紀の初めころには飲食店の数が七六〇三軒に達していた。こうした飲食店には、料理茶屋、そば屋、蒲焼屋、すし屋、居酒屋、煮売茶屋、茶漬屋、一膳飯屋、菜飯屋、団子屋、汁粉屋、甘酒屋などがあったが、一番多いのが居酒屋だった。そこで、二〇一四年に、江戸の居酒屋文化に注目して『居酒屋の誕生』（ちくま学芸文庫）を書いた。この時はテーマの性質上、酒を中心に江戸の食文化を眺めたので、今回は食を中心にして江戸の食文化を眺めてみようと考えた。さまざまな食べ物が売られているなかで、すし・天麩羅・蕎麦・うなぎを選んだのは、この四つが特に江戸っ子に愛されて発展を遂げ、江戸の人気食になっていたからで、今でもこれは東京の名物食になっている。

本書では、先学の研究成果に学びつつ、この四大名物食を、江戸に生まれてきた順に配列し、相互に関連をもたせながら、絵画史料なども用い、発展していく過程を描き出してみた。また、多くの史料にあたることで、これまで明らかにされていなかった、二八そばの名の由来、天麩羅そば誕生の瞬間、蒲焼が江戸で売り出された時期、天麩羅と茶漬との出会い、握りずしが生まれてきた背景、などを突き止めることができた。

このほかにもいろいろと発見があったが、読者のみなさんは、江戸四大名物食に関する次の文章に、いくつ間違いがあるかおわかりだろうか？

・すし、天麩羅、蕎麦、蒲焼はすべて屋台からはじまった。
・「そば前」という言葉はなかった。
・はじめはそばよりうどんのほうが人気があった。

・蒲焼屋では、肝吸いを出してなかった。
・蒲焼は串を抜かずに出されていた。
・天麩羅の屋台ではすでに大根おろしをサービスしていた。
・天麩羅の特別なものを金麩羅といった。
・握りずしにガリを添える習慣はなかった。
・握りずしより散らしずしのほうが高かった。

この答えは本書を読み進む中で見つけていただくことにしよう。

本書では、挿絵や川柳を多用して、江戸四大名物食を視覚的・聴覚的にとらえていただくことを心掛けた。江戸の町を散歩するような気分で江戸の食文化を楽しんでいただければと願っている。

なお、引用した文や句については、適宜、句読点を付し、漢字に読み仮名、送り仮名をほどこし、仮名を漢字に、片仮名を平仮名に書き改めたりした。仮名遣いについては、いわゆる歴史的仮名遣いと異なる場合もあるが、引用元の表記に従った。また、引用に際しては省略・意訳・現代語訳したものもある。

俳諧・雑俳・川柳の下には出典を示したが、頻出する『川柳評万句合勝句《せんりゅうひょうまんくあわせかちく》刷《ずり》』の句については「万句合」、『誹風柳多留《はいふうやなぎだる》』の句については「柳」と略記した。

目次

第二章　蒲焼屋の誕生と発展　139

すし 天ぷら 蕎麦 うなぎ

江戸四大名物食の誕生

序章　食べ物商売の繁盛と四大名物食

『気替而戯作問答《きをかえてげさくもんどう》』という絵草紙には、天麩羅の屋台、蒲焼の辻売り、初鰹売りなどが生き生きと描かれている（図1）。作者は当時の人気作家・山東京伝、絵を描いたのは初世歌川豊国で、「文化十三年丙子壬八月稿成」の序年記がある。京伝は文化十三年（一八一六）九月七日に、五十六歳で急逝しているので、その直前にこの作品を仕上げたことになる。文中には、

「かばやきの匂ひは十種香《じしゆがう》（十種類の香材をまぜた香）よりも鼻をうがち、てんぷらの味はひには早道《はやみち》（財布）の底をはたく。かもなんばん、白玉の汁粉はいふもさらなり。それより品くだりて、こんにやくのおでん、大ふくもち、あつたかいやきいも、巻きすし、やきずるめ、みな相応《そうおう》に好むところあり。九年かゝつて悟りをひらいた達磨さまでも喰わずにゐられまじ。荒行《あらぎやう》せられた文覚《もんがく》上人でも一生

の棒手振りなどが活き活きと描かれている。『気替而戯作問答』（文化13年）

図1　食べ物屋の繁盛。天麩羅を揚げている屋台、蒲焼の辻売り、初がつお

断食はなるべからず。たとへ吉野の花がいかほどみごとじやとてもひだるい（ひもじい）ときは一本のあやめだんごにしかず。楊貴妃や小町がなんぼ美しくても、腹のへつたときの夜鷹蕎麦一つぱいにはしかず。花より団子、色気より食い気とは此ゆへなり。稼《かせ》がずに喰はふと思ふはむり。ずいぶん稼いで大飯《おほめし》を喰らひたまへ」（文中カッコ内、著者注。以下同じ）

とある。

「花より団子、色気より食い気」で、今から二〇〇年前の江戸は一〇〇万人を超える大都市に発展し、さまざまな食べ物商売があった。ここにみられるだけでも、鴨なんばん、天麩羅、蒲焼、白玉の汁粉、こんにゃくのおでん、大福餅、焼き芋、巻きずし、焼きするめ、あやめ団子、そばなどが売られている。

辻売りの蒲焼売りは「大蒲焼」の看板を掲げて、蒲焼を焼いているが、傍らに笊が積み重ねられ、半切桶の上には庖丁と俎板が置かれている。この蒲焼売りは鰻をその場で裂いて蒲焼にしている。

天麩羅の屋台では客が揚げたての天麩羅を立食いしている。そのすぐそばに閻魔大王が描かれ、「此閻魔もかばやきの匂ひに後ろ髪をひかれて六道の辻に迷ふぞや。

てんぷら恋しやなつかしや」といって、六道の辻（六道へ通じる道の岐れる所）から迷い出てきている。

初鰹売りは「これみなさい。生きてはねるやうなかつほだ。七十五日生延びる気はないか。かつほ、かつほ」と町を走り抜けている。

こうしたさまざまな食べ物が売られていたが、特に江戸っ子に人気のあった蒲焼、天麩羅、そばについて、「かばやきの匂ひ」、「てんぷらの味はひ」、「腹のへつたときの夜鷹蕎麦一つぱい」とこの食べ物の特性が簡潔に表現されている。ここにはまだ握りずしの名はみられないが（「巻きずし」の名はみられる）、まもなく握りずしが生まれ、そば、天麩羅、蒲焼、握りずしの、江戸四大名物食が出揃う。

この四つを江戸の名物食とみなす考えは幕末には生まれていて、江戸堀江町四丁目（中央区日本橋小網町）に生まれ育った江戸っ子・鹿島萬兵衛《かしままんべえ》（嘉永二年～昭和三年）は、幕末から明治初頭にかけての江戸の暮らしぶりを著した『江戸の夕栄《ゆうばえ》』（大正十一年）のなかで、「他国に類《たぐい》なき江戸渋味の食物」として「鰻蒲焼」「天麩羅」「蕎麦屋」「鮨・稲荷ずし」を挙げ、それぞれの名店を紹介している。名著『飲食事典』を著した明治十四年生まれの本山荻舟《もとやまてきしゅう》もこの考えを受け継ぎ、「東京を代表する四大食物」に「蕎麦」「蒲焼」「寿司」「天麩羅」を挙げ、その名物たる由縁を述べている（『美味廻国』昭和六年）。

江戸っ子に愛され、発展を遂げたこの四大名物食が、いつ生まれ、どのようにして江戸名物になっていったかについて、これらを扱う商売を中心に発展史を辿ってみる。

第一章　そば屋の誕生と発展

一　そば屋の誕生

（一）木曽で生まれたそば切り

四大名物食のうち、最初に現われたのはそばである。

蕎麦の実を粉に挽いてそばがきやそば餅にして食べることは室町時代に始まっていたが、そば粉をよりおいしく食べるために麺状に加工して食べることが始まり、それを江戸時代は「そば切り」と呼んだ。

そば切りの名は、『定勝寺文書《じょうしょうじもんじょ》』の天正二年（一五七四）にみえるのが最古の記録といわれている。この前年の天正元年には、十五代将軍足利義昭が、織田信長によって追放され室町幕府が滅びている。そば切りの名は、信長時代の幕開けのころ

図２　定勝寺の堂宇。「須原」「定勝寺」とある。『木曽路名所図会』（文化２年）

に舞台に登場してきた。

定勝寺は、長野県木曽郡大桑村須原にある臨済宗妙心寺派の古刹で、木曽氏によって嘉慶年間（一三八七～八九）に創建されたと伝えられる。江戸時代には「木曽三ケ寺」に数えられ、秋里籬《あきざとり》島《とう》の『木曽路名所図会』（文化二年）には堂宇の全景が描かれている（図２）。桃山時代建立の本堂・庫裏・山門が、昭和二十七年（一九五二）に国の重要文化財に指定された。

定勝寺文書によると、寺では天正二年二月十日から仏殿と奥縁壁《おくえんかべ》の修復工事が始まり、三月十六日には番匠五十七人（大工や鍛冶など）に対し振る舞いが行なわれている（竣工祝いか）。その際に、千村淡路守《ちむらあわじのかみ》の内《うち》（妻）から徳利一つと「ソハフクロ（そば袋）」一つが寄進され、金永という人物がそば切りを振る舞っていて、

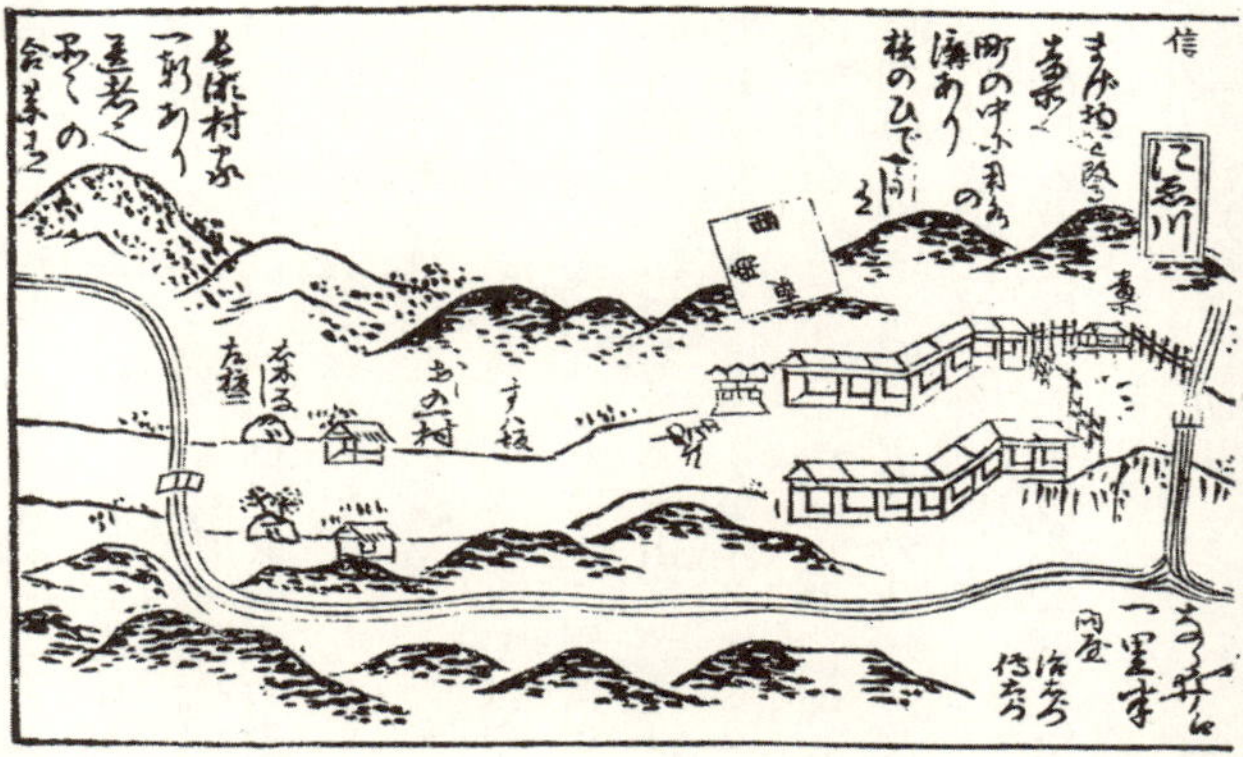

図３　贄川宿。「にゑ川」「なら井江一里半」とある。『岐蘇路安見絵図』（宝暦６年）

「徳利一ツ　ソハフクロ一ツ　千淡内
（中略）
振舞　ソハキリ　金永　」

とでている（『信濃史料』十四）。そば袋とはそば粉の入った袋で、金永はこのそば粉でそば切りを打ったものと思えるが、そば切りが工事関係者の労をねぎらうご馳走として振舞われている。

定勝寺のある木曽谷（長野県南西部）は蕎麦の産地で、尾張藩の儒医・堀杏《ほりきょう》庵《あん》は、日光東照宮に向かう藩主徳川義直（初代尾張藩主）に随行して中山道を下り、寛永十三年（一六三六）四月四日、木曽谷の贄川《にえかわ》宿（長野県塩尻市、

図3）に宿泊し、「夜、義直公から蕎麦切を賜った。少し醤《ひしほ》（なめ味噌の一種）を加えた大根の絞り汁に、鰹粉（鰹節粉）・葱《ねぎ》・蒜《ひる》（ノビル）を入れて食す。食にふける者（目一杯食べた者）は数十椀に至る」と日記に記している（『中山日録《ちゅうざんにちろく》』）。贄川宿のそば切りは、徳川御三家筆頭の大名に供される料理のレベルに達していて、随行者の中には数十椀ものそば切りを平らげた者もいる。

俳人雲鈴は「蕎麦切ノ頌」で、「蕎麦切といつ（う）は。もと信濃ノ国。本山宿より出て。あまねく国々にもてはやされける」と、そば切り本山宿《もとやましゅく》発祥説を唱えている（『風俗文選《ふうぞくもんぜん》』宝永三年・一七〇六）。本山宿は、贄川宿の一つ北にある宿場で、木曽谷の入口にある。本山宿がそば切りの発祥地であるかはともかくとして、ここでも早くからそば切りが作られていたようだ。定勝寺のある須原宿から贄川宿を経て本山宿へと至る木曽谷はそば切りの先進地で、『本朝食鑑《ほんちょうしょっかん》』（元禄十年）に「蕎《そ》は四方に有」るが「信州の産には及ばない」とあるように、木曽谷のある信州は蕎麦の名産地になる。

（二）江戸のそば切り

江戸のそば屋は信州のそば粉を使ってそば切りを人気食に仕立て上げていく。

江戸でも杏庵が食する以前にそば切りが食べられていた。京都の天台宗尊勝院住持・慈性《じしょう》は、慶長十九年（一六一四）二月三日に、

「常明寺へ、薬樹・東光にもマチノ風呂へ入らんとの事にて行候へ共《ども》、人多ク候てもとり（戻り）候。ソハキリ振舞被申《まうされ》候也」

と日記に記している（『慈性日記』）。慈性は江戸城における天台宗の論義を聴聞するために江戸にやってきていた。この日は常明寺へ行った後、薬樹・東光といった仲間と町の風呂に入りに行っている。この年に成った三浦浄心の『慶長見聞集』「ゆなふろ繁昌の事」には、「今は町毎に風呂有。びた（鐚銭）拾五文、廿銭づゝにて入る也。湯女《ゆな》と云て、なまめける女ども廿人、参拾人ならび居てあかをかき、髪をそゝぐ」とでている。この頃の江戸の町には至る処に風呂屋があり、なまめかしい湯女を大勢抱えて賑わっていた。慈性たちも江戸で話題になっている風呂に入りに行くが、混んでいて入れず、戻ってきてそば切りの振舞にあずかっている。薬樹は近江坂本の薬樹院（天台宗）の僧・久運、東光は江戸の小伝馬町東光院（天台宗）の僧・詮長で、慈性がそば切りの振舞にあずかったのは、久運と一緒に宿泊してい

た寺か、詮長の東光院であろう。

江戸ではそば屋が生まれる前に、寺でそば打ちが始まっていた。定勝寺でのそば打ちといい、早期のそば切りは寺との関係が深い。

寛永年間(一六二四〜四四)にはそば切りが売買されるようになっている。寛永十九年五月に、前年よりつづいた凶作のため、飢饉対策上必要な十一か条の法令が関東を中心とした幕府領に出されているが、その第三条に、

「当年は温飩・切麦・蕎麦きり・素麵・饅頭等売買仕《つかまつりま》間鋪事《じき》」

とある(『御触書寛保集成』一三〇八)。さらにこの三か月後の八月にも、

「在々に而《て》うどん・切麦・そば切・餅・まん頭・豆腐其外何にても五穀之費に成候ものむさと致し(思慮分別もなく)商売仕間敷事」

と同様の禁止令が幕府領に出されている(『徳川禁令考』「前集第五」二七八四)。そば切りの売買が禁じられたのは「五穀の費《つひえ》(むだづかい)」になるとみなされたため

で、この頃には関東の「在々」（所々の村々）で、原料のそば粉に手を加えたそば切りが売買されていたことが分かる。

（三）そば切り屋あらわる

三代将軍家光の寛永年間には、木曽の贄川宿でそば切りを客に提供していたし、関東の村々ではそば切りが売られていた。大消費地の江戸の町にも、この頃にはそば切りを売る店があってもよさそうだが、はっきりしたことは分からない。

浅草で繁盛していた「正直蕎麦の書上《かきあげ》（上申書）」には、

「　蕎麦売　勘左衛門

私先祖之義、寛永年中（略）浅草寺境内、当時住居　仕候《つかまつりさうらふ》場所え、芦簀《よしず》張《はり》にて戸板之上え黒椀にて生そばを盛り渡世《とせい》致し、其頃より直段《ねだん》下直《げぢき》に沢山有之《これあり》候に付、其砌《そのみぎり》より正直と申触《まうしふら》し、其後町屋に相成り、右場所え家作致し、住居仕《つかまつり》　申候。代々長寿にて是迄七代相続《あいつゞき》　仕《つかまつり》　候。寛保三年（一七四三）春よりあく抜そば相始《あいはじめ》申候義に御座候、以上。

以上乙酉（文政八年）書上」

とある（『御府内備考』巻之十七「浅草之五　南馬道町」）。これは、幕府が『御府内風土記』を編集するにあたって、町名主に命じて提出させた町毎の調査報告書に載る正直蕎麦の書上げで、正直蕎麦は寛永年中に浅草寺境内で、戸板の上に生蕎麦《きそば》の黒椀を並べ、値段を安く盛りをよくし、正直と唱えて売りはじめた、と上申されている。

寛永年間に江戸にそば屋が生まれていたことを示す有力な手がかりになるが、これが上申されたのは文政八年（一八二五）のことである。商店が創業年を古い時期に設定することはよくあることで、斎藤月岑《げっしん》の『武江年表』「正編」（嘉永元年）には、延宝元年（一六七三）のところに「浅草正直蕎麦始む」とでているし、加藤曳尾庵の『我衣』（文政八年）「巻一」に引用されている古書によると、正直そばの開店は享保（一七一六〜三六）末年になっている。

したがって、この書上げによって、正直蕎麦が寛永年中に開店していたとはいえないが、初期のそば屋の様子を知ることが出来る。その後、正直蕎麦は生そばの大盛を売りものにして名店に発展し、日新舎友蕎子の『蕎麦全書』（寛延四年・一七五一）には、「浅草馬道伊勢や正直そば、多くは（多くのそば屋では）小麦の粉を入れ

る。正直にして小麦をまじえざるとの意なり」とあり、小咄本『鼠の笑』（安永九年・一七八〇）「正直そば」には、

「正じきそばとは、なぜいふ。この様にたくさん、正じきにもりますゆへ、正じきと申します。そんならゑへが、これはしるがすくない。しるはうそか」

といった、小咄がでている。

絵画資料によると、寛永年間ころの江戸の賑い振りを描いた『江戸図屏風』には、神田の町筋のところに、櫛形をした板に細く切った紙を垂らした看板を棹の先に掲げた店が描かれている（図4）。柳亭種彦の『用捨箱』（天保十二年）「饂飩の看板」には、

「昔は温飩《うんどん》おこなはれて、温飩《うんどん》のかたわらに蕎麦《そば》きりを売《うる》。（略）悉《みなう》温飩屋《どんや》にて看板に額《がく》あるひは櫛形《くしがた》したる板へ、細くきりたる紙をつけたるを出《いだ》しゝが、今江戸には絶《たえ》たり」

図4　うどん屋の看板。櫛形をした板に細く切った紙を付けた看板を棹の先に掲げている。『江戸図屛風』（寛永年間頃）

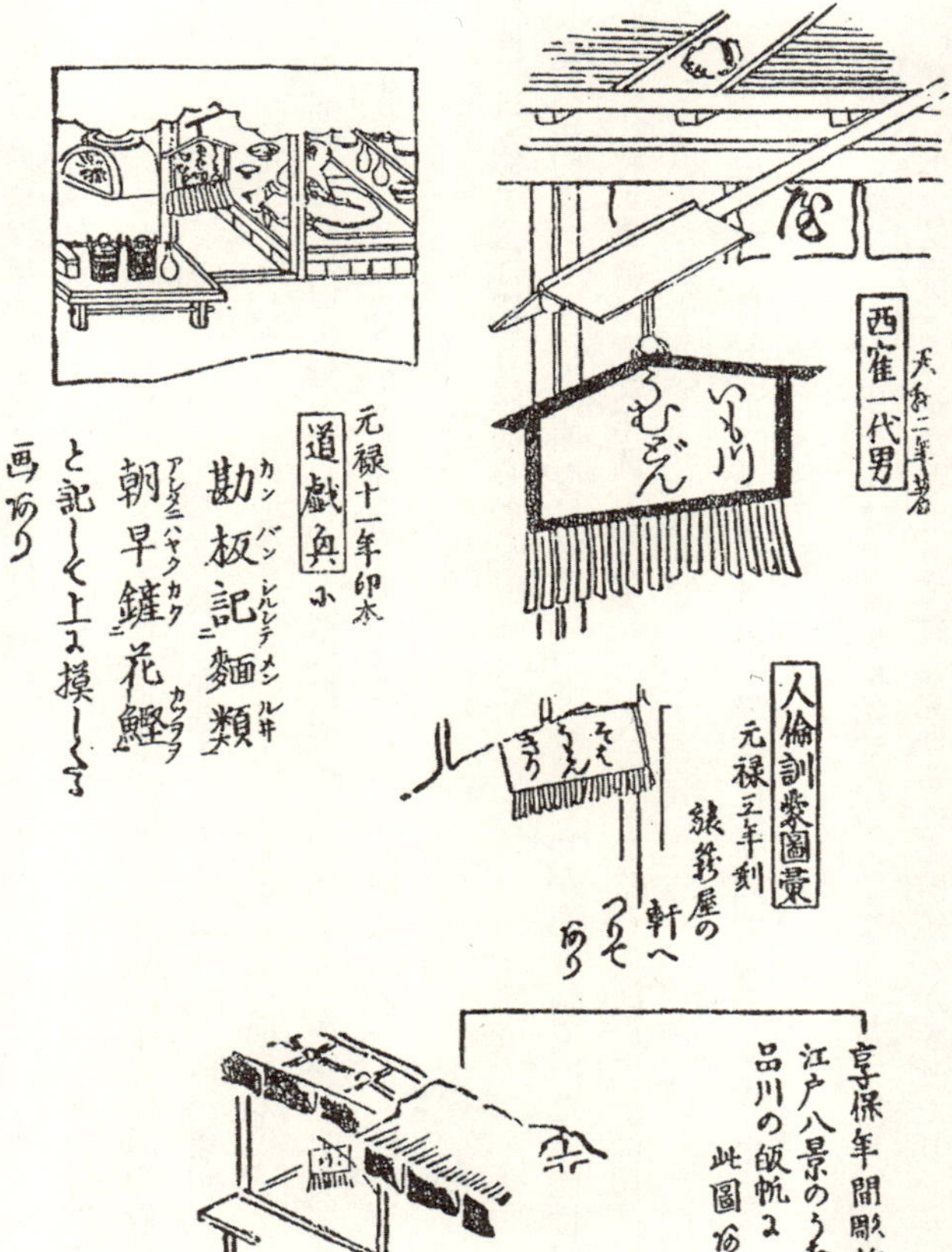

図５　「饂飩の看板」。初期の麵類屋の看板が描かれている。『用捨箱』（天保 12 年）

とあって、享保年間頃までの「饂飩の看板」の絵を四種類載せているが、『江戸図屏風』の店の看板によく似ている（図5）。『用捨箱』では、うどん屋の看板として紹介しているが、ここに載っている『人倫訓蒙図彙《じんりんきんもうずい》』（元禄三年）の店の看板には「うどん・そばきり」とあり、『道戯興《どうげきょう》』（元禄十一年）の「麺類」屋の看板には「うんどん・そば切・切むぎ（冷やむぎ）」とあって、どちらもそば切りを売っている。『江戸図屏風』に描かれている店は、看板の形からいってうどん屋にちがいないが、この店ではうどんのほかにそば切りも売っていた可能性がある。

（四）けんどんそば切り屋あらわる

寛永年間（一六二一～四四）には、江戸でそば切りが売られていた可能性があるが、四代将軍家綱の寛文年間（一六六一～七三）になると、江戸にそば切り屋があったことがはっきりする。

吉原江戸町一丁目の名主・庄司勝富の『異本洞房語園』（享保五年）によると、

「媗鈍《けんどん》。寛文二年寅の秋中より吉原に始て出来たる名なり。往来《おうらい》の人を呼声媗《かまびすく》して局女郎《つぼねぢょろう》より遥かおとりて鈍く見ゆる迚《とて》、媗鈍《けんどん》とかゝせたり。其頃江戸町弐丁目に仁右衛門といふ者うんどん蕎麦《そば》切を商売しが、壱人前の弁当を拵《こしら》へそば切を仕込て、銀目《ぎんめ》五分宛（三十三文位）に売（り）、端傾城《はしげいせい》（下級の遊女）の下《げ》直《じき》なる（に）なぞらへけんどんそばと名付しを世間にひろまるなり」

寛文二年に生まれたけんどん女郎の安値になぞらえて、この頃にけんどんそばが売り出されて世間に広まった、とある。寛文年間に、これまであった太夫《たゆう》・格子・局《つぼね》女郎といった遊女の下に、けんどん女郎が置かれていたことは、吉原の遊女を評判した『讃嘲記時之太鞁《さんちょうきときのたいこ》』（寛文七年）の「げびたるもの」に「けんどん」の名がみえ、『吉原よぶこ鳥』（寛文八年）の「ならぬもの」にも「けんどんのあげ屋ゆき」があげられている。「あげ屋」（揚屋）は、遊客が妓楼から遊女を呼んで遊ぶ家で、けんどん女郎のような下級遊女は揚屋に呼べないことをいっている。

享保年間に八十の高齢に達していた老人が、幼児期から見聞した江戸の風俗の変遷を記した『昔々物語』（享保十七年〈一七三二〉頃）にも、この頃にそば切りが売り出されたことがでていて、

「うどん蕎麦切七十年以前は御旗本調て喰人《くらふひと》なし。寛文辰年（四年）けんどん蕎

麦切といふ物出来て下々《しもじも》買喰《かいくらふ》。御旗本衆喰人なし。近年は大身《たいしん》歴々《れきれき》にてけんどん
を喰ふ」（明和七年の写本）

とある。

この二書を併せみると、寛文二年ころ、吉原の下級遊女にちなんで売り出されたけんどんそば切りがヒットし、町の中にもけんどんそば切りを売る店が現われた、ということになる。

その後、うどん・そば・飯などを一杯ずつ盛切りにして売るものを「けんどん」というようになり、江戸の町のガイドブック『江戸鹿子』（貞享四年・一六八七）には、

「見頓《けんとん》屋　堺町　市川屋　中橋大が町　きりや
同提重《さげぢう》　堀江町　若なや　本町（店名無し）　新橋出雲町（店名無し）
食見頓《けんとん》　金龍山（店名無し）　品川　おもたかや　同所　かりかねや　目黒（店名無し）」

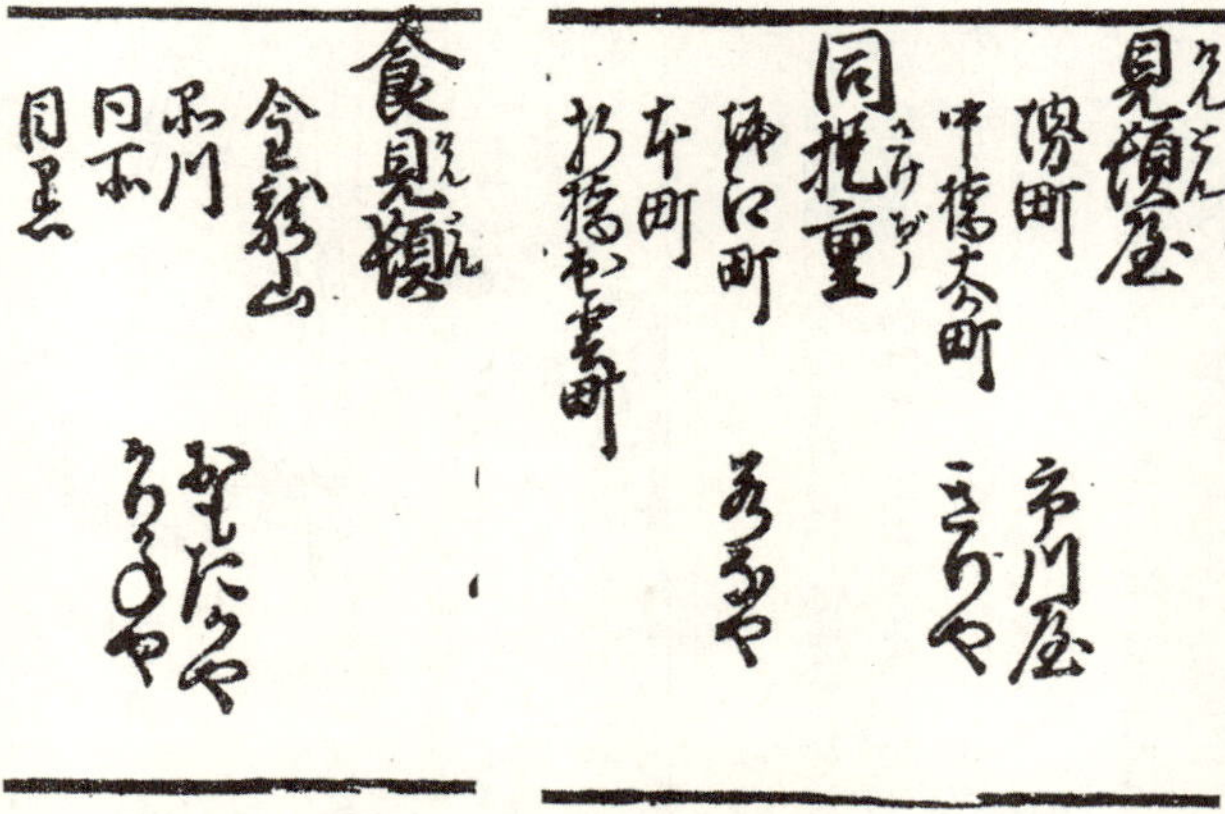

図6　「見頓屋《けんとん》」「同提重《さけぢう》」「食見頓《けんとん》」の店。『江戸鹿子』（貞享3年）

とあって、けんどん屋の種類が載っている（図6）。「見頓屋《けんとん》」はうどん・そばを盛切りにして売る店。「同（見頓）提重《さげぢう》」は、提重《さげじゆう》（提重箱《さげじゆうばこ》）にけんどんを入れて出前する店。「食見頓《けんとん》」は飯見頓で、一膳飯屋と思える。

西村重長《しげなが》作画の『ほりさらい』（享保十八年頃）には、堀さらいをした土を「土置場へ運ぶ体」が描かれている。左上の役人が「もり（盛）がわるいでつちりと（どっさりと）もて（持って）こい」と土運びにいっているが、土運びが「なに　けんどんのそばでもあるまいし」と言い返している（図7）。ここでは、けんどんが一杯盛切りのそばの意味で使われている。

図7　土運び。もっこに盛られた土がけんどんそばにみたてられている。『ほりさらい』（享保18年頃）

（五）けんどん蒸しそば切り屋あらわる

初期のけんどんそば切りがどのようにして供されていたか分からないが、貞享から元禄年間（一六八四～一七〇四）にかけて、それを「蒸しそば切り」にして供することが流行している。

江戸初期のそば切りは、ゆでてから笊にすくい、ぬるま湯でさっと洗い、再び笊に入れ熱湯をかけて蓋をして蒸したり（『料理物語』寛永二十年・一六四三）、ゆでてから水でさっと洗って笊に入れ、湯をいれた桶の上に笊をのせ、熱湯をかけて蒸したりしているが（『合類日用料理抄』元禄二年）、『黒白精味集《こくびゃくせいみしゅう》』（延享三年・一七四六）には、生粉打ちしたそばは、「湯煮は大水にして、蕎麦は少しづつ入れ、一泡半、二泡にてあげ、水へ入れ洗い、ざるへ入れ、湯をかけて、桶に熱湯をいれ、ざるにふたをして蒸し出すなり」とある。

『黒白精味集』の著者は江戸川散人・孤松庵養五郎とあり、その名前や本文中に江戸周辺の地名が多いことから、江戸の住人のようである。初期のそば切りは、まだつなぎを使わない生《き》そばで、生粉《きこ》打ち（つなぎを使わないでそばを打つこと）のそばは切れやすい。そこでゆですぎないようにゆで、笊を蒸籠《せいろ》に活用して蒸し上げたのではなかろうか。蒸すというより蒸らすという方が適切だが、このように蒸して仕上げたそばを「蒸しそば切り」といい、仕上げに笊を蒸し器（蒸籠）として使用したので「蒸籠蒸しそば切り」ともいっていたのであろう。蒸しそば切りは温かい盛りそば（温盛《あつもり》そば）ということになる。

柳亭種彦の『還魂紙料《すきかえし》』（文政九年）には、

「蒸蕎麦切《むしそばきり》〔かる口男〕（貞享元年頃印本）。飢《うゑ》をたすくる旅籠町《はたごちやう》、弓手《ゆんで》（左手）も馬手《めて》（右手）もそば切屋《きりや》、おはひり（お入り）あれや殿《との》さまたち、一杯《いつぱい》六文かけねなし。むしそば切《きり》の根本《こんぽん》と、声々《こゑごゑ》によばわれども云々（原注。下に観音のことあり、浅草はたご町なるべし）」

の一文が載っている。『かる口男』は「貞享元年（一六八四）頃の印本（出版）」とあるので、けんどんそば切りが現われてから二十数年経った頃のことになる。奥州街道を浅草橋から駒形方面に向かって北上していくと、その途中に旅籠町がある（台東区蔵前二、三丁目）。延宝八年（一六八〇）に刊行された『江戸《えど》方角安見図鑑《ほうがくあんけんずかん》』の「廿三　浅草取こへ（鳥越）」を眺めると、旅籠町には奥州街道に面して両側に町屋が並んでいる（図8）。街道の両側にそば屋が立ち並び、それぞれが蒸しそば切りの根本（元祖）を名乗って、客を呼び込んでいる光景が描写されている。

さらに旅籠町を少し北上すると諏訪町になる。ここにもけんどんの蒸しそば切りの店が出来ていた。元禄三年（一六九〇）刊の小咄本『かの子ばなし』には「けんどんは時の間の虫」と題して次のような小咄が載っている。

中間《ちゆうげん》（武家の奉公人）らしき男が、諏訪町あたりを通りかかると「蒸籠むしそば切一膳七文」と呼びかけられる。財布に銭は十四、五文しかなかったが、非常に疲れていた上、空腹だったので、まずは入ろうと決めて店に入る。そばの膳が出されると、すきっ腹なので、たちまち四膳まで平らげる。代金は二十八文になるが、銭は十四、五文しかない。どうしたものかと思案するが、亭主を呼び、二十四文の酒を追加注文する。酒を飲んだ後、膳のそば切りの半分を喰い残し、傍《そば》にいたヤスデ

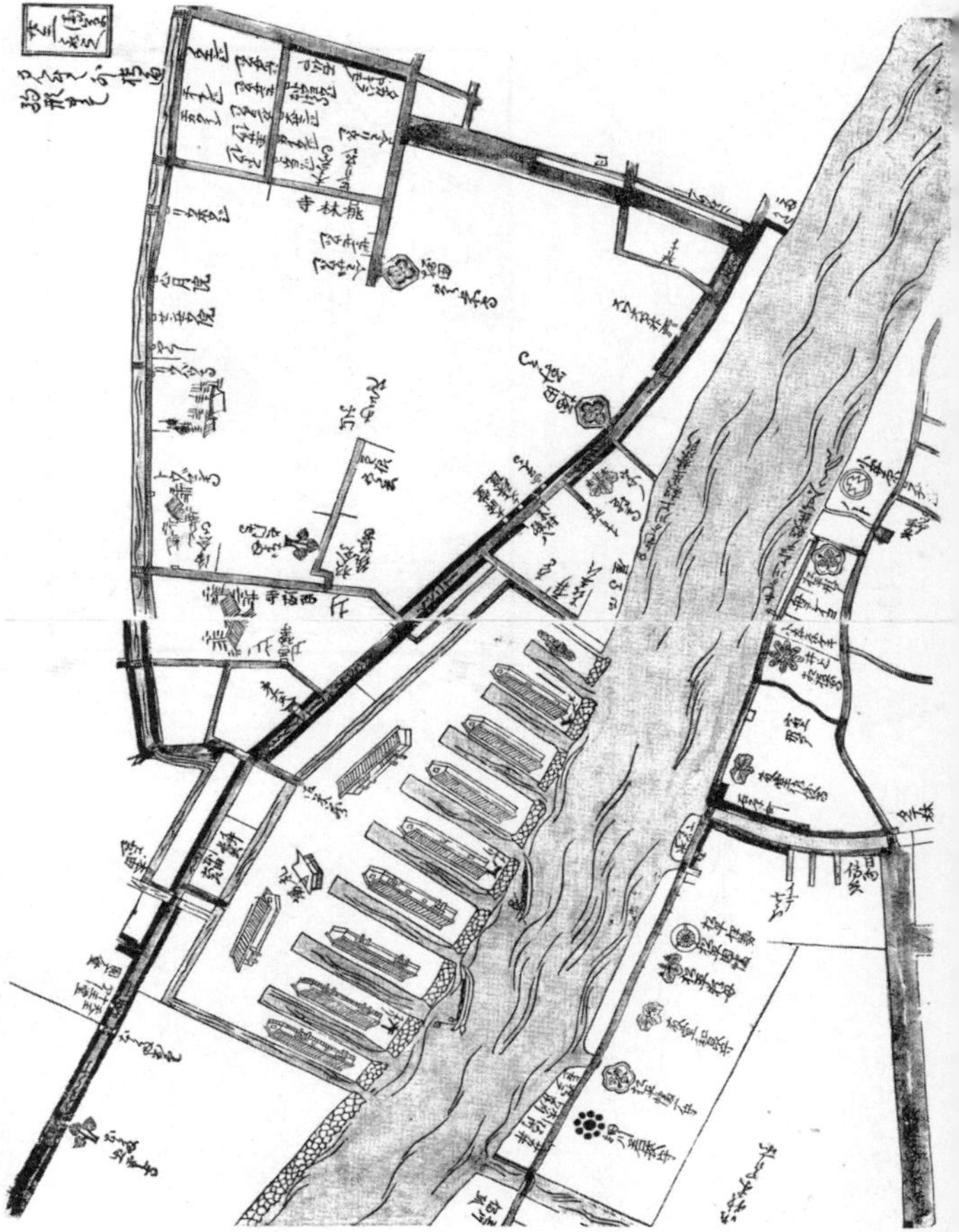

図8　「浅草取こへ」の図。右上から手前の左下にかけて墨田川が流れ、その左側に幕府の御蔵（米蔵）が、さらにその左には奥州街道（現在の江戸通り）が描かれている。街道の両側は町屋になっていて、下方から上方に向かって「はたこ丁」、「スハ丁」、「こまかた丁」の名がみえる。『江戸方角安見図鑑』（延宝８年）

図９　けんどん蒸しそば切りの店。入口の棚に大平椀に盛られたそばが描かれている。『かの子ばなし』（元禄３年）

という虫（ムカデに似た虫で、臭気を放つ）を椀の中に入れて蓋をし、再び亭主を呼び、さまざまな言いがかりをつけ、「代物《だいもつ》（代金）一文も置くまじき」と脅《おど》す。亭主は「さやうのわや（無法）は、外《ほか》にて申されよ。このあたりにては無用」といって動じない。中間はますます腹を立てて怒《いか》ると、亭主は「その方には（あなたは）表の看板を何と見られ候や。「むしそば切」と書付けたり。虫はありても苦しからず」と言いのける。中間はぐうの音も出ないでいると、亭主はさらに「この返答し給《たま》はば、代物一銭も取るまじ」と追い打ちをかけている。中間は「その儀ならば、我等をば、あぶらむし（油虫）にし給《たま》へ」といって帰っていく。

油虫とは無銭飲食や無銭遊興する者をいった。代金未払いのまま帰れたのか気になるところだが、この小咄は、そば切りが、蒸しそば切りであってはじめて成り立つ話である。挿絵を眺めると、店の入口のショーケースには、大平椀に盛ったそば切りが並べられ、椀のそばには蓋が置かれている（図9）。虫を入れた椀に蓋をして中間が亭主を呼びつけているので、蒸しそば切りは大平椀に盛り、蓋をして出されていることが判る。

『かの子ばなし』と同じ年に刊行された『枝珊瑚《えださんご》珠《じゅ》』にも「浅草むし蕎麦切」と題し、浅草駒形の「浅草けんどんむし蕎麦切」屋を舞台に、同様の小咄が挿絵入りで載っている（図10）。この小咄の方では、ハエを二、三疋《ひき》とって「茶わん」に入れていて、膳の上に大きな茶碗とそば猪口が描かれている。『かの子ばなし』のそば切りは大平椀であるが、ここでは茶碗に盛られている。けんどんそば切りは茶碗や大平椀に盛ら

図10 「浅草けんどんむし蕎麦切」の店。盆の上に丼・そば猪口が置かれている。『枝珊瑚珠』（元禄3年）

れ、汁をつけて食べている。

この小咄の舞台となった浅草駒形は、諏訪町のすぐ北にある。旅籠町から諏訪町を経て駒形に至る町には、奥州街道に面して蒸しそば切り屋が立ち並び、蒸しそば切りロードになっている。現在の蔵前二丁目から駒形一丁目にかけての江戸通りに面した地域にあたる。

(六) けんどんの名が消える

けんどんそばは一杯盛切りのそば切りの意味で使われていたが、やがてけんどんに慳貪の字があてられ、愛想もなくつっけんどん(突慳貪)にサービスする食べ物の意味で使われるようになる。菊岡沾涼《せんりよう》は事物起原辞典『本朝世事談綺』(享保十九年)のなかで、「慳貪《けんどん》」について、

「これをけんどんと号《なづく》るは、独味《どくみ》をして人にあたへざるの心、又給仕《きふじ》もいらず、あいさつするにあらねば、そのさま慳貪《けんどん》なる心、又無造作《むざふさ》にして倹約《けんやく》にかなひたりとて、倹飩《けんどん》と書と云。此説よろし」

といっている。盛切り一杯安く食べられることを意味したけんどんが、つっけんどんといったイメージダウンしたことばとして通用するようになっては、けんどんを売りものにする店がなくなるのは当たり前の話で、そば屋では二八そばや手打ちそばを看板にするようになっていく。

江戸後期には、けんどんという食べ物の呼称は消え、けんどんは出前する際に使用したけんどん箱にその名残をとどめている。江戸時代の風俗についての考証的随筆『守貞謾稿《もりさだまんこう》』〈嘉永六年・一八五三〈慶応三年・一八六七まで追記あり〉〉には「今世は、慳貪と号《なづ》くる食類、さらにこれなし。ただ昔時、慳貪屋の他に持ち運ぶ器を入る提げ箱の蓋、今もけんどん蓋と云ふ」〈「巻之五・生業」〉とあって、けんどん箱が図示されている〈図11〉。

図11　けんどん箱。『守貞謾稿』（嘉永6年）

(七) そば切りとつなぎ

初期のそば切りは、まだつなぎを使わない生そばであったが、しだいに小麦粉をつなぎに使うことが普及していく。

そばを打つときにつなぎを使うことは、『料理塩梅集』「天の巻」（寛文八年）の「蕎麦切方」に「夏はそばひね申候故、少（し）うどんの粉、そば一升に三分まぜ、こねるが能候《よき》」と載っていて、ひねた（古くなった）そば粉には一升につき小麦粉三合をまぜるとよいとしている。

『本朝食鑑』の「蕎麦」の項に「夏の土用の後に種をまき、（旧暦）八・九月に収穫する」とあるように、蕎麦の収穫期は秋になる。夏はそば粉が劣化している時期のため、『料理塩梅集』では小麦粉をつなぎに使うことを奨めている。『料理塩梅集』には、芝肴の記載があること、関西の方言が少ないこと、江戸には塩見坂が八か所あったことなどから、著者の塩見坂梅庵は、江戸の人と推定されている（「江戸時代の料理書に関する研究」）。したがって、江戸では寛文年間（一六六一～七三）のころに、そば粉につなぎを加える方法が識られていたが、シーズンは限られていた。オールシーズンつなぎを使ってそば切りを打つようになるのはもう少し後になるようだ。

『蕎麦全書』（寛延四年・一七五一）の「蕎麦を煉るに色々法有る事」には、小麦粉をつなぎにしてそば粉をこねる方法が紹介されていて、

「雑小麦麪煉《まじりこむぎこねり》　昔よりつなぎと称して、そば斗りは製しがたしとて小麦麪を入る丶事になりぬ。わけて麪店家にては、そばに小麦の粉を入る丶にあらず、小麦粉にそば粉を加へ入る丶様になりたり。是を常とす」

とある。

『蕎麦全書』が書き上げられたのと同じ年に、『風俗遊仙窟』という浮世草子が江戸で出版されている。この物語では、主人公の張文生が仙郷に迷い入り、久米仙人に巡り逢い、仙人から珍膳美酒の歓待を受け、後段にそば切りが振舞われる（図12）。

「後段《ごだん》は蕎麦《そば》切名物《きりめいぶつ》なれば、信濃《しなの》へ使番《つかひばん》を翔《かけ》らせ、須臾《しゆゆ》の間《あいだ》に（間もなく）取来《とりきた》れば、手打《てうち》の蕎麦《そば》を出《いだ》したり。文生元来好物《ぶんせいもとよりかうぶつ》といひ、東都《とうと》に住《す》みなれ、饂飩交《うどんまじり》のけんどんのみを楽《たのしみ》としければ、生蕎麦《きそば》めずらしくやありけん、夥《おびたゞ》しく食悦《しよくえつ》す」

とあって、物語上のことではあるが、当時の江戸のそば切りは「饂飩交《うどんまじり》のけんどん」が一般的で、「生蕎麦《きそば》」は珍しくなっている様子が描写されている。『蕎麦全

図12　仙郷でのそば振舞い。けんどん箱で運ばれたそばが振舞われている。そばを盛った蒸籠らしきもの・そば汁の容器・そば猪口が描かれている。『風俗遊仙窟』（寛延４年）

書』がいうように、そば粉よりつなぎの小麦粉の方が多かったかは疑問だが、元禄年間（一六八八〜一七〇四）の蒸しそば切りは、まだつなぎを使っていないとすると、つなぎを使ったそば切りは元禄年間から寛延年間（一七四八〜五一）までの半世紀間にかなり普及したことになる。

つなぎを使うことが一般的になると、蒸しそば切りは姿を消すが、蒸すのに使っていた笊は、そば切りを盛る容器としてやがて表舞台に登場してくる。それがざるそばの笊であり、もりそばの枡型蒸籠である。

二　そばの名店の誕生

(一) うどん屋が多かった江戸の町

享保十三年（一七二八）十月三日のことになるが、「温飩《うどん》商売人」たちが、組合を結成することを許可してもらえないかと町年寄《まちどしより》（江戸の町名主を統括した町役人）に願い出ている。この頃には、煮売茶屋や辻売りでも麺類を商っていて、饂飩屋はこうしたライバルに客を奪われていた。そこで、「温飩商売人」たちは、煮売茶屋や辻売りは火事の原因になり、無宿人や窃盗などに食事を提供し、悪事をはたらく者の温床になっている。自分たちの仲間に組合の結成を許可してもらえれば、組合規定を作成し、これらの商売を町内から退去させる、といって願い出ている。結局、この願い出はこれまで商売してきた大勢の者やその妻子までも迷惑することになる、という理由で却下されているが、「温飩商売人」の中にはそば屋も含まれていたようで、出願書には、

「麺類・蕎麦切の値段は、これまで売ってきた通り、時の小麦・蕎麦の相場に応

じ、少しも高値にせず、万一相場に違い、高値に売る者が一人でもあれば、いかような処分をうけてもかまわず、意義は申し立てない。仲間へは毎月人を廻して監視をし、出来る限り安値で売るように心がける」(『正保事録』二二一)

といった一項目がある。享保年間(一七一六~三六)には、うどん屋の方がそば屋より圧倒的に多かったこと、うどん・そば切りの値段はまちまちで、原料の相場によって変動していたことがわかる。

この頃出版された『どうけ百人一首』(享保中頃)には、うどん屋の二階でうどんを食べている女性が描かれ、「あしびきの山やがうどんしるもよく　ながながしきをひとりすゝらん」の句が添えられている。その奥の男性は、「わたくしはそばきやうだい(兄弟)」といっていて、階下から注文したそばが大平椀に盛って運ばれている(図13)。そば兄弟(そば好き)の人がうどん屋でそばを食べている様子が見られる。

江戸初期にはうどん屋がそば切りを売っていて、柳亭種彦の『用捨箱』には、「昔は温飩《うんどん》おこなはれて、温飩《うんどん》のかたわらに蕎麦《そば》きりを売《うる》」とある。その後そば屋が現われてきたが、享保年間頃はまだうどん屋が優勢だった。その理由のひとつに

図13　うどん屋の二階。手前の女性はうどんを食べているが、奥の男性にはそばが運ばれている。『どうけ百人一首』（享保中頃）

は、両者の歴史的な違いがある。

元正天皇が養老六年（七二二）七月十九日に発した詔《みことのり》に、

「今夏雨ふること無く、苗稼《べうか》（稲の苗）登《みの》らず。宜しく天下の国司をして百姓を勧課（督励）し、晩《ばん》禾《か》（晩稲）・蕎麦《くろむぎ》（蕎麦）及び大小麦（大麦と小麦）を種樹《う》ゑて、蔵《くら》に置き、儲積（貯蔵）して年荒（旱害）に備えしむべし」

とあって、稲が旱害のため、晩稲・蕎麦・大麦・小麦を植えて備蓄するよう諸国に命じている（『続日本紀』）。この詔によって、奈良時代に蕎麦と小麦が栽培されていたことが分かるが、これを粉に挽いて麵状に加工することは小麦の方が早く、うどんの名は南北朝時代（一三三六〜九二）に現われている。『嘉元記』（法隆寺の記録）の正平七年（一三五二）五月十日条に酒の肴として「ウトン」の名がみえ、『異制庭訓往来』、『新撰遊覚往来』（いずれも南北朝期の成立）といった往来物（初等教育の教科書）にも「饂飩」の名が載っている。

それに対しそば切りの名は、『定勝寺文書』の天正二年（一五七四）にみられるのが早い例で、うどんとは二〇〇年以上遅れて現われてくる。そば粉には小麦粉に含まれている粘り気の強いグルテン（タンパク質の一種）が含まれていないので、小麦粉より麵状に加工しにくい。うどん打ちの技術が応用されてそば切りが誕生したのではなかろうか。江戸にはうどんを食べていた上方方面の人が集まってきていたため、そば切りが売られるようになってからも、しばらくの間はうどんの方が好まれていたものと思える。

また、農山村ではそば切りはハレの日のご馳走であったが、養老六年の詔にみられるように、蕎麦は救荒作物として栽培されてきた経緯がある。江戸のような都市では、『昔々物語』に「寛文辰年（四年）けんどん蕎麦切といふ物出来て下々買《しもじもかいくらふ》喰。御旗本衆喰人なし。近年は大身歴々《たいしんれきれき》にてけんどんを喰ふ」とあるように、そば切りは下々の食べ物とみなされていたことも、うどん屋優勢の時代が続いていた要因と考えられる。

（二）そば切りの名店あらわる

八代将軍吉宗の享保年間（一七一六～三六）は、うどん屋優勢の時代だったが、そうした中でも、そば切りの名店が現われた。菊岡沾涼よって著された江戸の地誌『続江戸砂子』（享保二十年）「江府名産」には、そば切りの名店が紹介されていて、

「ひやうたん屋そば切　舟切の名物也。かうじ町四丁目　へうたん屋佐右衛門
雑司谷《ぞうしがや》蕎麦切《そばきり》　ぞうしがや鬼子母神門前茶屋
同所藪《やぶ》の蕎麦切　社地の東の方、茶屋町をはなれて藪の中に一軒有
洲崎の蕎麦切　深川洲崎弁天町　伊勢屋伊兵衛
道光庵《どうくわうあん》の蕎麦切　浅草 称往院寺《しやうわうゐんじ》中《ちう》道光庵《どうくわうあん》、生得《せいとく》（生まれつき）この菴主《あんしゅ》そば切を常に好むがゆへに、自然とその功を得たり。当庵僧家の事なれば尤《もつとも》魚類をいむ。絞汁至つて辛《から》し、是を矩模《きぼ》（きまり）とす。粉、潔白にして甚《はなはだ》好味《こうみ》也。茶店《てん》にあらねばみだりに人をまねくにあらず、好事《こうず》の人たつて所望あれば即時に調《とゝの》

ふる也。誠にこのめる道なれば也」

とある。これらのそば屋は、いずれも有名店に発展し、なかには現在に影響を及ぼしているそば屋がある。

（三）ひやうたん屋そば切り

「ひやうたん屋そば切」は、舟切《ふなきり》を売り物にして名声を得ていた店で、越智久為の『反古染《ほうぐぞめ》』（宝暦三～天明九年）には、享保の頃、糀町瓢箪屋という舟切のけんどん屋が出来、「蕎麦切ゆで、、べんがら塗の桶に入、露《つゆ》を徳利に入て」届けてきたとある。舟切とは、そば・うどんを生のまま舟《ふね》（槽・長方形の浅い木箱）に並べたものをいったようだが、瓢箪屋では、茹でたそば切りを弁柄《べんがら》（紅殻）塗の桶に入れて出前している。

『江戸名物鹿子』（享保十八年）「糀町瓢箪屋」には、天秤棒を担いで出前する様子が描かれているが、瓢箪の商標が描かれた後ろの箱に舟切が納められ、前の箱には露《つゆ》（つけ汁）の徳利が納められているものと思える（図14）。江戸時代には、そば屋は盛んに出前をしているが、瓢箪屋はその先鞭をつけたことになる。

瓢箪屋は有名店になり、

○「かうし町（麹町） ひやうたんからはそばが出る」（万句合、安永六年）

と「瓢箪から駒」という諺にちなんで店の名が詠まれている。

その後も瓢箪屋は糀町四丁目で営業をつづけ、方外道人の『江戸名物詩』（天保七年）には「瓢箪屋蕎麦　四丁目　温飩・蕎麦、瓢箪屋ノ名字ハ（麹町）十三町内ニ聞《きこ》ユ。代代諸家多ク出入リ、注文ハ日日客群ヲ成ス」とあって、注文が殺到している。

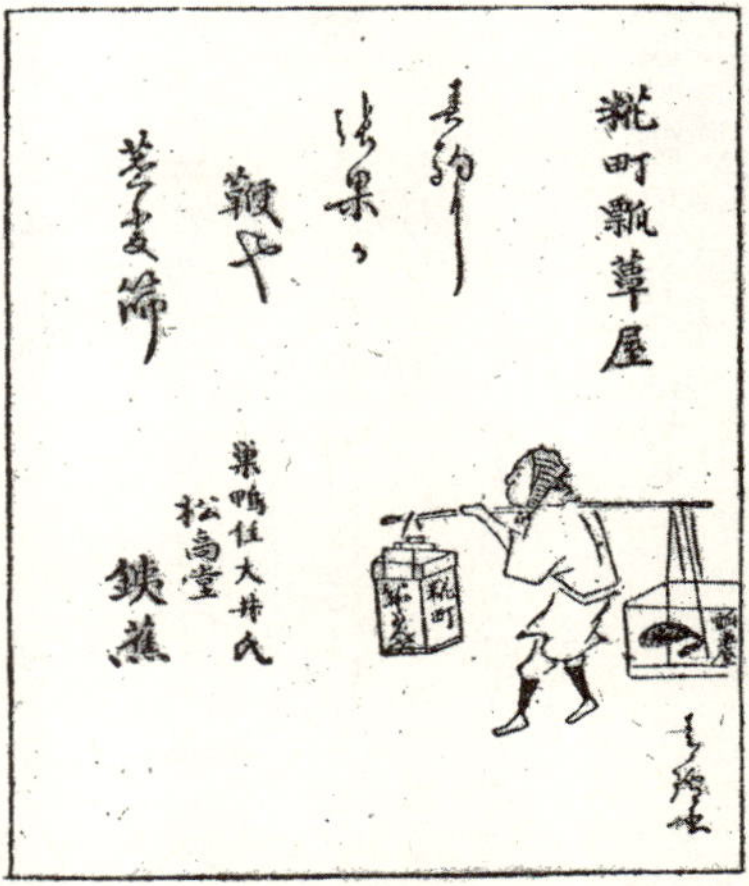

図 14　糀町瓢箪屋。「春駒に張果か鞭や蕎麦篩」の句が添えられている。『江戸名物鹿子』（享保 18 年）

嘉永元年（一八四八）に刊行された江戸飲食店の広告集『江戸《えど》名物《めいぶつ》酒飯《しゆはん》手引草《てびきぐさ》』に「御膳　生蕎麦　瓢箪屋喜左衛門」の広告が載り、嘉永六年版『細撰記』「手打屋そば七」の中にも瓢箪屋の名がみえ、上位に位付《くらいづけ》（ランキング）

されている（図29、八六頁）。瓢簞屋は、出前専門の店として繁盛していたが、『麴街略誌稿』（明治三十一年頃）によると「享保以来の名物なりしが、嘉永の末年に家絶たり」とある。嘉永は七年十一月に安政に改元されている。嘉永六年には営業していて、翌年には廃業したことになる。あまりにもあっけない幕切れで、疑問の余地はあるが、嘉永年間以後には瓢簞屋の名がみられなくなる。このあたりで店を閉じたのであろうか。それにしても、瓢簞屋は、舟切り蕎麦の名店として、享保（一七一六〜三六）から嘉永（一八四八〜五四）まで百年以上に亘って繁盛していた。

（四）雑司が谷そば切り

「雑司谷《ぞうしがや》蕎麦切《そばきり》」は、『続江戸砂子』に先だって刊行された『江戸砂子』（享保十七年）にも、「鬼子母神の前、茶屋町あり。そば切の名物也」と紹介されている。当時、参詣者で賑わっていた雑司が谷鬼子母神の門前にあったそば切り屋で、『江戸名所百人一首』（享保十六年頃）では、「めいぶつそば切」の看板を掲げ、店先でそば打ちのデモンストレーションをしている（図15）。そば打ちの様子を見せて、通行人の関心をそそる営業方法を取り入れて、店は繁盛し、

○「そばを喰ながら直《ね》をする風車」（万句合、明和七年・一七七〇）

図15　雑司谷蕎麦切。「めいぶつそば切」の看板が掲げられている。『江戸名所百人一首』（享保16年頃）

門前のそば屋で客がそばを食べながら風車《かざぐるま》の値踏みをしている。風車は雑司が谷鬼子母神の名物で、風車といえば雑司が谷を連想するほど有名だった。

　このそば屋は橘屋といい、雑司が谷の住人によって書かれた『若葉の梢』下（寛政十年・一七九八）に「橘屋忠兵衛は元源助と云し。此《この》並木（欅《けやき》並木）の間で、団子など売、煎茶して後、蕎麦を打て、甚《はなはだ》名代と成り、富栄《とみさかえ》ける」とあって、橘屋は団子屋からスタートし、そば屋で成功を収め、富み栄えている。さらに橘屋は紀州家の本陣に指定される料理茶屋に発展

図16　紀州家の本陣に発展した雑司が谷蕎麦切。『江戸買物独案内』（文政7年）

し、『江戸買物独案内《えどかいものひとりあんない》』（文政七年）には「御成先御用宿　紀州御本陣　御料理　橘屋忠兵衛」とでている（図16）。『江戸名物酒飯手引草』（嘉永元年・一八四八）にも「雑司ヶ谷　会席即席御料理　橘屋忠兵衛」と載っているので、橘屋は百年以上に亘って営業を続けていたことになる。

（五）藪のそば切り――「藪そば」の元祖

「藪《やぶ》の蕎麦切」は、雑司が谷鬼子母神近くの藪の中にあったそば屋で、現在多くみられる藪そばの元祖になる。『蕎麦全書』（寛延四年・一七五一）には、

「藪の中の爺《ヂ》がそばとて、雑司谷の路辺、藪の中に小家有りてそばを拵え売れり。生そばにてまじりなしとて、人々大きに賞し、手前より汁をたづさへ往きて食する者あり。田舎そばはよろしけれ共、汁悪敷《あしき》故也。是も余程久敷事にて、今も云

ひ出す人、間《まま》にはあれ共、余り賞する人なし。世上次第にそば切はやり出て、製
よろしき処多くなりたる故なり」

とある。つけ汁の評判はよくなかったが、そば切りは生そばで大いにもてはやされ、人々は汁を持参して食べに行っている。『蕎麦全書』は、技術の向上したそば屋が多くなったため、あまりはやらなくなったとしているが、その後評判を取り戻し、江戸名物を位付した『土地万両』（安永六年・一七七七）には、「麺類之部」の三番目に「風情　藪蕎麦　ぞうしヶ谷」の名がみえる（図17）。

藪そばは、初めは農家の片隅で田舎そばを商っていたが、安永年間（一七七二～八一）頃には風情のある茶屋風の店に改築して人気を挽回し、『若葉の梢』下（寛政十年・一七九八）には、

「藪の内そば切はぞふしがやの名物にて、勘兵衛と云ける。参詣の人行がけに誂て、戻りには出来して置けり。百姓家にて、商人にはなかりしが、今は茶屋躰《てい》と成（る）。諸所に其名（藪の名）を出すといえども、元来其家の徳なるべし」

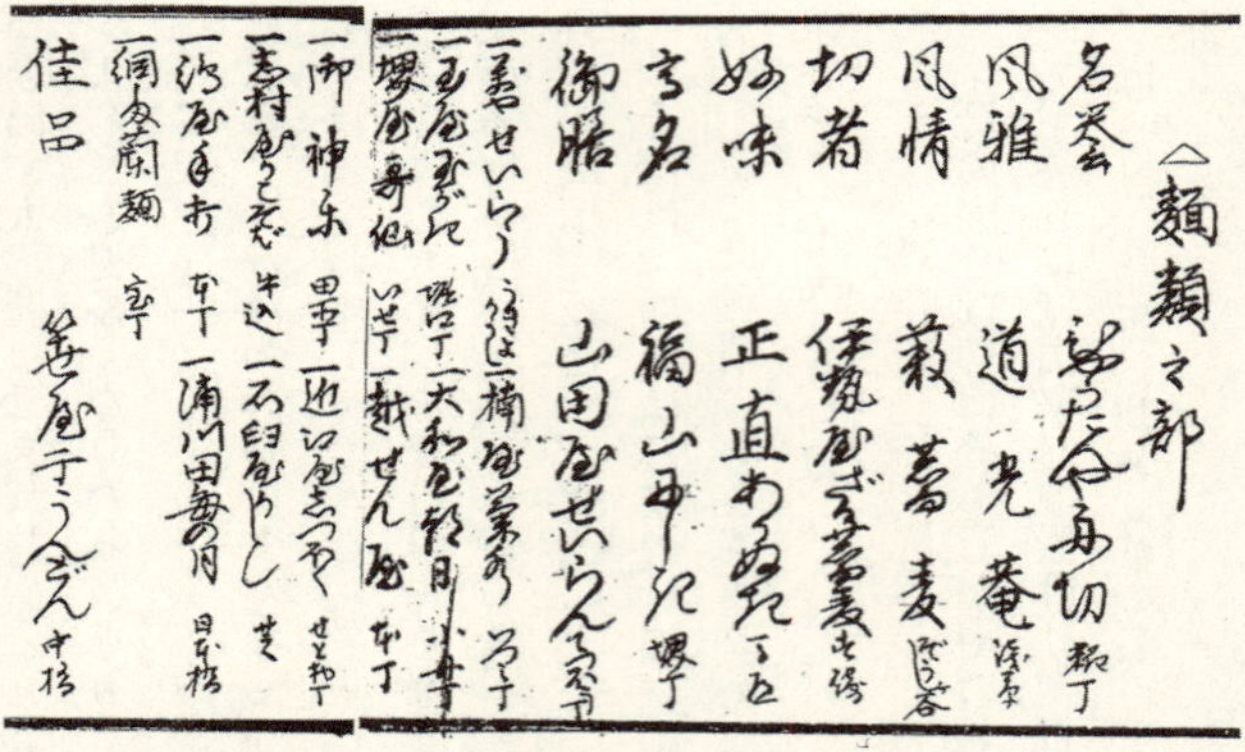

図17　藪の蕎麦切。右から3番目に「風情　藪蕎麦　ぞうしヶ谷」とある。「ひやうたんや舟切」「道光庵」「伊勢屋ざる蕎麦」の名もみえる。『土地万両』（安永6年）

とある。寛政年間には藪そばの名声にあやかって「藪」を名乗るそば屋が各所に現われているようだが、史料でみる限りでは、文化十二年刊の飲食店番付「江戸の華名物商人ひやうばん」に載る「深川　やぶそば」が早い例になる。

○「藪と笹とで名の高ひそばうどん」（柳九六、文政十年）

とそば切りで名高いのは藪、うどんで名高いのは笹（笹屋）と詠まれている。この「藪」が雑司が谷の藪か深川の藪かは不明だが、藪そばがそば屋を代表する名に譬えられている。

笹屋は、下総行徳（千葉県市川市）のうどんの名店「笹屋饂飩店」で、

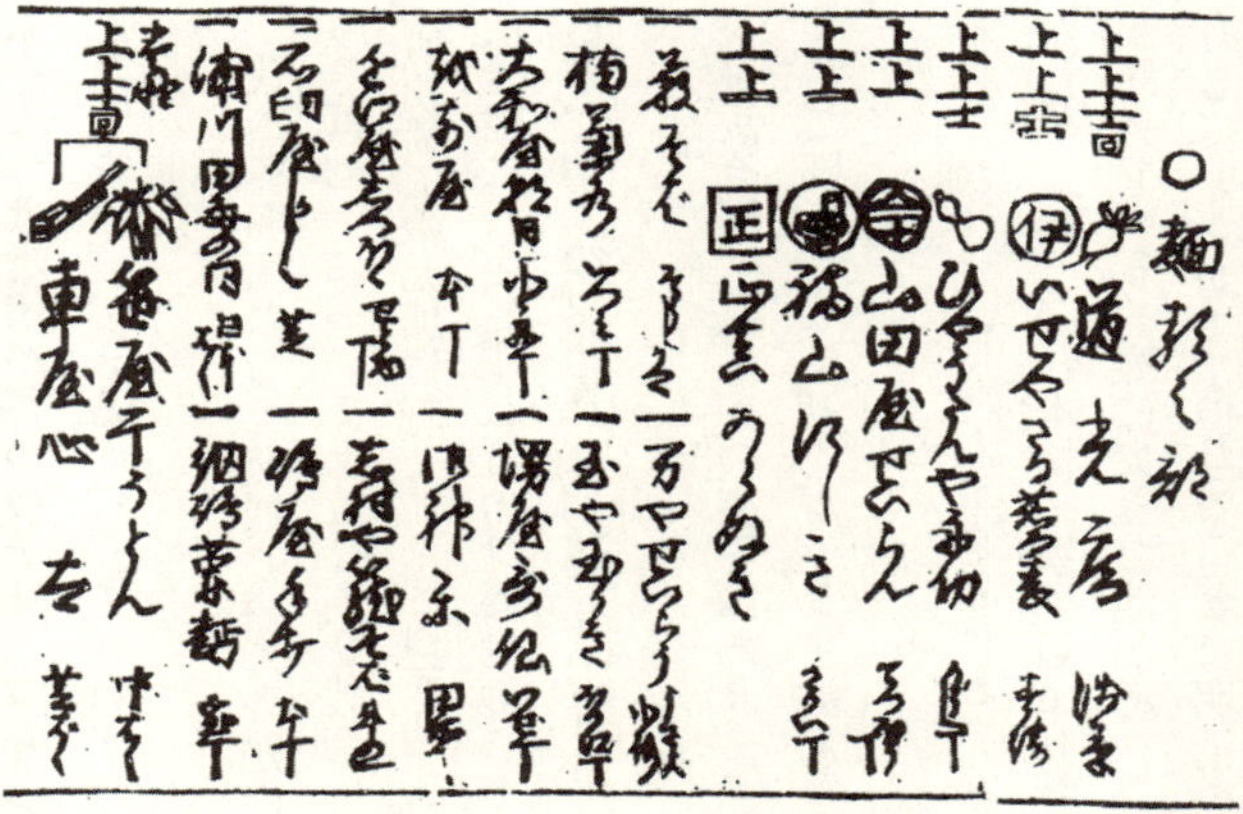

図18　笹屋干うどん。左から２番目に「上上吉　笹屋干うとん」とある。一方、一番右には「上上吉　道光庵」とあり、次いで「いせやざる蕎麦」「ひやうたんや舟切」がランキングされている。『富貴地座位』（安永６年）

『土地万両』に「佳品、笹屋干うどん、中橋」としてランキングされているが、同じ年に出版された名物評判記『富貴地座位《ふきちざい》』「江戸名物」の「麺類之部」では、最上位の「上上吉」にランキングされている（図18）。笹屋は、京橋中橋一丁目にも支店を置いて干うどんを販売していた。

藪そばの名が現われてから九十年ほど経ったころに、

○「子を捨る土地にやぶそば打
　　て付」（柳八六、文政八年）

と詠まれている。鬼子母神は安産と保育（子育て）の神として信仰されていた。「子を捨る土地にやぶそば」は雑司が谷の藪そばと解せる。雑司が谷の藪そばはこの頃まで営業していたことを確認できるが、その後は名前がみられなくなる。

代って名店として発展しいくのが深川の藪そばで、嘉永六年版『細撰記』「手打屋そば七」において上位に名を連ね（図29、八六頁）、嘉永五年刊『本所深川絵図』（切絵図）の元加賀町（江東区白河四丁目）のところに「藪ソハ」の名が載っている。切絵図に商店名が載るのは異例のことで、かなり大きな敷地を有していたことになるが、『東京百事便』（明治二十三年）には、

「藪そば　霊岸寺の裏手にあり。名代の旧家にして、夏期は浴室もあり。来客をして随意に入浴せしむ。又古池ありて、釣りもできるなり」

と紹介されている。『東京名物志』（明治三十四年）にも同様の記述がみられ、風味が極めて好く「日本橋・京橋辺より特に足を此家に向くる者多し」と遠方からも客が訪れている。庭に大きな池があって、入浴まで出来る料理茶屋顔負けの店構えを有していたが、「惜しいことに明治の末年にその跡が見られなくなった」という

(『そば通』昭和五年)。

深川の藪そばに次いで有名店になったのが、団子坂の藪そばで、正式な店名は蔦屋といった。西原柳雨の『川柳江戸名物』(大正十五年)「団子坂藪蕎麦」には、

○「団子より坂に名高き手打蕎麦」(文政年間)

の句が載っている。文政年間(一八一八~三〇)とあるだけで、出典名が不明だが、この頃には有名店になっていたようで、江戸後期の漢学者・松崎慊堂《こうどう》は、天保四年(一八三三)十月五日に「帰路に団子坂の蔦屋に入り、蕎麦条《そば》を食う」と記している(『慊堂日暦《こうどうにちれき》』)。

蔦屋はその後も発展し、『東京百事便』には、

「藪そば　団子坂の上にあり。田野の眺望最も良く、又庭前には古石苔滑にして、離れ座敷等数多《あまた》、閑静なるものありて、其趣真に風雅なり」

とある。庭の古石には苔がむし、多数の離れ座敷があって、この藪も料理茶屋にひけをとらない景観を呈している。

『月刊食道楽』(明治四十年四月号)に「団子坂の藪は惜しいことに亡《な》くなつて、今

は連雀町にその支店残り」とある。蔦屋は明治四十年以前に廃業してしまったが、連雀町支店の方は、これより先の明治十三年に堀田七兵衛が譲り受けていて、団子坂本店なきあとの藪の暖簾を受け継ぎ、「神田藪蕎麦」として現在に至っている。

(六) 洲崎のそば切り――ざるそばの元祖

「洲崎の蕎麦切」は、深川洲崎にあった元祖ざるそばの店で、店の名は伊勢屋伊兵衛といい、『俳諧時津風』(延享三年・一七四六)に「深川笊蕎麦　蕎麦遅しうた丶枕に聞衛《きくちどり》」と詠われている(図19)。『蕎麦全書』(寛延四年・一七五一)によると、

「深川洲崎弁財天の地内にそば切屋あり。其初《そのはじめ》後家ありて仕出したるとて、後家そばと世上となへし。ざるに入れて出す故、今はざるそばと云へり。其始めは粗々たる小家なりしが、人々大きに持て囃《はや》し繁盛する故、今は大きに仕出したり。そば大きによろし。しかし其価はいかふ(非常に)高き而巳《のみ》」

とあって、笊に入れて出すからざるそばといい、そばは美味いが、値段は高いといっている。同じ年に出版された『江戸惣鹿子名所大全』(寛延四年)にも、

「笊蕎麦《ざるそば》　深川洲崎　伊せや伊兵衛　小さき笊《いかき》に入て出す故、笊《ざる》そばと云。色白くいさぎよし」

小さい笊に入れて出すからざるそばといい、色が白くきれいに澄んでいるとある。大平椀や茶碗にそばを盛って出していた時代に、この店は質の良いそばを笊に盛って出すといったアイディア商法が当たって話題を呼び、深川の名物になっている。これを真似た店が現われ、『蕎麦全書』には「本町一丁目横町、越前屋ざるそばと云ふ有り。ざるに入れて遣はす故の名也」とでている。

図19「深川笊蕎麦」。「蕎麦遅しうたゝ枕に聞衛《ちどり》」とあって、二階の客が外を眺めながらそばの来るのを待っている。『俳諧時津風』（延享3年）

「伊勢屋ざるそば」は、『富貴地座位』（図18、五七頁）に道光庵に次いで上位にランキングされ、二階建ての立派なそば店に発展したが（『東育《あずまそだち》御江戸の花』安永九年、図20）、しだいに衰運のきざしが

ば」の行灯看板が立っている。『東育御江戸の花』（安永９年）

図20　伊勢屋ざるそば。店は洲崎弁財天の境内の右手にあり、「ざるそ

みえはじめ、深川育ちのお仲は「今は洲崎のざるそばも名ばかりさ」（『古契三娼』天明七年・一七八七）といっている。やがてこの店は寛政三年（一七九一）九月の津波に襲われて、廃業した（『武江年表』）。

それでも、ざるそばの名は今日のそば屋のメニューに受け継がれている。そばを蒸すのに使っていた笊は時をおかずに表舞台に登場していた。

（七）道光庵のそば切り――「庵」のつくそば屋の元祖

「道光庵《どうくわうあん》の蕎麦切」は、浅草寺の西、新堀川（今のかっぱ橋道具街通り）に面していた称往院の子院・道光庵で振舞われたそば切りで、『続江戸砂子』には、庵主がそば打ちの名人で、そば好きの人の要望に応えて振舞っていたと記されているが、その後もそば振舞は続き、

「伝え聞く者ごとに尋ね来り、そばを所望しけり。夫故《それ》、日々人の絶ゆる事なし。今は三代め（目）なり。相続いて蕎麦を製す。今以てそば好きなる人尋ね往きて望む事になりぬ。今ではそば切屋のようになりたり」（『蕎麦全書』）

図21　道光庵での蕎麦切り振舞い。『絵本浅紫』（明和6年）

といった状態になっていた。『続江戸砂子』が刊行されたのが享保二十年（一七三五）、『蕎麦全書』が書き上げられたのが寛延四年（一七五一）になる。この十六年間に、そば打ち名人の庵主が三代つづき、道光庵はそば屋の観を呈するに至っている。

その後も道光庵の声価は高まり、『絵本浅紫』（明和六年・一七六九）には「蕎麦切はとりわけ江戸を盛美とす。中にも浅草道光庵の手うちそばは第一の名物なり」とあって、その繁盛ぶりが描かれている（図21）。

○「浅草のあんしつ（庵室）へそば喰に行き」（万句合、明和八年）で、まさに道光庵はそば屋と異ならなかった。

先に紹介した『富貴地座位』（安永六年）「麺類之部」の位付では、道光庵は笹屋干うどんとともに、最高位にランキングされている（図18）。

こうした時代が続いていたが、ついに親寺・称往院は、境内でのそば店経営はまかりならんという決断を下し、蕎麦禁断の碑を門前に建て、道光庵のそば振舞を停止させた。『武江年表』の天明元年（一七八一）条には、

「ちかき頃より、浅草称往院の寺中道光庵にて、蕎麦を製しはじめけるが、都下に賞して日々群集し、さながら貨食舗《たべものみせ》のごとし。よつて本寺より停められたり」

とある。道光庵でのそば打ちは約半世紀で打ち切られたが、その名声にあやかって屋号に庵号をつけるそば屋が現われた。『古今吉原大全』（明和五年）に「群玉庵のそば切名物なり」とあるのが早い例になるが、天明七年に出版された江戸の食べ物屋案内『七十五日』では、そば屋五六軒のうち四軒が庵号を付けていて、「東向庵」（鎌倉河岸竜閑橋）、「東翁庵」（本所緑町）、紫紅庵（目黒）、「雪窓庵」（茅場町薬師前）

の名がみえる。

庵号を付けるそば屋はさらに増え、幕末近い『江戸名物酒飯手引草』(嘉永元年)になると、新生庵・出世庵・東橋庵・春月庵(二軒)・松露庵・正直庵・駒笹庵・松桂庵・田中庵・泉松庵・清好庵・小泉壽庵・東壽庵・昇月庵・利久庵・三橋庵・正清庵・利休庵(二軒)・東月庵・清蕎庵・千秋庵・松壽庵・栄松庵・福壽庵といった名がみられ、ここに載るそば屋一七〇軒のうち、二六軒が庵号をつけている。

ちなみに、『富貴地座位』「麵類之部」には、「道光庵」に次いで「いせやさる蕎麦」「ひようたんや舟切」が上位にランキングされ、「藪そば」の名も見える(図18)。

三 二八そば屋の誕生

(一) 二八そば屋あらわる

江戸のそば屋は、二八そばの看板を店の前に立てて営業するようになった(図22)。この二八そばについて、そば粉と小麦粉の原料配合割合を表わしているとする説と、蕎麦の値段を表わしているとする説の両説がある。そこでまずはじめに、

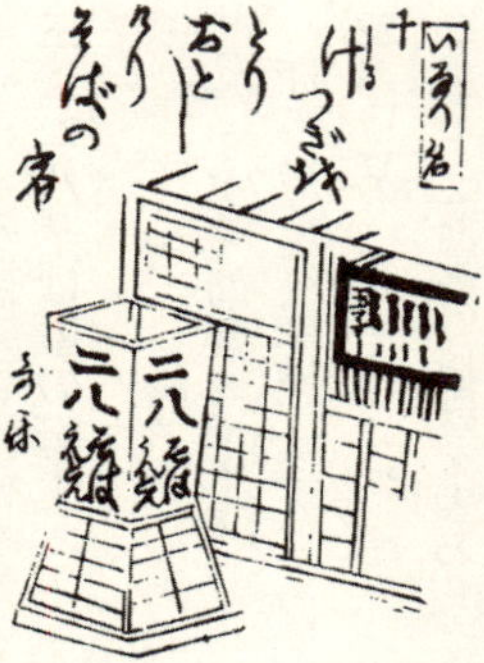

図22 「二八　そは　うんとん」の行灯看板を立てたそば屋。『たねふくべ』十五集（弘化年間頃）

どちらの説が江戸時代の実態を表わしているか、についてみてみたい。

二八そばの名は、そばの名店が現われる少し前に現われた。この時代の風説を記した『享保世説』（成立年不詳。江戸末期の写本）には、

（一）「いまはやる物　大久保佐渡守と二八けんどん」（巻之八、享保十一年）

（二）「あまりそつといわぬ物　吉原の二八そばと金春大夫」（巻之十、享保十三年）

（三）「落書五首の内」に「仕出したる即座麦飯二八そば味噌の賃春茶のほうじ売」（巻之十一、享保十四年）

とある。

（一）の「いまはやる物」に大久保佐渡守常春の名が挙げられているのは、常春が

前年（享保十年）の「十月十八日、五千石を加えられ、下野国那須・芳賀両郡の内にうつされ、烏山城をたまひ、二万石を領す」（『寛政重修諸家譜』）ことになったのが話題になっているためである。このことは『享保世説』「巻之七」（享保十年）にも

「十一月　大久保佐渡守五千石御加増也　下野烏山城地拝領之節

佐渡ならば　金山ならでからす山　取るは御鷹の縁に大久保」

と記されている。享保十年十月に大久保佐渡守が烏山藩主に任ぜられたが、佐渡守なのに佐渡の金山《きんざん》ではなく烏山《からすやま》を取った、と面白がっている狂歌が、翌月の十一月に作られているのを載せているわけで、『寛政重修諸家譜』の記録と辻褄が合う。『享保世説』は、著者・成立年ともに不詳だが、ここには、このほかにも、享保期に編纂された『享保通鑑』の記事と一致する箇所がみられ、記事の内容には信憑性がある。常春の出世と同じく二八けんどんの流行が話題になっていたにちがいない。

二八けんどんとは、二八そば・うどんのことをいい、越智久為の『反古染』（宝暦三〜天明九年）には、

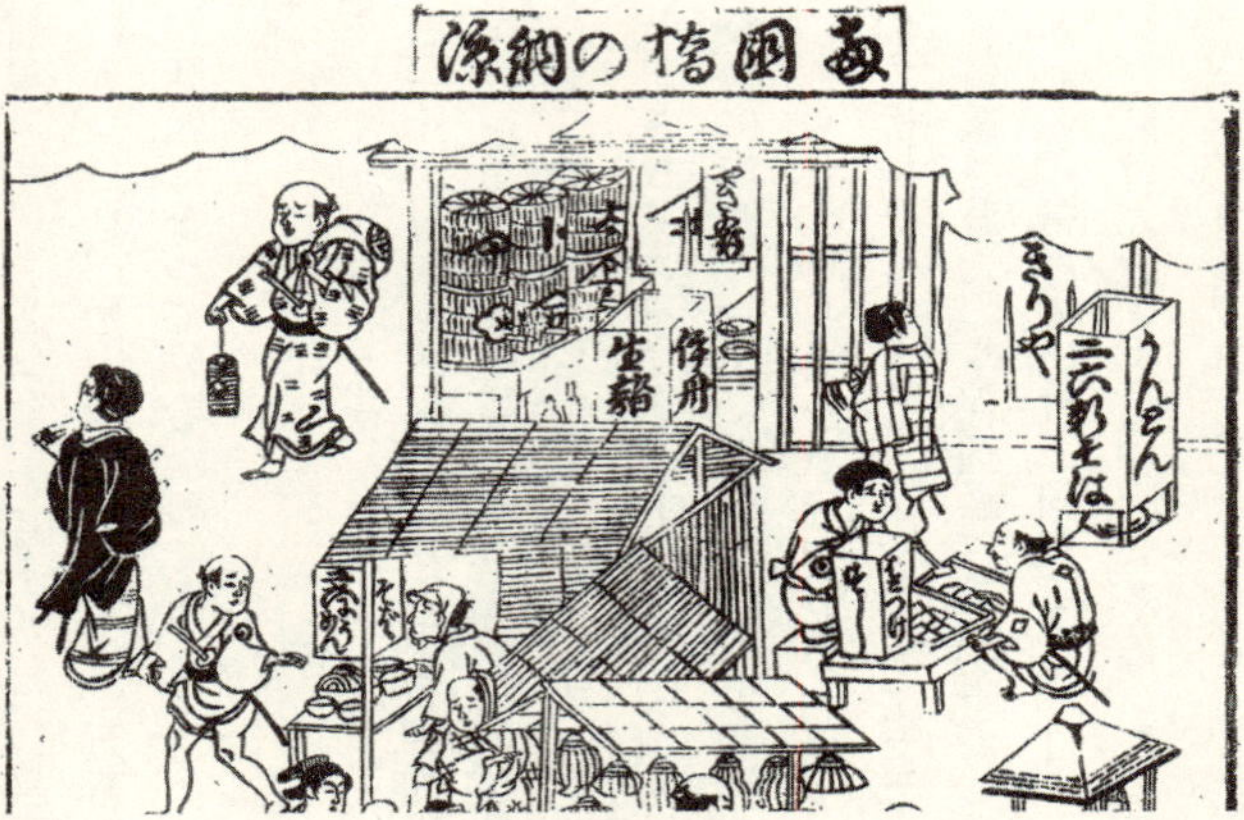

図 23　「二六新そば・うんどん」の店と「二六にうめん・そば」の屋台（両国広小路）。『絵本江戸土産』（宝暦 3 年）

「享保の半頃、神田辺にて二八即座けんどんと言ふかん板を出《いだ》す。うんどん・蕎麦切好（み）に随ひ即座に出す。殊の外流行、其後膳部共に箱に入（れ）て、先々へ遣す事に成り、一八、二八、三八と追々に知恵を振ふ」

とあって、享保の半ば頃には「二八即座けんどん」の看板を出し、うどんやそばを即座に出す店が流行している。

二八は、九九の二×八＝十六文の意で、『反古染』にあるように、九九で値段を表わしてうどんやそばを売る店が現われ、浮世絵師・西村重長が描いた『絵本江戸土産』（宝暦三年・一七五三）には、両国広小路に「二六新そば・うんどん」の「そばきりや」と「二六にうめん・そば」の屋台が（図23）、浅草並木町（雷門前）に「二八そば切」のそば屋が（図24）、芝切通しのところに「二八そば・うんどん」の店が描かれている（図25）。

一八のうどんを出す店も現われ、『感跖酔裏《かんせきすいり》』（宝暦十二年）には「万貫目《まんぐはんめ》のばしても棺桶《くはんおけ》へいる、銭は纔《わづ》か六文。一八のうどんも、かきこまれず」とある。

二八はそばの売り値を表わしていることになる。

（二）は、「吉原の二八そば」が大声で客を呼び込んでいる様子をとらえている。「二八そば」の名前が出現した時期を具体的に知ることができる。このころのそばは生粉打ちオンリーだった可能性がある。わざわざつなぎを使っていることを宣伝して売るメリットは考えにくく、そばが十六文で食べられることを大声で叫んでいる光景と捉えるのが妥当である。

（三）は、食の世界ではじまった新たな動きを並べ立てているが、その中にそばが含まれている。享保十三年頃は、まだそばの値段はまちまちだった（四五頁）。そこに二八の売り値を明示した店が現われ、話題になっているものと考えられる。

『享保世説』によると、二八はそばの売り値を表していることになる。

図24　「二八そば切」の店（浅草並木町）。『絵本江戸土産』（宝暦3年）

図 25 「二八そば・うんどん」の店（芝切通し）。『絵本江戸土産』（宝暦 3 年）

（二）二八はそばの売り値

原料配合割合説が唱えられる理由の一つに、二八そばが現われた頃、そばは十六文ではなかったことが指摘されている。確かに二八そばが現れる前のそばの値段をみてみると、

（一）寛文二年（一六六二）頃、吉原で売り出されたそばは銀目五分（『異本洞房語園』三二頁）。

（二）寛文八年（一六六八）頃、江戸の流行物を集めた短歌「当世はやりもの」のなかに「八文もりの　けんどんや」（『還魂紙料』）
（三）貞享元年（一六八四）のそばの値段は一杯六文（『かる口男』三五頁）。
（四）元禄三年（一六九〇）の蒸籠むしそば切りは一膳七文（『かの子ばなし』三六頁）。
（五）享保十一年（一七二六）の屋台のそばは六文（『軽口初笑』九六頁）。

となっている。

しかし、これは次のように解釈できる。

（一）の銀目五分は、当時の交換レート（公定相場）で換算すると約三十三文に相当する。二八そばの約二倍で売り出されたことになるが、『異本洞房語園』には「壱人前の弁当を拵《こしら》へそば切を仕込て銀目五分宛に売」るとあって、吉原で売り出されたのは、そば切りの単品ではなく、そば切り弁当の料金（セット料金）である。また場所が吉原ということも考慮する必要がある。高値だった吉原のそばが、単品で「二八そば」として売り出され、手ごろな値段が評判になっているものと解釈できる。

（二）～（四）の六～八文は、反対に十六文していなかったことになるが、こうした町の中のそばは、享保期には値上りしていることが考えられる。幕府は元禄八年（一六九五）と宝永三〜七年（一七〇六〜一〇）に貨幣の純金銀量を大幅に減らす貨幣改鋳を実施し、これにより諸物価が高騰した。「江戸日用品小売物価表」によると、宝永七年（一七一〇）から享保元年（一七一六）までの六年間で、江戸では白米と味噌が二・一倍、醤油が二・六倍、酢が三倍、酒が二・八倍にも値上がりしている（『近世後期における主要物価の動態』）。そばが十六文に値上がりしてもおかしくないわけで、むしろこうしたインフレの時代だからこそ、二八（十六文）を看板にしたそば屋のアイディア商法が当たって話題を呼んでいる、といえる。

（五）は屋台そばの値段なので別にして考えてよいのでは。後述するように、屋台での蕎麦売りは、貞享年間（一六八四〜八八）頃には現われるが、屋台のそばが十六文になるのは、寛政年間（一七八九〜一八〇一）ころである。

二八はそばの売り値を表わす方法として使われ出した、とみなすことが出来る。二八そばが現われ、「帰リ道にて十六文盛《モリ》の蕎麦《ソバ》て腹《ハラ》をつくり」（『白増譜言経《びやくぞうふげんきよう》』寛保四年・一七四四）といったように、江戸市民は気軽に二八そば屋に立ち寄るようになっている。

○「そば切やばかり看板九九で書き」（錦江評万句合集、明和二年・一七六五）

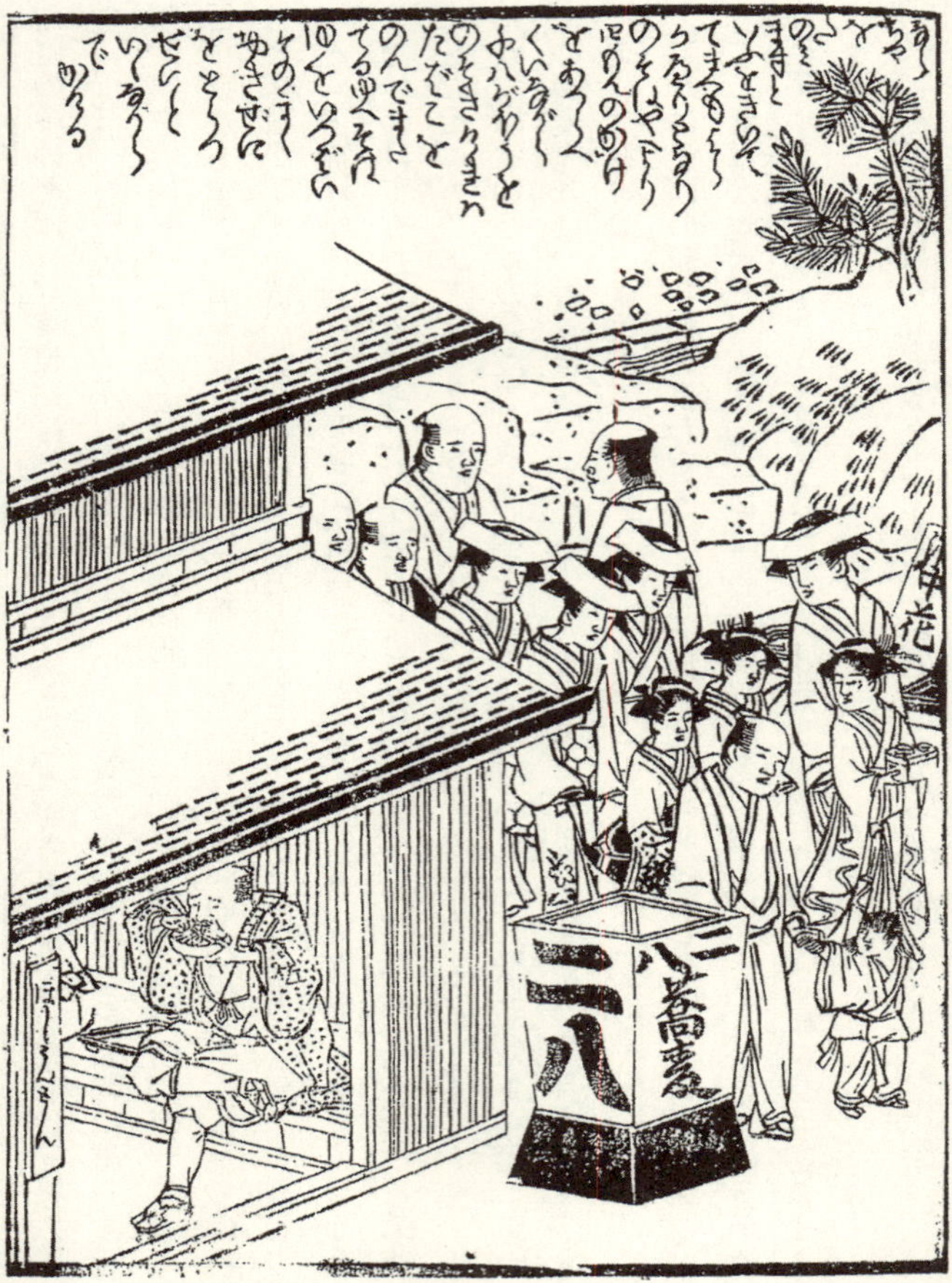

図 26　上野山下の二八そば店。『花の御江戸』（天明 3 年）

といった句が詠まれているが、この句は「げびた事かなげびた事かな」の前句付で、そば屋が看板に九九で値段を書いているのを下品でやぼったいと評している。

そば屋は、世間から揶揄されながらも、売り値を九九で書いて表示するといった独特なアイディア商法を生み出して存在感を示していたが、しだいに二八以外の看板はあまりみられなくなり、黄表紙『花の御江戸』(天明三年・一七八三)に描かれたそば屋のように、二八の看板が一般的になる(図26)。

○「新見世のうちは二八にわさびなり」(万句合、天明六年)

二八の店では、開店当初は宣伝効果を狙って高価なワサビを薬味として添えるが、やがて七味唐辛子などに質を低下させると諷刺されたり、「二八十六でぶつかけ一つ、二九の十八で甘酒三杯、四五の二十で団子が四串」(『九界十年色地獄《くがいじゅうねんいろぢごく》』寛政三年)と歌われたりしている。

(三) 値下げさせられた二八そば

そば屋の多くは二八を売り値にしていたが、二八の看板を書き換えなければならない事態が生じた。松平定信による寛政の改革によって、そばの値段が引下げられたからだ。寛政三年(一七九一)三月、町奉行所は諸色《しょしき》(米を除いた諸品)の値段を引き下げさせるため、六二名の名主を諸色掛《しょしきかかり》に任命しその任に当たらせた。奉行所の命を受けた諸色掛名主たちは任務に精を出して、

「御武家方日雇賃、口々引き下げさせ、鰻蒲焼小串壱本八文串を壱文引下げ七文、二八蕎麦・饂飩・安八庵しるこ・雑煮餅一膳に付十四文に引下げさせ、就中《なかんずく》（特に）往還二八蕎麦御府内一同行灯え二七蕎麦と書き改めさせ」

その功績によって六二人に一人金二〇〇疋（二〇〇〇文）宛のご褒美が与えられている（『市中取締類集二』）。

そば屋の行灯は二八から二七（十四文）に書き換えさせられたわけだが、その結果どうなったかというと、定信の側近・水野為長が寛政改革中の様子を記した『よしの冊子』（文政十三年）によると、寛政三年四月の記事に

「二八そばと申すは久しき定表（定価）の所、この節は二七に下げ候へども、盛《もり》を夫《それ》だけ少く仕《つかまつり》候故、求め候者も巧者なるものは、やはり二八に盛て呉《くれ》ろと相対にて頼《たのみ》候て求め候由」

とあって、そば屋は盛りを少なくして対応している。

(四) 二八そばの時代とそば屋のメニュー

こうしてそば屋は寛政の改革の物価引き下げに対応したが、寛政五年七月に松平定信が老中御役御免になって寛政の改革が終了すると、また二八そばに戻った。

○「おそばは二八おひねりは二六なり」(柳三七、文化四年)

おひねりは、神仏に供えるための銭を白紙に包んで捻ったもので、通常十二文だった。これと同じように蕎麦は十六文が一般的なことが詠まれている。この年に刊行された『仇敵手打新蕎麦《あだかたきてうちしんそば》』には、新規開店したそば屋の内部が描かれているが、店の前には二八の看板が立てられている(図27)。

感和亭鬼武の『旧観帖』三編(文化六年)には、田舎から出てきた四人の者を江戸見物に案内する案内人が、四人を連れて行灯に「二八そば」と書いてあるそば屋に入り、各人もりそばを二杯ずつ食べる場面が描かれている。勘定を支払う段になって、二八の意味が理解されず、「二八とあるから一ぱいが四文、二はいで八文」ではないかと一人が主張するのに対し、「こいつァ大わらひだ。二八といふが一ぜ

『仇敵手打新蕎麦』（文化４年）

図27　二八そばの店。店の前に「二八」の行灯看板が立てられている。

図28　二八そばの店。行灯看板には「二八そば　千客萬来」、掛行灯には「しつぽく、かもなんばん、にうめん、はなまき」とある。『金草鞋』十五編（文政５年）

んが二八十六文の事サ」といって、代金を払わせている。
文化・文政年間（一八〇四〜三〇）は二八そばの時代で、十返舎一九の『金草鞋《かねのわらじ》』十五編（文政五年）には亀戸のそば屋が描かれているが、店の前には二八の行灯看板が立てられている。格子の掛行灯には品書き書かれていて、しっぽく、かもなんばん、にうめん、はなまき（花巻）と読み取れる（図28）。当時の二八そば屋のメニューがわかるが、『守貞謾稿』「巻之五・生業」は、「御膳大蒸籠　代四十八文　そば　代拾六文　あんかけうどん　代拾六文　あられ　代二十四　天ぷら　代卅二文　花まき　代二十四文　しつぽく　代廿四文　玉子とじ　代三十二文」と書かれたそば屋の壁の張り紙を載せた上で、次のように説明している。

「あられ　ばかと云ふ貝の柱（小柱）をそばの上に加ふを云ふ
天ぷら　芝海老の油あげ三、四を加ふ
花巻　浅草海苔をあぶりて揉み加ふ
しつぽく　京坂と同じ（京坂のしつぽくは「温飯（飩）の上に焼鶏卵・蒲鉾・椎茸・くわひの類を加ふ」としている）。
玉子とじ　鶏卵とじなり

また鴨南蛮と云ふあり。鴨肉と葱を加ふ。冬を専らとす。また親子南蛮と云ふは、鴨肉を加えし鶏卵とじなり。けだし鴨肉といへども、多くは雁などを用ふるものなり」

(五) 変動する二八そばの値段

それがまた天保八年(一八三七)には値下げを命じられ「正月中、諸色値下げの御触れこれあり。髪結廿八文の所、直下げ廿六文、湯銭拾文の処は九文、そば二八の処は拾五文。右に順じ直下げこれあり候」(『藤岡屋日記』)と、二八そばは十五文に値下げさせられ、三五と書き改めたそば屋も多くあった(『事々録』天保二〜嘉永二年)。

その後、

○「蕎麦やの二八かけにして喰たがり」(柳一五三、天保九〜十一年)

と詠まれているように、二八に戻る時期があったが、まもなく天保の改革でまた値下げさせられた。

天保十二年五月、老中水野忠邦による天保の改革が始まった。翌十三年三月、奉行所は四一名の名主を諸色掛名主に任命して、諸色の値下げに当たらせ、さらに四月には「銘々掛り分け」をして「引請《ひきうけ》の品」を決め、値下げを徹底するよう諸色掛名主に申し渡した（『江戸町触集成』一三五一三・一三五八三）。この命令に基づいて諸色掛名主たちは分担を決め、担当する品の値段の引き下げを図っているが、その結果を報告した天保十三年八月の『物価書上』によると、蕎麦・饂飩掛名主は、「蕎麦大蒸籠壱ツニ付銭四拾八文売《うり》之処」を「銭四拾文売」に、「挽抜盛蕎麦《ひきぬきもりそば》壱ツニ付、銭拾六文売之処」を「銭拾三文売」に、「並盛蕎麦壱ツニ付銭拾弐文売之処」を「銭拾壱文売」に値下げさせている。

殻を除いて正味だけを挽いたものを挽抜きといい、真白な色をしていた。これに対し、蕎麦を殻のついたまま挽いたものは挽きぐるみといい、挽きぐるみは殻の下にある甘皮が粉に交ざるから浅黒い色をしていたという（『続々美味求真』昭和十五年）。挽きぐるみの殻は篩《ふるい》で除去したが、除去しきれない殻も挽きぐるみには残っていたようだ。

嘉永六年（一八五三）版の『細撰記』は、そば屋を「手打屋そば七」、「盛屋掛

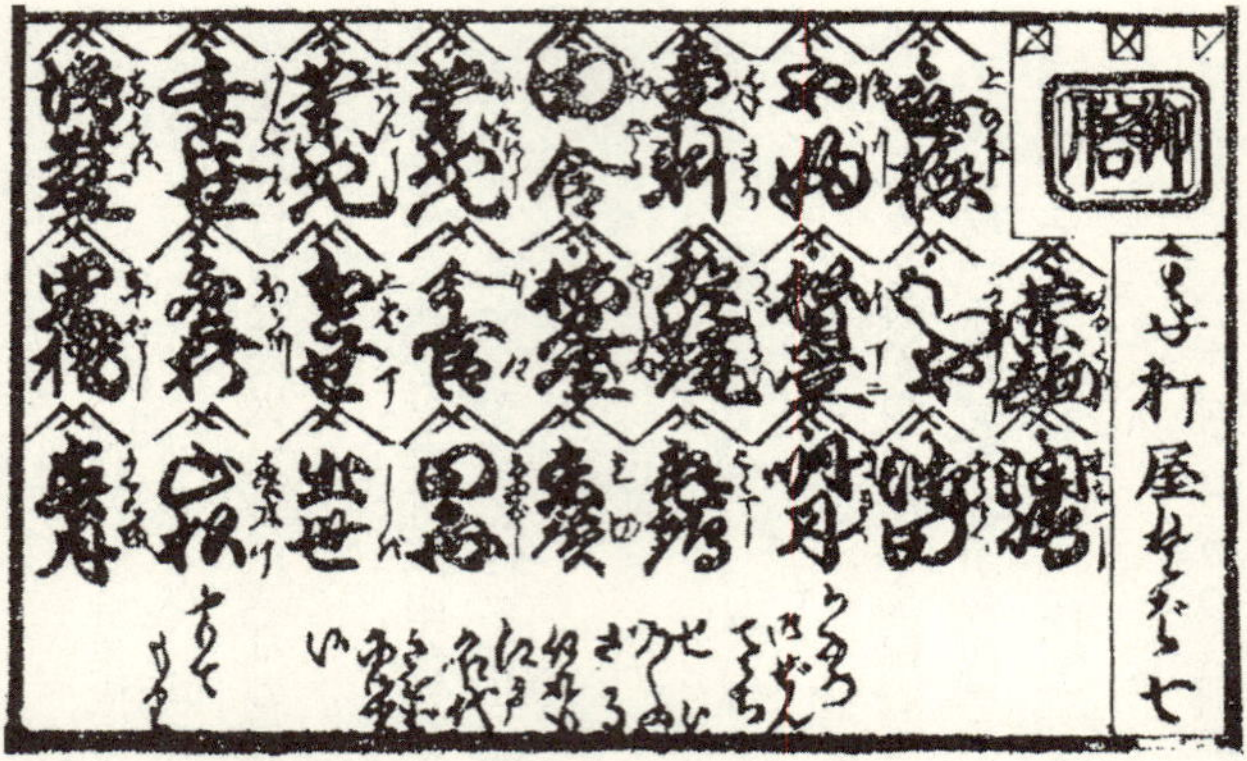

図29 「手打屋そば七」の店。店名の下に「御ぜんてうち　せいろふ　ざる　何れも江戸名代　きそばに御座候」とある。『細撰記』（嘉永6年）

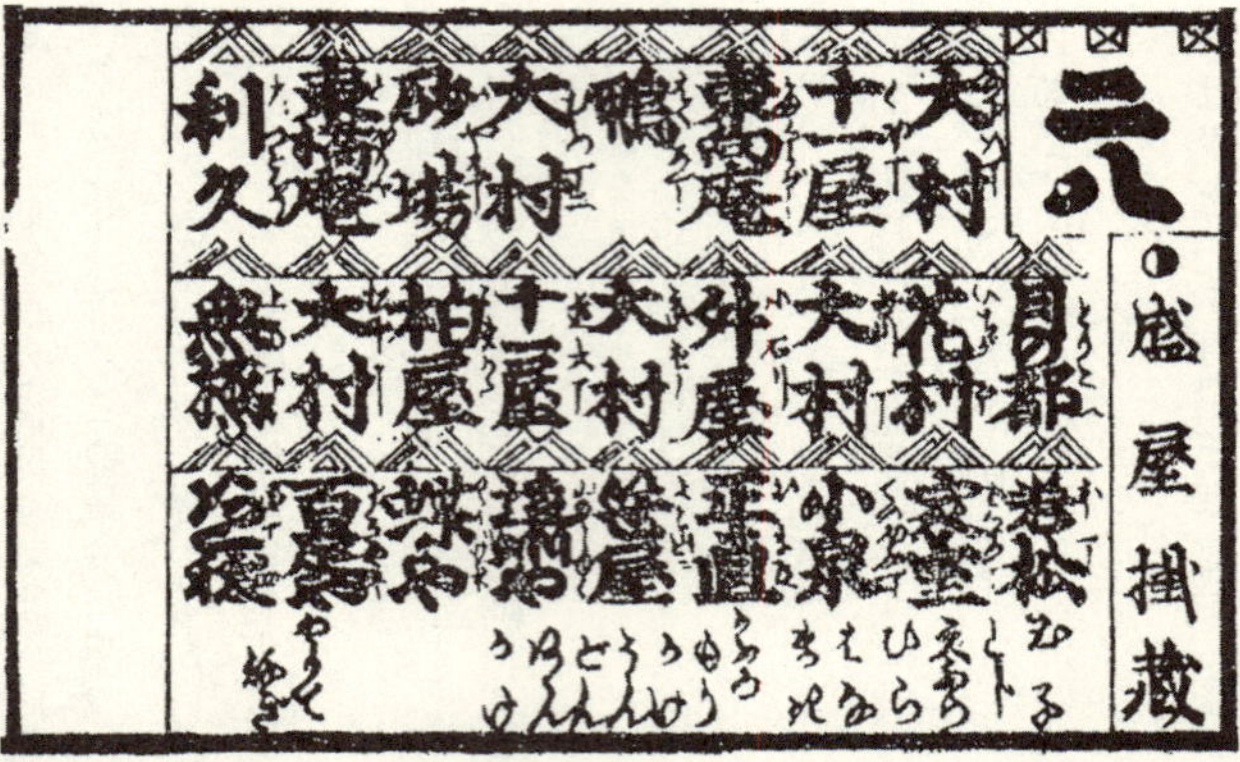

図30 「盛屋掛蔵」の店。「二八」とあり、店名の下に「玉子とじ　天ふら　ひら　はなまき　もり　かけ　うんどんあんかけ」とある。『細撰記』（嘉永6年）

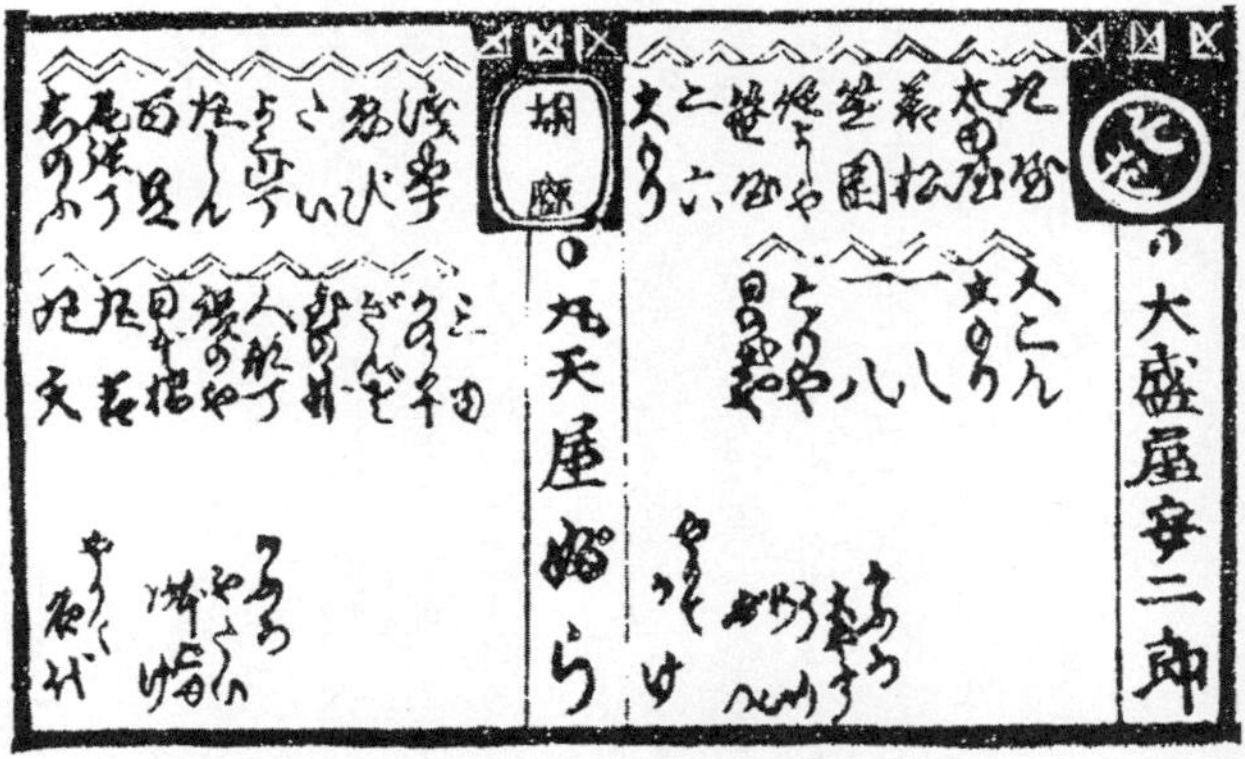

図 31　「大盛屋安二郎」の店。「二六大もり」や「一八」の店がみえ、店名の下に「大やすうり　めいぶつ」とある。『細撰記』（嘉永 6 年）

蔵」、「大盛屋安二郎」と三種に分けて店名を載せている。「手打屋そば七」には、店名の下に「御ぜんてうち　せいろふ　ざる　何れも江戸名代　きそばに御座候」とあり（図29）、「盛屋掛蔵」には「二八」とあって、店名の下にメニューが書かれている（図30）。「大盛屋安二郎」には「二六大もり」や「一八」の店がみえ、店名の下に「大やすうり　めいぶつ」とある（図31）。

「手打屋そば七」は、挽抜きの生《き》そば（そば粉だけで打ったそば）を売り物にしている高級そば屋で、ここに名を連ねている店の一つ明月堂は、『江戸名物詩』（天保七年）に「明月堂蕎麦

（略）盛《モリ》来ル白髪三千丈。挽抜交無ク《ヒキヌキマジリ》以個《カクノゴトク》長シ」と謳われている。明月堂は交じり気のない挽抜きのそば粉で打ったそばを提供して名声を馳せている。「手打屋そば七」には「せいろふ」（蒸籠）とあるので、こうした高級そば屋が二八そばの三倍もした「蕎麦大蒸籠」を出していたのであろう。

幕末期の人情本には「御膳仕立てなる蒸籠蕎麦」（『契情肝粒志《けいせいきもつぶし》』三篇、文政九年）や「御膳蕎麦の大蒸籠」（『毬唄三人娘《てまりうたさんにんむすめ》』初編、安政年中）を出前させて、酒を飲む場面がみられる。高級そばは酒の肴にもされている。

「盛屋掛蔵」と「大盛屋安二郎」は、生そばではない、つなぎを使用したそばを出していた大衆的なそば屋で、「盛屋掛蔵」は挽抜きの蕎麦粉で製した「挽抜盛蕎麦」を出している二八そば屋、「大盛屋安二郎」は挽きぐるみの蕎麦粉で製した「並盛蕎麦」を二六（十二文）や一八（八文）の値段で大盛にして出しているそば屋である。「大盛屋安二郎」に名のみえる太田屋について、『わすれのこり』（天保末年頃）の「価賤き物」には「四谷御門外に太田屋といふ蕎麦店あり。味ひ美ならずといへども、盛りの大なること外々の三ッばかり寄せたるがごとし。世に馬方そばといふ。大食の人も一膳にて足るべし」とある。嘉永五年（一八五二）に、江戸は下谷で生まれた彫刻家・高村光雲も「御維新前後」の話として、

「四谷の「馬方そば」も評判で、真っ黒いがもりがよくって、一つで充分昼食代りになった。四谷も今でこそあんなに結構なところだが、あの頃は馬方ばかりがぞろぞろ通って、並の人よりこの方が多いくらいであった。そこで馬方が休んではこのそばを食べるので、ついに「馬方そば」となってしまった」

といっている（『味覚極楽』昭和二年）。

（六）消えた二八の看板

このように値下げさせられたそばの値段は、天保十四年閏九月十二日に水野忠邦が老中を罷免されて天保の改革が終りを告げると、早くも値上げの動きが出ている。わずか三日後の九月十五日、そば屋組合は「蕎麦直段《ねだん》の儀、是迄森（盛）蕎麦一つにて十三文売り致し候処、この節蕎麦粉直段引上げ候に付、当時（今後）十五文売りに致したき段」を蕎麦掛名主に願い出、蕎麦掛名主は「右渡世の者どもより申し出候に付、取り調べ候処相違これなく」と奉行所に伺いを立て、十五文に引上げることが許可されている（『江戸町触集成』追八七）。こうなると値段の統制は歯止め

がきかなくなり、天保十五年正月、蕎麦掛名主は、

「蕎麦屋ども直段、去る卯年（天保十四年）閏九月中書上げ候通り売々《ばいばい》致すべき処、この節通例の盛り方の分、区々《まちまち》に売々致し候由に付、銘々見世に張出し置き、品劣り盛り方減らす等これなき様売々致すべき旨、御組合限り早々行届《ゆきとど》き候様御取計《とりはから》ひ、御支配限り請印《うけいん》御取り置きなさるべき候。以上」（『江戸町触集成』追一一）

と、そばの値段を店に張り出し、値段相応のそばを売るようそば屋組合に通達している。その後もそばは値上がりし、『守貞謾稿』「巻之五・生業」には

「またある書に云ふ、二八蕎麦は寛文四年に始まる、云々。すなはち価十六銭を云ふなり。慶応に至り、諸価頻《しき》りに騰揚す。これによつて、江戸蕎麦賈《こ》、官に請ひて価を増し二十銭とし、また尋《つ》いで二十四銭となる。故に招牌《かんばん》の類の二八を除く」

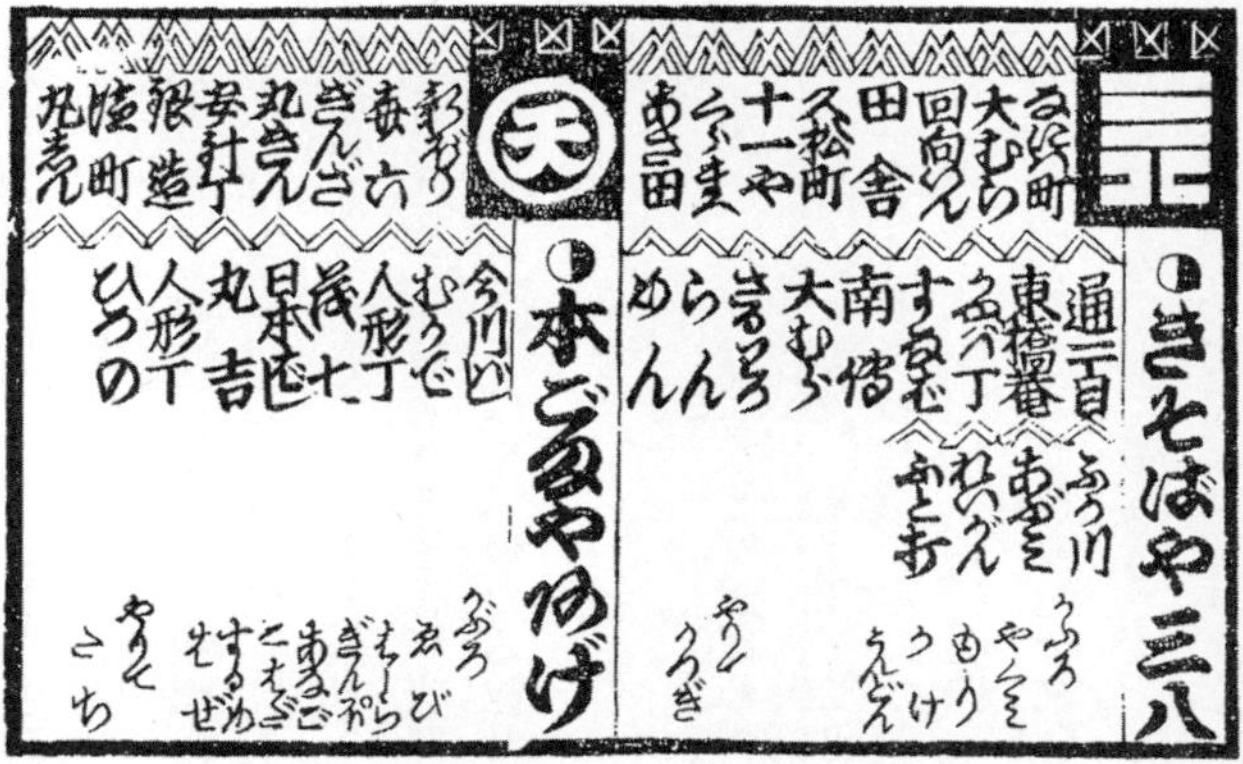

図32 「きそばや三八」の店。「やくみ　もり　かけ　うんどん」とある。『歳盛記』（慶応元年）

とある。『守貞謾稿』は嘉永六年（一八五三）に脱稿しているが、慶応三年（一八六七）まで追記がある。追記の最後にあたる慶応三年頃には、二八の看板が町から消えていたようだ。

慶応元年版の『歳盛記』には「きそばや三八」としてそば屋の名が載っている（図32）。『守貞謾稿』にあるように、慶応年間（一八六五～六八）には、そばの値段が二十四文していたことを表している。

幕末期になると二八は原料の配合割合を示すとする説が現われてくる。『江戸愚俗徒然草』（天保八年）には、

「又蕎麦屋の看板二八は十六文、二

六は十弐文あたりまへと計《ばか》り思ひ居りしが、老人の曰く、大むかしそば直段安く、一膳八文・十文なり。其時そばやの看板に、二八蕎麦生蕎麦あり、御誂へ次第とあり。客来りて三七に打て呉《くれ》など誂ゆる。是はそば七歩（分）に饂飩三歩をまぜてと云事なり。二八も其如く二歩と八歩といふ。直段の九々にあらず。当時（現在）は所によりて、二七も二九も皆九九の直段と計り定める。元より売物の直段を九々にて正札とする事は、当時にても先ず蕎麦屋の外に見へず。但し麦飯に見えたれども、そばやに似たる故か。二八は全く粉の割合なるべし」

とある。

しかし、これは二八そばが現われた時期を特定せずに、二八そばは十六文してなかったと言っている。確かに、二八そばが現われる前、そばは十六文してなかったが、二八そばが現われたころには、物価の上昇によって、そばが十六文していてもおかしくなく、以後十六文売りが一般的になっていく。

また、客がそば屋で粉の配合割合を言って注文しているとあるが、そのような場面はみられないし、もしそうだとしたら、客が配合割合をいってから、粉を捏ね、そばに打ち、ゆでて客に出す、といった効率の悪い営業方法でそば屋の経営が成り立ったか疑問である。

逆にここからは、二八や二六の九々で売り値を表わすのがそば屋独特の商法であったことがみえてくる。

『善庵随筆』（嘉永三年）にも、「今ノ人二八トイフハ、価ノコトニテ、今ソバ一膳ヲ十六文ニ売ルユヘニ、二八十六文ノ義ト心得ルハ誤ナリ。其頃ハ未ダ諸品下直ユヘ蕎麦ノ価モ十六文ニテハアルマジ」とあるが、やはり二八が出現した時期が特定されていない。その後も『俗事百工起原』（慶応元年）や『五月雨草紙』（慶応四年）などが原料配合割合説を唱えているが、その根拠は示されていない。

明治時代以降、二八の看板は消えたが、二八は原料配合割合を表す言葉として使われるようになる。

四　夜そば売りの誕生

(一) 夜そば売りあらわる

江戸の町にいつごろから夜そば売りがいたかは、町奉行所の夜そば売り取締りによって知ることができる。

江戸に幕府が開かれてから半世紀ほど経った明暦三年（一六五七）に、江戸は大火に見舞われた。明暦の大火といわれる江戸時代最大の火災で、振袖火事ともいわれている。一月十八日の昼すぎ本郷丸山の本妙寺から出火し、三日間にわたる大火災になって江戸城をはじめ市中の大半が焼きつくされ、焼死者は十万人以上にのぼった。大火後、幕府は大がかりな都市改造を行ない、市街地の防災化（道幅を広げ、火除け地を設けるなど）、寺院の郊外移転、武家屋敷や町屋の移動などを行なって防災都市づくりをしたが、火災は絶えなかった。そこで、奉行所は火災予防上、火を使う商売の夜間営業を禁止する町触を寛文元年（一六六一）以降繰り返し出しているが、その内、夜そば売りに関係しているものを挙げると

（一）寛文元年（一六六一）十月
「町中にて夜中火鉢に火を入（れ）、并《ならびに》あんどう（行灯）をとぼし（灯し）、煮売持あるき候もの、向後《きやうこう》かたくうらせ申間敷《まじき》事」（『御触書寛保集成』一四四四）

（二）貞享三年（一六八六）十一月
「うんとん・そば切その外《ほか》何によらず、火を持あるき商売仕《つかまつ》り候儀、一切無用に仕るべき候。居ながらのにうり、やきうりは苦しからず候。然れども火の

本随分念を入れ申すべき候。（以下略）」（『正宝事録』七一二）

（三）享保十四年（一七二九）十月

「辻商人・そば切売、あるひは飴売など火を持あるき商売致し候者これあり候に付、御停止《ちやうじ》の旨、先達《せんだつ》ても仰せ渡され候ところ、この間《あいだ》（近頃）はまたぞろ（またしても）猥《みだり》に罷《まか》り成り候間《あいだ》、町々へ急度《きつと》申し渡し、相止《あいとど》めさせ申すべき候」（『撰要永久録』）

といった町触が出されている。

（一）では、夜中に火を灯して煮売（煮物類）を持ち歩くことが禁じられているが、煮売がそば切りを持ち歩いていたかは定かではない。

（二）になるとはっきりし、うどん・そば切り売りが火を持ち歩いて商売することが禁じらている。しかし、そばはうどんと一緒に売られていたのか、そば切り売りがうどん売りとは別にいたのかは、分からない。

（三）になると、「そば切売」が名指しで取締りの対象にされている。この頃には夜そば売りの数が増え、町を巡っていたことが分かる。

享保年間（一七一六～三六）には、夜そば売りは屋台を担いでそばを売り歩き、町の路傍などに荷を下ろしてそばを商っていた。享保十一年に出版された小咄本『軽口初笑』「他人は喰より」には、こんな小咄が載っている。

「お中間《ちゅうげん》、お使ひに出て、先様でひまが入って（時間がかかって）、日が暮れる、腹は減る。鎌倉河岸で蕎麦切《そばきり》を食ひ、「亭主、今のはいくらぞ」「六文でござる」。煙草入れの底に、五文ならではなし。よもや負けはせまいと思案して、かの銭を、一ツ二ツ三ツ。「亭主、何時《なんどき》ぞ」「四ツ（午後十時頃）でござる」「四ツか。五ツ、六ツ」と数へてやつた」

よく知られている落語「時そば」の原話になった小咄で、中間は、神田橋御門外の濠端にあった鎌倉河岸（千代田区内神田）に出ていた屋台で一文ごまかしてそばを食べている。ちなみに、落語の方では、与太郎が時刻を違えて損をしている。

（二） 夜鷹そばと風鈴そば

やがて夜そば売りは夜鷹《よたか》そば、風鈴そばとも呼ばれるようになる。『反古染』には「元文の頃より夜鷹蕎麦切、其後手打蕎麦切、大平盛り、宝暦の頃、風鈴蕎麦切品々出る」とある。夜そば売りはすでに現われているので、元文（一七三六～四一）頃に夜鷹そばが、宝暦（一七五一～六四）頃に風鈴そばが現われたということであろう。

夜鷹そばの名は、夜鷹（夜、街頭で客を引いた娼婦）が得意客であったことから生まれたとする説がある。ほかの説もあって真偽のほどは定かでないが、

○「夜たかそばねござ《ねござ》の上へもりならべ」（万句合、安永七年・一七七八）

と、夜鷹が商売用の寝茣蓙の上に夜鷹そばを並べている様子が詠まれている。『日永話御伽古状《ひながばなしおとぎこじょう》』（寛政五年）には、夜鷹がそばを食べている様子が描かれ、「冬向きは寒風をしのぎかね、振売りのそば切りを食す」と文中にある（図33）。寒風が吹きすさぶ夜などは、夜鷹にとって夜鷹そばは有難い存在だった。

○「現金にかけを売るのは夜鷹そば」（柳五二、文化八年）

夜鷹そばが売っていたのはかけそばの現金売り。なのに「かけ」（掛け売り）でそばを売っているとの洒落。

風鈴そばは、夜鷹そばより上等なそば売りで、その違いを表すために屋台に風鈴を吊るしていた。大田南畝は「風鈴蕎麦　夜たかそばと似て非なるものなり。大平に盛り、上おきありて毒なし」（『通詩選諺解《つうしせんげんかい》』天明七年）といっている。「毒なし」

図33　夜鷹そば屋。二八の行灯を下げ、夜鷹がそばを食べている。『日永話御伽古状』（寛政5年）

とは、衛生的であるということであろう。風鈴そばは、器に大平椀を使用し（夜鷹そばは丼）、かけそばに具をのせたしっぽくそばを売り、かけそばを売る夜鷹そばとはかなりの違いがあった。『友だちばなし』（明和七年）「簫楽《しょうがく》」には、「風鈴蕎麦」の屋台が描かれているが、屋根から風鈴を吊り下げている（図34）。『癸かしこ』（安永五年）に「風鈴そばは夜明けまで商《あきな》ふて笊《ざる》の尻を暖《あた》め」とあるように、風鈴そばは夜明けまで商売し、「近年はあんまも笛であんまと知らせ、風鈴の音でそば切りと知らせ、如才ない世の中」（『大通人穴サガシ』安永九年、図35）といわれるほど世間に知られるようになる。

しかし間もなく、「当世は按摩はヒイと吹き、夜鷹蕎麦はチリヽンチリヽンと鳴らし」て売り歩くようになり（『にやんの事だ』天明元年）、夜鷹そばも風鈴を吊るすようになった。そうなると、

「風鈴蕎麦といふて、家台の廻りへ風鈴を下げてありく蕎麦、うつわもきれいにして、価一ぜん十二文づつに商ひ、流行す。余風今に残るといへども、きたなく見ゆるなり」（『明和誌』文政五年頃）

図 34　風鈴蕎麦の屋台。『友だちばなし』（明和 7 年）

図35　風鈴蕎麦の屋台。『大通人穴サガシ』（安永９年）

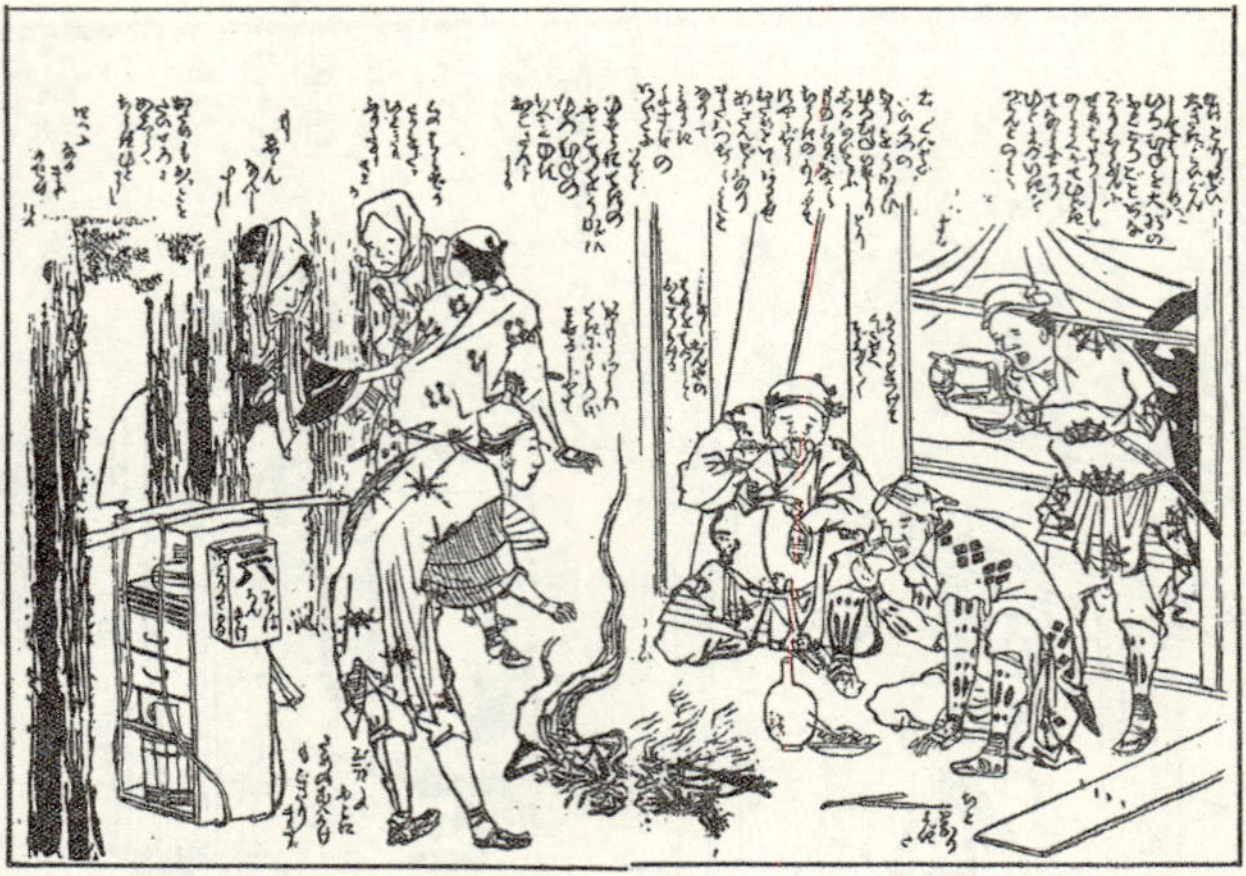

図36　夜鷹そばの屋台。行灯には「二八　そは　かんさけ　御とりさかな」とある。『竈将軍勘略之巻』（寛政12年）

風鈴そばは、かってのスタイルが失われて夜鷹そばと見分けがつきにくくなっている。

売り値についても、風鈴そばは十二文だったのに対し、夜鷹そばは八文で食べられたが（『芳野山』〈安永二年〉「夜たかそば」）、やがてその違いもなくなる。

先に眺めた『日永話御伽古状』（寛政五年）の夜鷹そばは「二八」の行灯を下げており、葛飾北斎も『竈《かまど》将《しよう》軍《ぐん》勘《かん》略《りやく》之《の》巻《まき》』（寛政十二年）に「二八」の行灯を掲げた夜鷹そばを描いている（図36）。洒落本『闇明月《みそかのつき》』（寛政十一年）では、吉原の客が、青楼から表へ出て、

「ヲイ　ねぎをたんといれて下せエ」といって風鈴そばを喰い、十六文を支払っている。

寛政年間（一七八九～一八〇一）には、夜そば売りの売り値は夜鷹そば、風鈴そばともに一杯十六文が相場になり、二八そば屋と同じ売り値になっている。

(三) 夜そば売りの増加

火災予防上、夜間に火を持ち歩いて商売することが禁じられていたにも拘わらず、夜そば売りが増えていった。そうしたなか、寛政六年正月十日に大火があり、次いで十六日、十九日と火災が続いた。このため二十日には、年番名主が名主たちに火を持ち歩く商売を取り締まるよう通達を出した。これにより名主の取り締まりが強化されたとみえ、二月八日のことになるが、「夜蕎麦」を渡世とする「元赤坂太兵衛店新兵衛外七拾弐人之者」が、家主より夜商いを差し止められたため、渡世に差支えるので、夜中に商売出来るよう許可してほしいと奉行所に駆け込み、訴え出た。これに対し奉行所は、火を持ち歩くことは禁じているが、夜商いを禁じているわけではない、心得違いをしてはならない、と申し聞かせている。新兵衛たちは協議をした結果、心得違いの願い出をしました、と訴えを取り下げている（『類集撰要』四二)。一定の場所で営業し、移動するときに火を持ち歩かなければよいわけで、抜け道はある。

新兵衛たち一同は同じ組合仲間であるが、外にも夜そば売りの組合があって、奉行所はこの申渡しをする際、町々にある外の「夜蕎麦切渡世」の者にも心得違いしないよう伝えるよう申し渡している。

長屋暮らしの住民にとって、夜蕎麦渡世は重要な生業になっていて、かなりの数の者がこの商売に携わっていたことがわかる。奉行所は条件付きで夜そば売りの営業を許可したわけだが、これでは夜そば売りをはじめ夜間の荷《にない》屋台の数が減るわけはなかった。そこで、翌寛政七年十一月には、町奉行は、「夜商ひの荷屋台」に鑑札制度を設けて総数を規制する方針を打ち出し、「印鑑紙札」九百枚を発行して「若し無印鑑にて夜商ひの荷屋台差し出す者これあり候えば、召捕り咎《とが》(処罰)申付け候」(『類集撰要』四二)といった御触を出して取締りを強化した。

しかし、その効果は上がらず、無鑑札で商いする者が多くいたとみえ、寛政十一年四月には、町奉行は町年寄・樽与左衛門に対し、

「荷ひ屋台で煮売商ひをする者の人数を七百人に定め、寛政七年に渡した鑑札は

取上げ、現在九百人余りいる者に対し、町年寄役所より新たに鑑札九百枚を渡し、今後は鑑札を譲渡させず、人数を七百人迄減らすよう取り計らうこと。これまで出してきた場所のほかへ屋台を持ち歩かせず、新規の夜商ひの参入を認めないこと」（『御触書天保集成』六一二〇）。

と申し渡し、これまで奉行所が発行していた鑑札を町年寄役所に代行させ、町年寄の責任で屋台の数を七百に減らそうとしている。

さらにこの時、「夜蕎麦切は申すに及ばず、火を仕込み、夜中持ち歩き候類は何によらず、前々仰せ出し候通り、一切商ひ致しまじき候」と、特に夜そば売りの名を挙げ、火を持ち歩いて商売することを禁じている。多くの夜そば売りが火を持ち歩いて商売していることを物語っているが、こうした命令にもかかわらず、夜そば売りの屋台は町を巡っていて、寺門静軒の『江戸繁昌記』五編（天保七年・一八三六）には、「夜鷹そばは担い棒の両端に屋台を取り付け、棒の先に鈴を懸け、風鈴を鳴らして歩き廻っている。これを風鈴そばという。江戸の東や西、市外の橋のたもとにまで、月夜でも雨夜でも風鈴を鳴らし、風鈴のならない場所はない」とある。江戸市内はもとより江戸近郊に至るまで、晴雨にかかわらず、夜そば売りが町々を売り歩いていた。

五　そば屋の発展

(一)　江戸はうどんからそばの町に

寛文年間（一六六一〜七三）にけんどんそばが生まれ、その後貞享（一六八四〜八八）から享保（一七一六〜三六）にかけて、蒸しそば切りの店、そば切りの名店、二八そばの店、夜そば売りが現われた。江戸はうどんの町からそばの町へと移り変わるきざしがみえていたが、寛延四年（一七五一）になると少なくとも七二軒のそば屋があったことが『蕎麦全書』の「江戸中蕎麦切屋名寄」によってわかる。

そして、安永五年（一七七六）には、恋川春町作画の『うどんそば　化物大江山』という戯作絵本（絵入小説）が出版された。この絵本のストーリーは、源頼光とその四天王が、勅命を奉じて、夜な夜な鬼をよそおって財物や婦女子を掠奪する酒呑童子の一味を丹波国大江山に討つという武勇伝（御伽草子『酒呑童子』）のパロディーで、源頼光と四天王をそば切り党に、酒呑童子の一味をうどん党にみたてている（図37）。そば切り党がうどん党を退治した結果、「そば切は心のままにうどん

図37　そば切り党のメンバー。源のそばこと四天王（碓井のだいこん・卜部《うらべ》のかつおぶし・渡辺のちんぴ・坂田のとうがらし）がうどん党退治の相談をしている。『うどんそば　化物大江山』（安永５年）

を従え、一天に名を広めける。さるによつて、江戸八百八町にも、そば屋とよぶ其《その》数、揚げて数え難けれども、うどん屋と呼ぶは、万が一なり」という結末になっている。

フィクションの世界ではあるが、こうした結末に喝采を博すムードが江戸の町にはあったといえよう。この翌年の安永六年に刊行された『土地万両』「麺類之部」には二一軒の麺類屋がランキングされているが、「笹屋干しうんどん」以外はすべてそば屋になっている（図17）。

さらに天明七年（一七八七）

に出版された江戸の食べ物屋案内『七十五日』になると、ここに紹介されている六七軒の麪類店のうち、そば屋が五六軒と圧倒的に多く、うどん屋は九軒、うどん・そば屋は二軒にすぎなくなっている。

安永から天明（一七七二〜八九）にかけて、江戸はうどんの町からそばの町になっていることがうかがえる。江戸がそばの町になった要因には、蕎麦の産地に恵まれたこと、二八そばが生まれてそばの値段が安定したこと、夜そば売りの数が増えてそばが江戸市民に馴染やすい食べものになったこと、そばに合ったそば汁が生まれたこと、そばのすっきりした味や粋な感じが江戸っ子の気質にマッチしたこと、などが考えられるが、天明年間に高級なそば店が増え、上流階級をも客層に取りこんでいったことも大きい。

（二） 客層を広げたそば屋

天明二年（一七八二）に刊行された黄表紙『七福神大通伝《しちふくじんだいつうでん》』には、次のような一文がみえる。

「広き江戸中にけんどん屋を出して、その外、夜鷹・風鈴・大平しっぽくのせり売り、夜ふけ迄売り歩き、そばの嫌ひな人は十に一人あるかなし。されども、日中に中より下の人はけんとん屋へ入る者多くあれども、金々物《きんきんもの》（立派な身なりをした者）にては、なんぼ葱の匂ひで鼻がひくひくしても、ちと腰かけて喰ふも遠慮あり。この事を大通天嘆かはしく思召《おぼしめし》、この一俵の蕎麦を引きぬき（上製のそば粉にして）、所々へ与へ給《たま》い、商い思ひ付《つか》せ（対策を講じさせ）、表は格子作りにして立派に、木地の看板に深大寺御膳手打そばと記《しる》し、賤《いや》しき気色《けしき》は更になし。どんな金々者も遠慮なく寄る様にしかけ、家具そのほか粋を第一として商ふ店、今江戸中におびたゞし。途中で少しの価《あたへ》を出し、深大寺の手打の馳走になる様な自由な世の中となりしも大通天の御利益なりけり」

江戸にはそば好きの人が多数いたが、そば屋の客層は中以下の人に限られていた。それが、大通天（文中に「大黒天とかたち少しもちがわざる神」とある）の御利益で、格子作りの立派な店構えをしたそば屋が現われ、上流階級に客層を広げた、というのが話の骨子で、「深大寺そば」の看板を掲げたそば屋が描かれている（図38）。「看板に深大寺御膳手打そばと記《しる》し、賤《いや》しき気色《けしき》は更になし」とあるのは、当時、深大寺とその近辺から産する蕎麦がブランド品とされていたことによる。大田南畝

図 38　深大寺そばの看板を掲げたそば屋（右）と茶見世（左）。『七福神大通伝』（天明２年）

図 39　吉原の釣瓶そば屋。『夜野中狐物』（安永９年）

は「蕎麦の記」に「深大寺そばは近在に名高し」と記している（『玉川砂利』文化六年）。

大通天を持ち出しての譬え話ではあるが、上流階級を客層にするそば屋が増えていることを物語っている。すでに、洲崎のざるそばは二階建ての立派な店構えをして営業していたし（図20）、吉原には格子作り店構えの釣瓶そばがあったことが『夜野中狐物《よのなかこんなもの》』（安永九年・一七八〇）に描かれている（図39）。この頃にはこうしたそば屋がさらに増え、『七福神大通伝』の二年後に出版された『彙軌本紀《いきほんぎ》』（天明四年）には、

「当世流行するものは何々ぞ。答《こたへ》て曰。其一二を挙《あげ》て云ば。（略）巣立技者《すだちげいしゃ》に手打何漏《そば》」

とある。まだ機械製麺が行なわれていない時代、そばは手打ちに決まっているが、自家製の上質な生《き》そばを手打ちそばと称し、これを売り物にした店が流行している。

天明七年に出版された『是高是人御喰争《これたかこれひとみくいあらそい》』には、そば屋の内部が描かれている。そば粉を踏んでこねる人、麺棒でそばを打つ人、薬味の葱を刻む人、そば庖丁でそ

図40　そば屋の内部。そば粉を捏ねるところからそばをゆでるところまでが描かれている。『是高是人御喰争』（天明7年）

ばを切る人、そばを釜でゆでる人が分業で仕事をしていて、そばを切っている人が「つなぎの入らぬそばは切りにくい」と言っている（図40）。この店のそばは生粉打ちのそばだ。

　そばの薬味には、花鰹（削り節）、大根のしぼり汁、陳皮（みかんの皮）、唐辛子、山葵《わさび》、海苔、梅干などが使われてきたが、これに葱が加わる。『蕎麦全書』によると、薬味の「ねぎ」は、「思ふに是は近来加増するの品ならん」としているので、十八世紀中頃から使われ出したようだ。葱が薬味に使われ出すと、なくてはならない薬味になる。
手打ちそば屋は器にもこだわっていて、洒落本『仮根草』（寛政七年・一七九五）の登場人物は、

「ほんに貴公、蕎麦は気なしか。此間《こないだ》むかふ（向う）の鰻やがしもふ（店を閉じた）跡へ手打信州生蕎麦が出来た。い丶器物をだしやす。異気《いき》な道具をもつている」「わつちァとんと麪類はきんもつ」

といった会話を交わしている。器にこだわるそば好きもいて、『滑稽和合人』（文政六年）では、これから出かける三人連れの一人が、

「蕎麦は、チト遠くとも駒形の松月庵にしやう。今度新製を始めてから、又一トしほよくなつた。そして器が立派でい丶」

と二人にいっている。
江戸のそば屋は上流階級の客を取り込んで客層の幅を広げ、そば人気を高めてい

った。

(三) 七一八軒に増えたそば屋

江戸の町にはそば屋が増えていったが、そば屋の数がはっきり分かるのは、文化八年(一八一一)に行なわれた「食類商売人」数の調査の時になる。この年、町年寄は、町奉行所の求めに応じて、江戸の「食類商売人」の数を業種別に調査して差し出しているが、「饂飩屋蕎麦切屋」の数は七一八軒と報告されている(『類集撰要』四四)。「食類商売人」の総数は七六〇四軒なので、「饂飩屋蕎麦切屋」は全体の九・四パーセントを占めていて、居酒屋に次いで数が多い。うどん屋とそば屋の内訳は不明だが、この頃の江戸はそば屋優勢の時代なので、大部分がそば屋であったとみなすことができる。

そば屋の数はその後も七〇〇軒位の時代が続いていた。天保十年(一八三九)十一月二十四日のことになるが、御府内蕎麦切渡世惣代の者が、御国恩に報いるため冥加金(上納金)として、毎年一〇〇両宛、五年間で合計五〇〇両を町会所に上納したいと奉行所に申し出ている。「蕎麦切は手軽の価で食べられるので、身軽のものや貧窮のものたちは蕎麦屋の得意客で、これらの人たちは町会所の救済事業を有難く思っている」から、というのがその理由だった（『町会所一件書留』九五）。町会所は、病気などにより生活に困窮している貧窮者を救済し、飢饉・火災などの際には窮民に施米・施金などを行なっている。そば屋の得意客にとって掛け替えのない場所なのでお役に立ちたいというわけだ。

冥加金の捻出は、凡そ七〇〇人いるそば屋から毎月一定額を取り集め、それを年二回に分けて町会所に納めるとしている。そば屋の中には、反対する者も数多くいて、この計画が実現したかは疑問だが、これによってそば屋の主な客層が身軽の者などの低所得層（その日稼ぎの日雇・棒手振り・諸職人・托鉢の道心者など）であったことや、幕末近くには七〇〇軒位のそば屋があったことが分かる。

（四）多すぎる『守貞謾稿』のそば屋の数

ところが『守貞謾稿』「巻之五・生業」には、「万延元年（一八六〇）、蕎麦高価のことに係り、江戸府内蕎麦店会合す。その戸数三千七百六十三店。けだし夜商、俗に云ふよたかそば屋はこれを除く」とあって、すごい数のそば屋があったことを示している。そしてこれをもって、幕末には三七六三軒ものそば屋があったとするのをよくみかける。とすると、そば屋の数は、天保十年から万延元年までの四〇年間で七〇〇軒から三七六三軒へと五倍以上に増加していることになる。

これは考えられないことで、奉行所は文化元年（一八〇四）に飲食店の数を減らす方針を打ち出し、食物商売の新規開店を認めず、家業譲渡に制限を設けて、当時六一六〇軒余りあった「食類商売人」の数を五年間で六〇〇〇軒以内に減らすよう町年寄に命じている（『徳川禁令考』前集第五）。この目標はなかなか達成されずにいたが、天保六年（一八三五）になって、ようやく五七五七軒に減らすことに成功し、目標を達成している。そして、この翌年、町年寄は、奉行所の意向をうけて、この数字を元高とし、これ以上「食物商人」の数を増やさないよう年番名主に申し渡している（『天保撰要類集』諸商売之部）。このように飲食店数が減少傾向にあるなかでそば屋だけが増加し、しかも飲食店全体の三分の二近くを占めるに至っているとは考えにくい。

また、そば店「三千七百六十三店」が一堂に会したとあるのも疑問で、これだけの人数が集まれる場所が江戸にあったとは思えない。

『守貞謾稿』の記述は誤りで、江戸末期には七〇〇軒近いそば屋があったとみるべきであろう。それにしても、当時の江戸の人口を一〇〇万人と推定すると一四二九人に一軒の割合でそば屋があったことになる。総務省統計局の「事業所・企業統計調査報告」（『外食産業統計資料集』二〇〇九年）によると、平成十八年（二〇〇六）における東京のうどん・そば屋数は五七七五軒となっている。数では約八倍にも増えているが、人口比で比べると、平成十八年の東京の人口は一二六六万人なので、うどん・そば屋の数は二一九二人に一軒の割合になる。人口比では、江戸のそば屋の方がずっと多いことになる。明治に入ってからも、『明治十年東京府統計表』「商賈業別」（明治十一年）によると、東京のそば屋の数は六一七軒と報告されている。

（五）二極化したそば屋

寺門静軒の『江戸繁昌記』五編（天保七年）には、次のようにある。

「世に二八蕎麵《そば》なる者あり。又夜発蕎麵《よたかそば》なる者あり。二八も亦《また》昼夜を連ねて之を売つて、夜発も亦唯《た》だ夜《よる》是を鬻《う》る。（略）又手打《てうち》なる者あり。蓋《けだ》し二八の後《のち》に出づ。其の製精細《せいさい》、家も亦《また》従つて華《くわ》、器《うつは》も亦従つて潔《けつ》。愈々《いよいよ》出でて愈々精《くは》しく、益々多くして益々行はる。而して此の二家、昼夜を連ねて売ると雖《いへ》ども、夜は則《すなは》ち亥《ゐ》の時（午後十時頃）を以て限りと為《な》す。是夜発《よたか》ある所以《ゆゑん》なり。乃《すなは》ち夜発も亦《また》出でて鬻《ひさ》ぐ」

手打ちそば屋は、二八そば屋や夜鷹そばに対し、そばの製法が精細で、店も立派で、器も清潔なものを取り揃え、数が増えて繁盛しているといっている。寺門静軒がいうように、二八そば屋のあとに、手打ちそば屋が現われてくるが、天明年間には、上流階級向きの手打ちそばが流行している（一〇九頁）。そば屋の二極化の傾向は、この頃から顕著になってくるが、寛政十一年（一七九九）に行なわれた町名主による「食類商売人」数の調査のときには、そば屋を「蕎麦切売」と「手打蕎麦切」に分けて調査している（調査結果は残念ながら不明）。「蕎麦切売」は二八そば屋、「手打蕎麦切」は高級そば屋を表しているものと思え、そば屋を二種類に分類することが行なわれている。

二極化の傾向はさらに顕著になり、深川や団子坂の藪そばのような豪華な店構えのそば店が出現してくるが、『守貞謾稿』「巻之五・生業」は

「従来二八、後《のち》に二十四文の物を商ふを駄蕎麦と云ふ。駄は惣じて粗を云ふの俗語なり。駄にも行灯等には手打と記せども、実は手打と云ふは、別に精製を商ふ店あり。真の手打蕎麦屋には、二八の駄そばはうらず」

二八そば屋のそばは「駄そば」といい、本当の手打ちそば屋は駄そばを売らないとしている。

先に述べたように、嘉永六年版の『細撰記』では、そば屋を高級そば屋（「手打屋そば七」）と、大衆的なそば屋（「盛屋掛蔵」「大盛屋安二郎」）にグループ分けしている（図29・30・31）。

幕末から明治初頭にかけての江戸の様子が記された『江戸の夕栄』（大正十一年）には、

「蕎麦屋に二種あり、一は手打そばといひ、一を二八そばまたは駄そばといふ。盛・掛とも二八の十六文ゆゑ二八そばといふ。手打そばの方はやや上等にして、場末に到れば料理を兼業する家多し」

とあって、主な手打ちそば屋二一軒の名を挙げている。二八そば屋の名は一一軒しかみえないが「その他数百軒あり」と補足されている。寺門静軒は、手打そば屋がかなり増えているようにいっているが、二八そば屋の方が圧倒的に多かったようで、

紀州藩の医師原田某は、幕末頃の江戸見聞記『江戸自慢』(安政年間頃)のなかで、

「予は非番日は内に居られず、東西南北とかけ廻り、終日の費え百銭にて済さんと工夫なし、いずく行も壱人にて、目と口を案内者となし、空腹を凌ぐはそばに極め、跡に五、六盃湯を飲み」

といっている。そば屋では、安い値段で空腹を満たすことが出来、そば湯のサービスもしてもらえた。

『江戸繁昌記』によると、二八そば屋や手打そば屋は午後十時頃まで営業し、それから夜鷹そばの本格的な出番となっている。江戸市民は昼夜を分かたずそばが食べられた。

六　そば汁・蕎麦粉の産地・そば屋酒

(一)そば汁は味噌味から醤油味に

江戸のそば人気を高めていった要因には、そば汁の工夫もあった。今は「そばつ

ゆ」というが、江戸時代は「そば汁」といっていた。そば汁の調味料は味噌から淡《うす》口《くち》醤油（下り醤油）、さらに濃口《こいくち》醤油（地廻り醤油）へと変化した。

料理書にみられるそば汁は、『料理物語』（寛永十三年・一六三六）は味噌味、『料理塩梅集』「天の巻」（寛文八年・一六六八）は醤油味、『料理私考集』（正徳元年・一七一一）は醤油仕立、『黒白精味集』（延享三年・一七四六）は醤油に味噌を少量加えたもの、『料理の栞』（明和八年・一七七一）は醤油味、というように変化しているという（「料理書に見る江戸のそばとそば汁」）。

料理書では十七世紀後半にはそば汁に醤油の使用がはじまっている。

そば屋のそば汁の製法がわかるのは、『蕎麦全書』（寛延四年・一七五一）が早い例になるが、ここには、

「其汁、味噌のたれ汁一升、好酒五合。拌《ま》ぜ匀《と、の》へ、乾鰹細片四五十銭（一銭は約三・七五グラム）を煮る事半時斗《ばか》り、慢火《ぬるび》によろしからず、緩火《とろび》によろし。蒸熟し（よく煮たら）、塩・溜醤油を以て是を調和し、再び温めるを以て要《かなめ》とす」

と、『本朝食鑑』（元禄十年・一六九七）に載る味噌味の製法を紹介したうえで、「今

麪店家の汁、此法の類なるべし」としている。料理書ではすでに醤油味に移行している時期に、そば屋ではまだ味噌味だったことになるが、そば汁に鰹節のだしを使うことははじまっている。醤油を使うことも間もなく始まり、

○「山十に土佐を遣ふとかつぎいふ」（万句合、明和八年・一七七一）

と詠まれていて、そば屋のかつぎ（出前）が、山十と土佐の鰹節を使っていると自慢している。山十は『蕎麦全書』に「近来、地醤油によろしき物有り。しかし下り醤油には及ばず。下り醤油にも種々有りと云へ共《ども》、山十此印《じるし》の物極上」とある下り醤油の極上品で、明和年間（一七六四〜七二）にはそば屋がそば汁に醤油を使っている。

そば屋がだしがらを店先に干している光景はよくみかけられたようで、

○「みそらしく出シがらを干スけんどんや」（万句合、明和二年）

けんどんそば屋が、みそらしく（自慢げに）だし殻を干してみせびらかしているが、

○「そばやの軒にかつおぶしの所労ぬけ」（柳八四、文政八年）

の句もみえる。「所労ぬけ」とは精根尽き果てることをいい、ここではだしがらのことをいっている。

商店の報條《ほうじょう》（宣伝用チラシ）集『ひろふ神』（寛政六年）に載る東橋庵の広告文に

は、

「すまし（醤油）は貴《たつと》き宝《たから》の山十《じう》、だしはめで度《たき》千とせの松魚節《まつぶし》」

と、そば汁に山十の醤油と松魚節《かつお》を使っていることを宣伝しているが、天保十三年（一八四二）には、

○「身ハ枯て露の手向けや花松魚」（新編柳多留二一）

の句が作られている。花松魚《はなかつお》（鰹の削り節）が露（そば汁）のために身を枯らして（だしを取られて）役割を果し終えているようすが詠まれていて、醤油と鰹節のだしでそば汁を作ることが定着しているのが分かる。

（二）下り醤油から地廻り醤油へ

十八世紀後半には、そば屋はそば汁に醤油を使い出すが、使用する醤油は下り醤油（淡口）から地廻り醤油（濃口）へと移行していく。

享保十一年（一七二六）における醤油の江戸入津量《にゆうしんりよう》は十三万二千樽余にすぎなく、そのうちの十万一千樽余は大坂からの下り醤油で、江戸入津量の七六パーセン

トを占めていた（『日本近世社会の市場構造』）。それが文政四年（一八二一）の「十組醤油酢問屋行事」の上申書によると、江戸入津量は一二五万樽に達していて、そのうちの一二三万樽は関東七か国から運ばれている（『醤油沿革史』）。ほぼ百年の間に、醤油の江戸入津量は十倍近くに増え、その大部分を地廻り醤油が占めるようになっている。江戸での醤油使用量の増大と地廻り醤油のシェア拡大が顕著にみられる。

キッコーマン国際食文化研究センターでは、下り醤油の全盛期を十八世紀中頃と推定し、『万金産業袋《ばんきんすぎわいぶくろ》』（享保十七年）に示されている醤油製造方法をもとに下り醤油の再現を試みている。その結果、下り醤油は「熟成期間が短いため（三か月半位）、色が薄く」、「最初の口当たりは旨く感じるが、すぐに塩味が立ち、「つけ・かけ用」としては向いているとはいい難い」と評価し、「醸造期間が長くなれば醤油の味は濃くなるが、深みのある旨味とコク、食欲をそそる香りがより立ってくる。この醸造期間を長くするための工夫と改善の結果が、市場での「下りしょうゆ」から「関東地廻りしょうゆ」の交代の要因と考えられる」と考察している（「FOOD CULTURE」一一）。

江戸のそば屋は、江戸でのシェアを増していった濃口の地廻り醤油をそば汁に使用することによって、そばにより適したそば汁を作り出した。

紀州藩の医師・原田某は、『江戸自慢』のなかで、

「蕎麦は鶏卵を用ひず。小麦粉にてつなぐ故に、口ざわり剛《かた》く、胸につかへ、三盃とは食ひがたし。汁の味は至極美にして、若山（和歌山）の蕎麦を江戸汁にて食へば、両美相和して、腹の裂《さけ》るを知らず食にや有らん」

といっている。つなぎに鶏卵を使っていないそばは、長年慣れ親しんだ味とは異なるので口に合わなかったが、そば汁の味は絶賛している。江戸そばの発展にそば汁の果たした役割は大きかった。

（三）そば粉の産地と流通

蕎麦の産地に関しては『本朝食鑑』（元禄十年）に、

「蕎《そば》は四方に有り。東北に最も多く質も佳《よ》い。西南は少なくて佳くない。夏の土用の後に種をまき、八・九月に収穫する。早く収穫するのを新蕎麦といふ。信州および上野《かうづけ》（群馬県）では、三・四月に種をまいて六・七月に収穫するのがあり、

これを珎（珍）としている。下野《しもつけ》（栃木県）の佐野・日光・足利等の処、武州（埼玉県・東京都）、総州（千葉県）、常州（茨城県）でも多く産して佳品であるけれども、信州の産には及ばない」

とあり、『続江戸砂子』（享保二十年）には、

「惣じてそばはかろき地よろし。練馬・中野・西ヶ原の土地などよし。しかし穀《こく》目《め》（生産量）すくなきゆへ売買の勝手にならず。よつて上品ながら多く作らず。信濃蕎麦は土地のしまりたる所ゆへに穀目多し。江府蕎麦切家業のものはおほく信濃を用ゆと也」

とある。

この二書によって、蕎麦は信州産が生産量が多く、品質が最も優れ、江戸のそば屋は信州産を多く使っていること、関東や江戸近郊でも良質の蕎麦が生産されていること、などがわかる。

『続江戸砂子』は、江戸近郊産は売買の対象になっていないとしているが、江戸近

郊を含めた関東地方の蕎麦もかなり江戸に出回るようになったのではなかろうか。

江戸時代の関東地方は畑作地帯で、大石慎三郎は、幕府が旗本たちに関東地方の知行地を与える場合に定めた田畑比率の規則から、「江戸時代中期の関東における田畑比率を推測すると、総耕地の約二〇パーセント弱が田で、残りの八〇パーセント強が畑ということになる」と推定している(『大江戸史話』)。

この傾向は昭和初期まで受け継がれていて、『昭和四年農業調査結果報告』(昭和五年・一九三〇)によると、

「田と畑との割合を地方別にみるに田の割合大なるは北陸の七割九分を首位とし、近畿(七割八分)、中国(七割一分)、東北(六割二分)、東海(五割八分)、四国(五割六分)の七地方で、これに対し畑の割合大なるは沖縄の八割九分を首位とし、北海道(七割七分)、関東(五割六分)、東山(五割四分)の諸地方である」


とあって、本州では関東地方の畑作の割合が一番多い。蕎麦は関東や江戸近郊でもかなり生産され、江戸に供給されていたものと考えられる。

江戸にはそば粉を取引する業者が多数いた。

文政七年（一八二四）八月のことになるが、「御府内饂飩蕎麦粉渡世致《いたし》候者」一八九人がうどん・そば粉の値段の統一を図るため「仲間取極め」（組合の結成）をしたいと町年寄に願い出ている（『江戸町触集成』一二二七六）。組合結成が許可されたかは不明だが、そば屋の数が七〇〇軒とすると、八軒に一人の割合で「饂飩蕎麦粉渡世」の者がいたことになる。そば屋に大量のそば粉が供給されるシステムが出来上がっていた。

(四) そば屋酒と酒の肴

そば屋でひとり酒を楽しんでいる人をよくみかける。そば屋ではうまい酒が安く飲めるのが魅力で、「そば屋酒」、「そば前」という言葉もある。特に昼下がりのひと時、そば屋でゆったりと猪口を傾けるのはよいものである。

そば屋で酒を飲むことは早くから行なわれていた。『かの子ばなし』「蒸籠むしそば切」の店では中間《ちゆうげん》が酒を飲んでいたが（三六頁）、十返舎一九の『金草鞋』十五編（文政五年）の浅草のそば屋の絵には、そばを食べている客の背後に菰樽が描かれている（図41）。『江戸自慢』に「必ずそば屋には酒あり。しかも上酒なり」とあるように、そば屋はよい酒を常備していた。

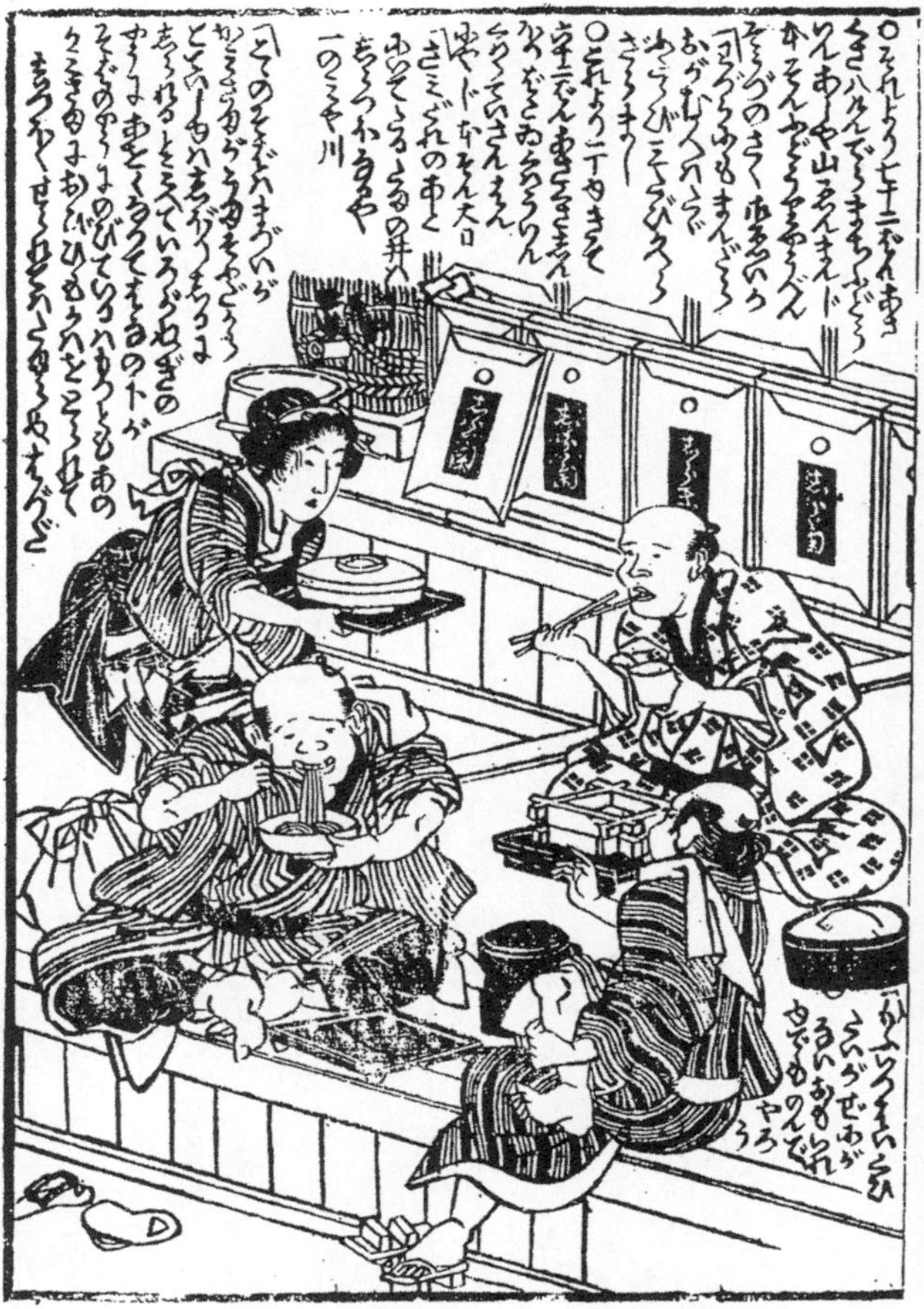

図 41　浅草のそば屋。そばを食べている客の背後に出前用のけんどん箱と菰樽が描かれ、盛りそばは蒸籠に盛って出されている。『金草鞋』十五編（文政 5 年）

そばを食べる前に酒を飲むことを「そば前」といい、『評判龍美野子《ひょうばんたつのみやこ》』(宝暦七年・一七五七)には、深川洲崎の茶屋で、「蕎麦客《そばきやく》とみし一ト群《むれ》」が、「なんぞかるい肴がよいぞや。先《ま》ずそば前に一ッぱい致そう。のめる肴二三種頼ム」と、「そば前」に酒と肴を注文している。そば屋で「そば前」に一杯やることが多くなったとみえ、簡単なつまみを出すことを宣伝するそば屋が現われてくる。

式亭三馬が芝増上寺門前の風詠庵というそば屋のために書いた報條《ほうじょう》には、

「此間《こないだ》去《さ》る上戸の御客様の仰《おほせ》には、コレ亭主《ていしゅ》酒の肴に蕎麦でもねへ、料理にしやれ、料理々々との御すゝめに順《したが》ひ、手前加減《かげん》のつかみ献立《こんだて》尤《もっとも》　即席料理。(略)か、ア料理で一盃きめやうと、手軽くチョイと御光駕のほどひとへに奉　希上《ねがひあげたてまつり》候」(『狂言綺語』文化元年)

とあって、このそば屋は酒の肴につかみ料理(即席料理)を出すことを宣伝している。

小咄本『笑の種』「そばや」(文政二年)では、「一の谷といふそばや」に入ってきた客と亭主の間で、「時に酒もあるか」「ございます」「三合ばかりかけて下さい。

肴はないか」「御さかなは御座りませぬが、岡べの六弥太（源義経の家臣の名だが、豆腐を「おかべ」というところから豆腐の意）へ、たゞのり（一の谷の戦いで戦死した平家の武将・平忠度から海苔の意）をかけて上《あげ》ませう」「これはおもしろい、だしてくんな」といった会話が交わされている。笑い話のなかでの会話だが、そば屋は客の求めに応じて簡単な酒の肴を出していたことがうかがえる。

紀州藩の勤番武士・酒井伴四郎は、万延元年（一八六〇）五月二十九日に江戸に着任してから十一月末まで、江戸での暮らしを毎日欠かさず日記に記しているが、彼は頻繁に外食し、そば屋、すし屋、茶漬屋、蒲焼屋、料理茶屋、居酒屋などで飲食している（『江戸江発足日記帳』）。一番多いのがそば屋で、二十回も立ち寄っているが、その内、約半分の九回は酒を飲んでいて、

○（二人で）「そば屋え這入り、どぜう鍋にて酒五合呑そば喰」（八月十三日）

○（三人で）「そば屋え這入、阿なご鍋・どぜう鍋・そばにて酒二合呑候」（八月十五日）

○（四人で）「そば屋え這入、皆之様（に）茶碗盛うんどんを喰。予者《よは》薬代りに鮪・永芋・蓮根之甘煮にて酒二合呑候」（八月廿五日）

○（二人で）「天神之境内、御膳そばへ行き、そばにて酒一合呑」（十月十四日）

○(人数不明)「帰りに皆そば屋え這入、外之人者《は》皆かけそばを喰。予者寒さ凌《しのぎ》にて候間、鍋にて酒二合呑酔候」(十月十九日)

○(一人で)「晦日之事故、そばにて酒壱合呑帰り候」(十月二十九日)

○(一人で)「寒さ堪えがたく候間、そばやへ這入り酒弐合呑、其勢いにて帰る」(十一月五日)

○(一人で)「寒さ凌ぎがたきゆへ、そば屋にて鶏鍋にて酒弐合呑」(十一月廿二日)

○(二人で)「晦日之事故、そばやえ行き、酒弐合呑」(十一月晦日)

とある。酒井伴四郎は、どじょう鍋・あなご鍋・鶏鍋などの鍋物や煮物を肴にして酒を飲み、肴を注文しないときはそばを肴に酒を飲んでいる。そば屋の肴は多彩で、幕末になると、いろいろな鍋物を出すようになっているのが注目される。

(五) そば屋と燗酒

『笑の種』に「三合ばかりかけて下さい」とあったように、そば屋では、チロリに酒を入れて湯煎した燗酒を客に出していた。山東京山の『大晦日曙草紙』四編(天保十一年)の「二八そばやのミセ」では、客の一人が店員にチロリの酒の追加注文をしている（図42）。チロリとは酒を燗する容器で、蓋が付いていて、上部に酒の注ぎ口がある。多くは銅製で、後に錫製も出来た。湯煎による酒の燗は、酒を間接的にゆっくり暖めるため、酒の味を損なわずに甘味やうまみを引き出し、好みの温度に燗をつけることができる。そば屋では美味い酒が飲めた。

絵を眺めると、酒を追加注文している客は女性と二人づれで、二人は猪口の酒を廻し飲みしている。江戸時代には、猪口の廻し飲みがよく行われていた。その右は長屋のかみさんで、一人で来ている。手前右側は旅人、その左はこれから夜の巷を流して歩く按摩が腹ごしらえをしている。二八そば屋には、さまざまな人が訪れている。

そば屋に限らず、江戸時代の人は酒を燗して飲んでいた。これは当時の酒が超辛口だったことと関係ありそうだ。

現在、日本酒の甘口・辛口の度合いは「日本酒度」で表わされ、日本酒の瓶のラベルに（＋）（－）の数値でその度合いが示されている。（－）の数値が大きいほど糖分が多く、甘口になり、（－）六以上は「大甘口」といわれ、反対に、（＋）の数字が大きいほど糖分が少なく、辛口になり、（＋）六以上は大辛口といわれている。

日本酒の成分分析は、明治十年に、東京帝国大学農科大学英人教師エドワード・

按摩師、長屋のおかみさんなど、客層もさまざまだ。『大晦日曙草紙』四編（天保11年）

図42　二八そば屋の店。客の一人が店員にチロリを差し出し、酒の追加注文をしている。ここでも盛りそばは蒸籠に盛って出されている。旅人、

キンチ氏によって、はじめておこなわれたが、それによると日本酒度は（+）十一～十八度と大変な辛口の酒だった（『日本の酒』昭和三十九年）。これからすると、江戸時代の酒は超辛口だったと考えられる。

酒の味覚は、温度によって変わり、甘味は温度が上がるにつれて感度が増し、三五℃あたり（人肌燗）が最も鋭敏に感じられるという（『日本酒』平成六年）。酒を燗すると、加温により、甘味の感度が増し、辛口の酒も飲みやすくなることになる。江戸時代の人が酒を燗して飲んでいた理由がわかる。

また、貝原益軒は「凡そ酒は、夏冬ともに、冷飲・熱飲に宜しからず。温酒を飲むべし。熱飲は気升《のぼ》る。冷飲は痰をあつめ、胃をそこなふ。（略）凡そ酒をのむは、その温気をかりて、陽気を助け、食滞《しょくたい》をめぐらさんがため也。冷飲すればこの二つの益なし。温酒の、陽を助け、気をめぐらすにしかず」といっている（『養生訓』正徳三年・一七一三）。健康上からも江戸時代の人は燗酒を好んだのではなかろうか。

燗酒と酒の肴を置いている夜そば売りもあったようで、『竈将軍勘略之巻』（寛政十二年）に描かれた夜そば売りの行灯には「二八そは　かんさけ　御とりさかな」と書かれている（図36）。

そば屋ではひとり酒を楽しめるのも魅力で、小咄本『縁取《えんとり》ばなし』（弘化二年・一

図 43　浅草の正直蕎麦。『縁取ばなし』（弘化２年）

八四五）に出ている正直蕎麦（浅草馬道）では、ひとり酒の客がチロリを掲げて店員を呼んでいる（図43）。酒井伴四郎も一人でそば屋に入って酒を飲んでいる。

このころの江戸には多数の居酒屋があって、そば屋同様にチロリで燗して酒を出していたが、居酒屋は酒を飲むことが目的の場所で、長時間にわたって何人かで酒を酌み交わすといった傾向がみられる（『居酒屋の誕生』）。それに対し、そば屋では、「そば前」にちょっと一杯飲んでそばを味わうといった酒の飲み方が一般的なようで、伴四郎のそば屋酒をみると、一人でそば屋に入って酒を飲むときは、酒を一、二合呑む程度で帰っているし、仲間とそば屋に入っているときも、酒の量はそれほど多くなく、長居はしてないようだ。

ところで、図41・42では、盛りそばが枡型の蒸籠《せいろ》に盛って出されている。蒸しそば切り時代に、そばを蒸し上げるために使われていた蒸籠がこの頃には表舞台に登場してきている。西沢一鳳は「蕎麦に二種有り。（略）カケはぶつかけ、モリは小《こ》青楼《せいろう》に入て、猪口にだしをつぎ出すなり」と、もり蕎麦は蒸籠に盛って出されていることに触れている（『皇都午睡《こうとごすい》』三編上、嘉永三年）。

第二章　蒲焼屋の誕生と発展

一　蒲焼のはじまり

（一）丸ごと焼いていた鰻の蒲焼

そば屋に次いで現われてきたのが蒲焼屋だ。蒲焼の名の由来には諸説あるが、江戸時代には主なものとして三つの説が唱えられている。一つは樺焼説で、鰻を焼いた色が樺の皮に似ているからというもので、黒川道祐がこれを唱えている（『雍州府志』貞享元年・一六八四）。二つめは、焼くと匂いが疾《はや》く広がるから「香疾《かばやき》」とするもので、山東京伝、小山田与清が主張している（『骨董集』文化十一年・一八一四、『松屋筆記』文化末年〜弘化二年頃）。三つめは蒲穂説で、歴史的にみるとこれが妥当といえる。

蒲焼の語は『大草家料理書《おおくさけりょうりしょ》』（室町末頃）にみられるのが早く、

「宇治丸かばやきの事。丸にてあぶりて後に切也。醤油と酒と交て付る也。又山椒味噌付て出しても吉也」

とでている。宇治丸とは宇治川の鰻のことで、このように鰻を丸ごと串に刺して長いまま焼いたものが、蒲の花穂の形や色によく似ていることから蒲焼と呼ぶようになった、というのが蒲穂説である。久松祐之の『近世事物考』（弘化五年・一八四八）には、

「当世うなぎをさきて焼たるをかばやきといふ。其製昔とはかはれり。昔は鰻を長きまゝ丸でくしに竪にさして塩を付け焼きたるなり。その形河辺などに生《はえ》たる蒲の花のかたちによく似たる故に、かまやきとは云しなり。今世の製はいと近き頃より初《はじま》る。今の形にては名義に叶はねども、名は昔のまゝに呼ぶなり」

とあって、蒲穂説が唱えられている。同様に斎藤彦麿も『神代余波《かみよのなごり》』（弘化四年）

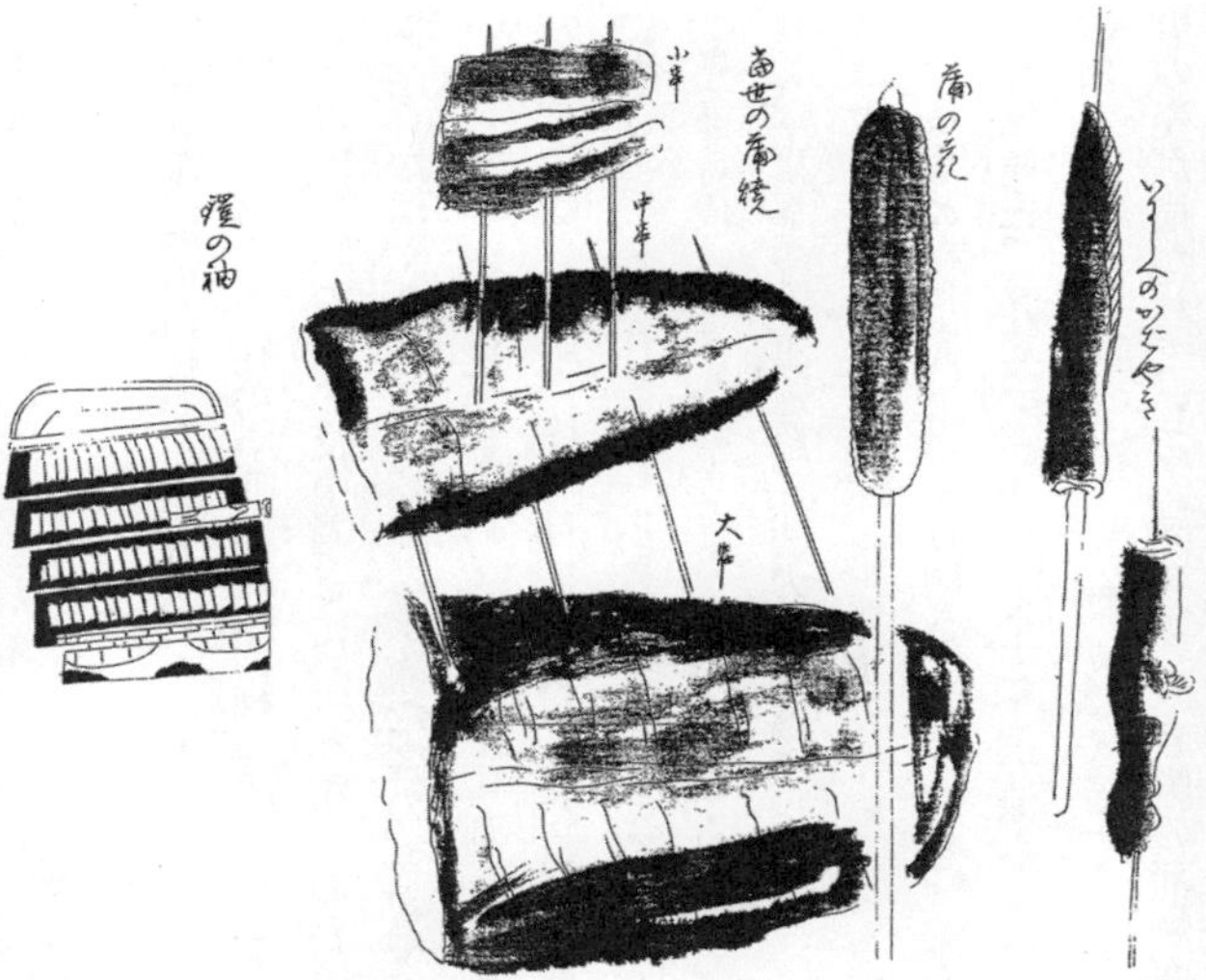

図44　蒲焼の歴史的変化。右から「いにしへのかばやき」「蒲の花」「當世の蒲焼」「鎧の袖」とある。『神代余波』（弘化4年）

において、

「むかしは蒲焼といひしは魚の口より尾まで竹串を貫きて焼たるが蒲の穂に似たる故に号《なづ》けたる也。当世のは蒲の穂には似もつかず鎧《よろい》の袖に似たり」

と蒲穂説を唱え、蒲焼の歴史的変化を図示している（図44）。

江戸時代になると、蒲焼は鰻を背や腹から裂いて串を打って焼くようになり、原形は失われたが蒲焼の名は継承された。

(二) 裂き鰻の蒲焼が生まれる

京都で出版された小咄本『噺物語《はなしものがたり》』(延宝八年・一六八〇)の「鱣かバやきの咄し」には、町の中を夜中過ぎに、「うなぎのかばやき、うなぎのかばやき」と売り歩く「かばやき売」が、呼び止めた客の家の中で蒲焼を焼いている場面が描かれている(図45)。蒲焼売りは、一本の串に刺した鰻を扇子で扇いで焼いているが、その後ろには、半切り桶や目打の刺さった俎板が置かれている。この蒲焼売りは、桶に生きた鰻を入れて持ち歩き、その場で裂いて蒲焼にしているように見える。

元禄時代(一六八八～一七〇四)になると、鰻を裂いて焼くことがさらにはっきりし、京都の隠士遠藤元閑の『茶湯献立指南』(元禄九年)「鰻《ウナキ》かば焼」には「うなぎは大なるにあく事はなし。背よりたちひらき二処串にさし、あぶるべし。醬油をかける」とあって、鰻を背開きにし、串を二本刺して焼く方法が紹介されている。『好色産毛《こうしょくうぶげ》』巻之三(元禄五～十年)「涼みは四条の中嶋」には、四条河原の水茶屋の前で、「うなぎさきうり　同かばやき」と書いた行灯を立てて蒲焼を焼いている男の姿が描かれている(図46)。裂き鰻の蒲焼が売られていたことが確認できる。

図 45　京都の蒲焼売り。『噺物語』（延宝 8 年）

図 46　四条河原の蒲焼売り。行灯に「うなぎさきうり　同かばやき」と書かれている。『好色産毛』巻之三（元禄 5〜10 年）

「うなぎさきうり」とあるので、裂き鰻のままでも売っている。買った人は持ち帰って自分で焼いたのであろう。

鰻を裂いて焼く調理法が生み出されることによって、蒲焼はすこぶる美味な食べ物になったが、多くの人が蒲焼を賞味できるようになるのは蒲焼屋の発展をまってのことになる。

京都には早くから蒲焼が生まれていて、裂き鰻の蒲焼は京都で生まれて江戸に伝わったといわれているが、蒲焼を裂いて焼くことは、『料理塩梅集』「天の巻」（寛文八年・一六六八）に載っていて、

「うなぎ焼　うなぎは大骨取、よく

すりひしほ（摺り醬）かけ置、成程醬油こめに（濃いめに）懸けて、裏表よく焼、過たる程がよし。又山椒みそ付て焼もおなじ」

とある。大骨を取って、裏表をよく焼くとあるので、鰻を裂いて焼く方法にほかならない。鰻を裂いて焼く方法が示された最古の記録といってよい。

そばのところで紹介したように、『料理塩梅集』の著者は、江戸の人のようである（四二頁）。蒲焼売りが京都の町を巡っていた延宝年間（一六七三〜八一）より前に、江戸では裂き鰻の蒲焼が生まれていた可能性がある。裂き鰻の技術は京都から伝えられた、と一概にはいえないようだ。

また、延宝年間には、蒲焼の句が江戸で詠まれていて、池西言水《ごんすい》編の俳諧選集『江戸蛇之鮓』（延宝七年）には、

○「かば焼や花待老の薬喰　一明」

とみえる。老人が蒲焼を薬喰して桜の開花を待っているといった意味で、蒲焼が獣肉同様に寒中の保養・滋養食品として考えられている。

不卜《ふぼく》編の俳諧選集『俳諧江戸広小路』（延宝六年）にも、

○「有難や鱣のかばやき浮び出

天鞁（鼓）か妄霊舌つゝみ打　卜円」

と詠まれている。謡曲「天鼓《てんこ》」の文句取りの句で、「天鼓」は、中国の天鼓という少年が天から授けられた鼓《つづみ》を帝に召し上げられるのを拒み、その罪で呂水（川の名）に沈められる。鼓は召し上げられて宮廷に運ばれるが、誰が打っても鼓が鳴らない。そこで帝は勅使を遣わし、少年の父・王伯を宮廷に連れてこさせて鼓を打たせると、鼓は妙音を発する。これを哀れんだ帝は呂水のほとりで天鼓を追善する管絃講を催す。すると、天鼓の亡霊が呂水の上に浮かび出て鼓を打ち「あら有難のおん弔ひやな……浮かみ出でたる呂水の上」といって舞を舞う、というストーリーになっている。

この句は、蒲焼の匂いに誘われて呂水の上に浮かび出た天鼓の亡霊が、鼓を打つ代りに「鱧のかばやき」に舌鼓《したつづみ》を打つといった趣向になっている。序章で述べた、閻魔大王が蒲焼の匂いに誘われて六道の辻から迷い出てきているように、天鼓は蒲焼の匂いに誘われて冥界から現世に浮かび出ている。

江戸でも延宝年間ころには、蒲焼が食べられていた可能性があるが、江戸の世間咄の聞書『元禄世間咄風聞集』（元禄七〜十六年）には、蒲焼を大食した人の話が載っていて、

「戌《いぬ》（元禄七年）六月、本多肥後守様へ本庄安芸守様振舞之節、庄田小左（衛）門様御《お》飯《めし》六盃にうなぎのかばやき八十切《きれ》被召上《めしあがられ》候由」

とある。元禄七年（一六九四）に大食漢の庄田小左衛門が旗本・本庄安芸守邸で鰻の蒲焼「八十切《きれ》」を平らげている。一切れがどの位の大きさかわからないが、「八十切《きれ》」とはものすごい量で、真偽のほどは疑わしいが、このころの江戸では蒲焼が食べられている。『料理塩梅集』には鰻を裂いて焼く方法が紹介されているし、「八十切」とあることから、庄田小左衛門が食べた蒲焼は裂き鰻の蒲焼にちがいない。

（三）江戸に蒲焼屋あらわる

五代将軍綱吉は、貞享四年（一六八七）二月二十七日に、「生類憐みの令」の一環として、江戸の町に、「食べ物として魚鳥を生きたまま売買してはならない」と命じ（『徳川実紀』第五篇）、さらに元禄十三年（一七〇〇）七月二十三日には、「うなぎやどぢやうも生きたまま商売しているので、今後は商売することを停止せよ」という触れを出している（『江戸町触集成』三六四〇）。どじょうはともかくとして、

鰻は生きたまま買って帰っても、

○「さく事はおいてうなぎとつかみ合」（万句合、宝暦二年・一七五二）

○「釣つて来た鰻是非なく汁で煮る」（川傍柳四、天明二年・一七八二）

○「うなぎを丸で貰つたもこまるもの」（柳筥初篇、天明三年）

といった状態で、ぬるぬるした鰻を素人が裂くことは難しく、プロの捌き人を必要とする。

この禁令は、綱吉が鰻を裂いて商売していたのを残酷な行為とみなして出した命令と思えるが、宝永四年（一七〇七）八月十一日には、

「一、うなぎ・どぜうの義、毎度申渡し候処、今以て売買の族《やから》これ有る様に相《あい》聞え不届《ふとどき》に候。弥《いよいよ》急度《きつと》売買仕《つかまつり》間敷《まじき》事

一、所々茶屋にて、あなごと名付け、うなぎかば焼致し商売候由相《あい》聞く。今度右之族召捕《めしとり》牢舎せしめ候。猶又組之者相廻し、右之商売致し候ものこれ有り候《さうら》はば、捕えさせ申すべき事」（『江戸町触集成』四一三九）

といった厳しい触れを出している。禁止されているにもかかわらず、「所々の茶屋」

では、鰻を穴子と偽って蒲焼を売っていて、そのような者を見つけたら逮捕せよ、と命じている。茶屋では鰻を裂いて蒲焼にしていたから、穴子と見分けがつかないようにして売ることができたわけで、まだ蒲焼専門店ではなさそうだが、江戸では元禄十三年ころには、裂き鰻の蒲焼が売られていた。元禄七年に庄田小左衛門が食べた「八十切」の蒲焼は、こうした茶屋から取り寄せたものであろう。

このままこの禁令が続けば、江戸の蒲焼は大きなダメージを受けることになったが、二年後の宝永六年正月に綱吉が逝去した。綱吉は生類憐みの令を継承するよう六代将軍家宣に遺言しているが、家宣は綱吉の死から十日後には、生類憐みのことは「それにより下民艱困《かんこん》するよし聞き召したれば、（略）奉行等宜しく相議して、下民の煩労をのぞく事肝要たるべし」と、生類憐みの令を廃止する方針を打ち出し、三月二日には、

「先代、鳥類・鰻鱺・泥鰌ひさぐ者をば、悉く召捕囚獄ありしが、今日その禁除かれ、この後は心にまかせ、なりはひすべしとなり」

と鰻鱺《うなぎ》や泥鰌《どじょう》の売買禁止令を廃止している（『文昭院殿御実紀』）。以後、蒲焼屋は大

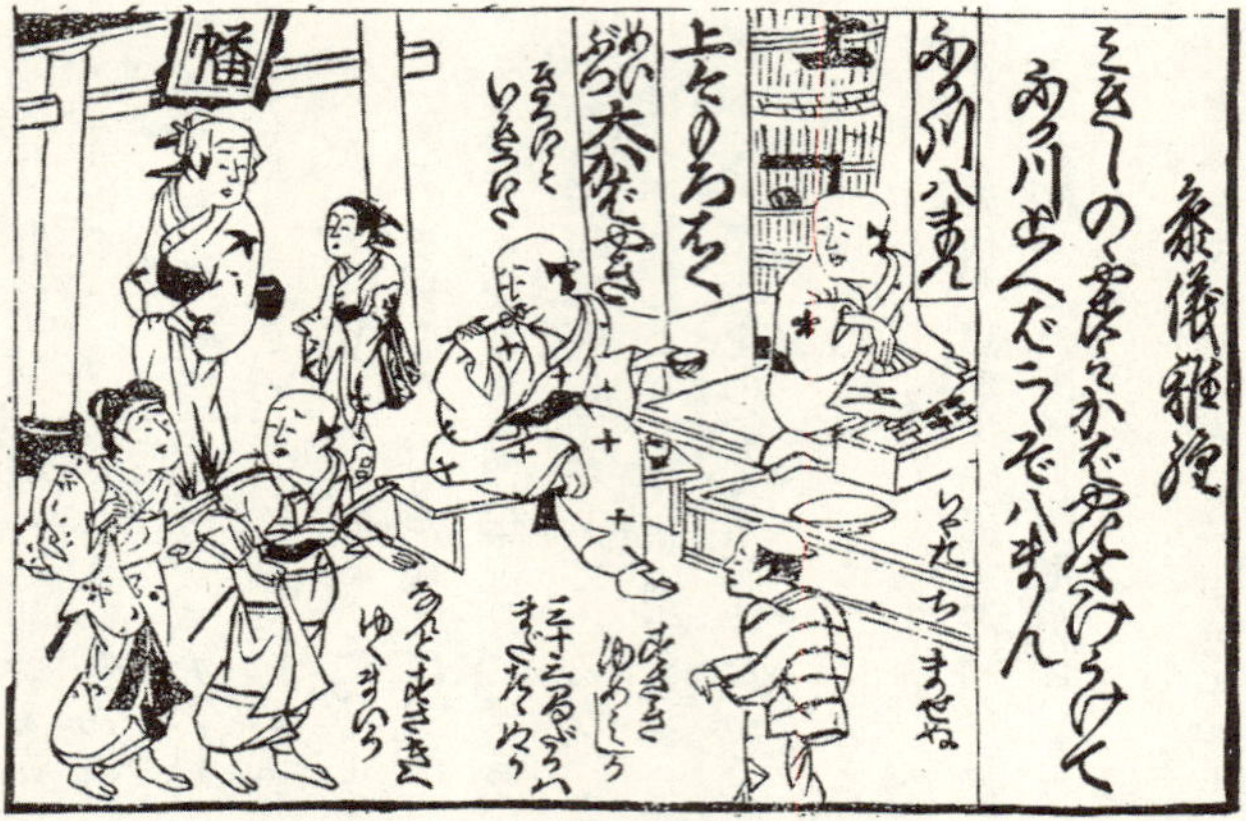

図 47　深川八幡宮の門前の蒲焼屋。看板に「上々もろはく　めいぶつ大かばやき」とあり、店の奥に酒樽が積まれている。『江戸名所百人一首』（享保 16 年頃）

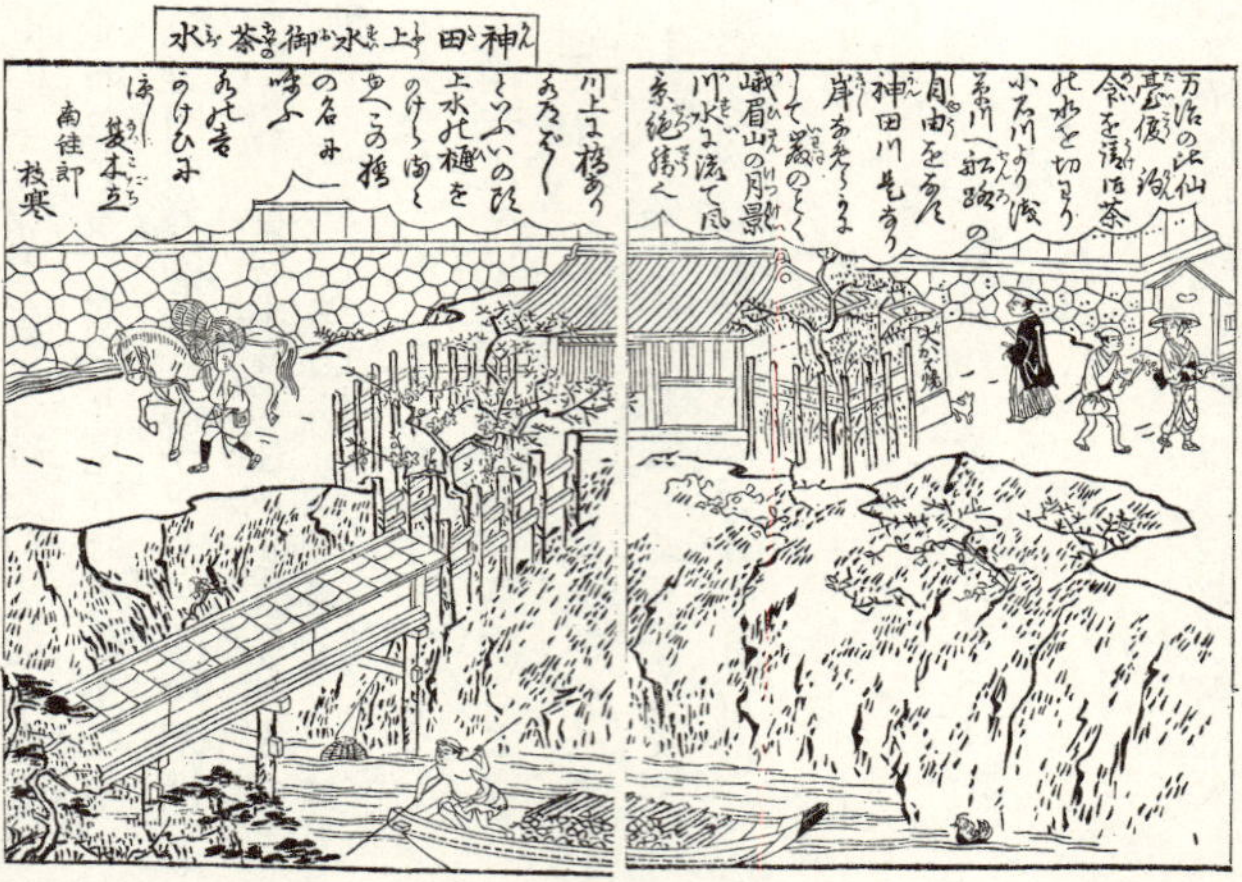

図 48　森山蒲焼店。店の前に「大かば焼」の行灯看板が立っている。『絵本続江戸土産』（明和 5 年）

手を振って蒲焼を売ることが出来るようになり、蒲焼専門店が現われてくる。

近藤清春の『江戸名所百人一首』(享保十六年〈一七三一〉頃)には、深川八幡宮の門前で「上々もろはく　めいぶつ　大かばやき」の看板を掲げた蒲焼店の絵が載っている(図47)。客は床几《しょうぎ》に腰かけて酒を飲みながら蒲焼を食べている。「上々もろはく」とは上質の下り酒のことで、店の奥には酒樽が積まれている。蒲焼は酒の肴として食べられている。『続江戸砂子』(享保二十年)に「深川鰻　大きなるは稀なり。中小の内小多し。甚《はなはだ》好味也」とあり、『江戸惣鹿子名所大全』(寛延四年・一七五一)にも「深川鰻　名産也。八幡宮門前の町にて多く売る」と出ている。深川は鰻の名産地で、八幡宮の門前には蒲焼屋が何軒も現われている。

清春の描いた店は、まだ床店風の粗末な店構えではあるが、やがて、本格的な店舗を構えた蒲焼店が出現してくる。『絵本続江戸土産』(明和五年・一七六八)「神田上水御茶水」には、神田川に懸かる上水樋のそばで「大かば焼」の行灯看板を立てて営業している「森山蒲焼店」が載っている(図48)。

(四) 江戸は背開き京都は腹開きに

『茶湯献立指南』(元禄九年)「鰻《ウナキ》かば焼」には「背よりたちひらき二処串にさしあ

ふるべし」とあって、背開きにする裂き方が紹介されていたが、雑俳『錦の袋』（享保年中）にも
○「追剝に背中割る、鰻裂き」
と詠まれている。はじめ、鰻は背から裂かれていたようだが、その後江戸は背開き、京都は腹開きになっていく。

幕臣の木室卯雲は、明和三年（一七六六）に幕命によって上京したおり、

「うなぎは若狭鰻とて名物とす。されども背より割く事を知らず。腹よりさく」

と、京都では江戸のように背開きではなく腹開きなことを目撃している（『見た京物語』天明元年）。その後もこの違いは定着していき、享和三年（一八〇三）に京都で出版された『麻疹噺《はしかはなし》』には、生簀の鰻が麻疹に罹ったため、川に流され、淀川を下って大阪湾に入り、龍宮城に至るが、乙姫に麻疹をうつしてしまい、怒った龍王は鰻を引き裂かせて串に刺し、魚たちに神送り（厄払い）をさせる話が載っているが、そこに描かれた絵を眺めると、魚たちが掲げている鰻は腹開きにされている（図49）。

図 49　腹開きにされた鰻。『麻疹噺』（享和 3 年）

図 50　背開きにされた鰻。『小人国穀桜』（寛政 5 年）

これに対し、山東京伝著の『小人国穀桜《こびとしまこくめさくら》』（寛政五年・一七九三）には、小人の国で、鰻を裂いて蒲焼作りをしているところが描かれているが、鰻は背開きにされている（図50）。

江戸は背開き、京都は腹開きにされていることがみてとれる。

二　蒲焼屋と江戸前鰻

（一）鰻が江戸前の名物に

「大かばやき」の看板を掲げて蒲焼を売る店が『江戸名所百人一首』に描かれていたが、ちょうどそのころ「江戸前」という言葉が使われ出した。雑俳『雨のをち葉』（享保十八年・一七三三）に

○「めづらしき事めづらしき事　江戸前の味《あぢ》は初て釣り鯰《なまず》」

と詠まれている。鯰は江戸近辺にはいなかったが、享保十三年九月初めの江戸大洪水以後、江戸やその近辺の河川池沼に鯰が見られるようになった。まだ物珍しかった鯰が江戸前の味として句にされている。次いで江戸の地誌『続江戸砂子』（享保二十年）「江府名産」に、

「江戸前鰺《あじ》、中ぶくらと云。随一《ずいいち》の名産《めいさん》也。惣じて鯛《たい》、平目《ひらめ》にかぎらず、江戸前にて漁《すなどる》を、前の魚と称して、諸魚《しょぎょ》共に佳品《かひん》也」

とでてくる。江戸前鰺が随一だが、江戸の前の海でとれる魚はどの魚も美味だとある。

江戸前とは江戸城前面の海や川でとれる美味な魚を指すことばとして使われ出したが、蒲焼屋は鰻を江戸前の名物に仕立て上げ、江戸前大蒲焼を看板にして蒲焼を売ることをはじめた。『絵本江戸土産』(宝暦三年・一七五三)に、「江戸まへ　大かばやき　御すい物」と書いた行灯を舳《へさき》に据えたうろうろ船が両国橋の下から出てきたところが描かれているが(図51)、魚介類の評判記『評判龍美野子《ひょうばんたつのみやこ》』(宝暦七年)は、「鰻《うなぎ》」は「江戸まへの名物」とした上で、

「江戸まへの名代。あんどん(行灯)の大ゥかんばん(大看板)は弐、三丁前よりかほりゆかしく」

図 51 「江戸まへ　大かばやき」を売る船。上に見える橋は両国橋。『絵本江戸土産』(宝暦 3 年)

と、蒲焼屋が大きな行灯看板を立てて江戸前名物の鰻の蒲焼を焼いている様子を描写している。

(二) 江戸前鰻のブランド化

蒲焼屋が鰻を江戸前名物として売り出していくなかで、江戸前鰻のブランド化が始まった。平賀源内は、

「吉原へ行き、岡場所へ行くも皆夫々の因縁づく、能いも有り、悪いもあり。江戸前うなぎと旅うなぎ程旨味も違はず」(『里のをだまき評』安永三年・一七七四)

といっている。吉原の遊女と岡場所の遊女との違いは、江戸前鰻と旅鰻ほどの違いがない、と評しているのは、江戸前鰻は旅鰻よりはるかにうまいといっていることになる。全国の方言辞典『物類称呼《ぶつるいしようこ》』(安永四年)の「鰻鱺」には、

「江戸にては浅草川・深川辺の産を江戸前とよびて賞す。他所より出すを旅うなぎと云」

江戸では浅草川（隅田川の吾妻橋から下流の別称）や深川で捕れるうなぎを江戸前と称してもてはやし、江戸前でないうなぎは旅うなぎというとある。江戸前鰻のブランド化は定着していき、『本草綱目啓蒙』（享和三〜文化三年）には

「江戸ニテハ浅草川・深川辺ノ産ヲ江戸前ト称シテ上品トシ、他所ヨリ出タルヲタビウナギト称シテ下品トス」

とあって、江戸前と旅は上品と下品に区別されている。江戸近郊の産物を載せた『武江産物志』（文政七年）は、

「鰻鱺魚《うなぎ》　輪《くるわ》の内、築地・両国川（隅田川）にて釣るものを江戸前と云。其外本所川・千住・高輪前にても捕る。夏の中よし。みみずをえさとす」

築地や隅田川で釣った鰻が江戸前、としている。

江戸前鰻は、このように特定の地域に限定されているが、江戸前の魚というと、

もっと広い範囲にわたっていた。文政二年（一八一九）に日本橋魚市場の肴問屋が、肴役所（日本橋魚市場に設けられた幕府の施設）へ答申した答書によると、

「江戸前と唱へ候場所は、西の方武州品川洲崎一番の棒杭と申場所、羽根田海より江戸前海へ入口に御座候。東の方武州深川洲崎松棒杭と申場所、下総海より江戸へ入口に御座候。右壹番棒杭と松棒杭を見切りに致し、夫《それ》より内を江戸前海と古来より唱へ来り候」（『東京市史外篇　日本橋』）

とあって、日本橋の肴問屋の間では、羽根田から深川までの間で捕れる魚を江戸前と称している。

一般的にはこういった範囲で捕れる鰻を江戸前鰻といっていたのではないかと思えるが、特定の地域の鰻を江戸前鰻として珍重する傾向は明治になっても続いていて、蒲焼屋の名店・山谷重箱主人の大谷義兵衛は「昔から江戸前鰻として一般に賞美されましたのは、芝浦一帯、殊に浜松町の海岸で捕れたのが最上等としてありました」といっているし（『婦人世界臨時増刊』明治四十一年五月）、明治四年生まれの新派俳優・伊井《いい》蓉峰《ようほう》は「この節ではほとんど口に入らないが、江戸前の本物は佃か

ら芝浦、深川へかけての隅田川口一帯のもので、数えるほどしかあがらなかった」といっている（『味覚極楽』）。

江戸の蒲焼屋は鰻を江戸前の名物に仕立て上げることに成功したが、さらにその江戸前鰻はブランド鰻として評価されるようになり、江戸前鰻に付加価値が付いた。現在、「関あじ」「大間まぐろ」といった地域特産の「ブランド魚」が高く評価されているが、「江戸前鰻」の「ブランド魚」化は二四〇年前に始まっていた。

（三）蒲焼屋は「江戸前大蒲焼」を看板に

江戸前鰻がブランド化していくなかで、そば屋が「二八」の看板を立てていたのに対し、蒲焼屋は、店の前に「江戸前大蒲焼」の大きな看板を立てて営業していく。『絵本江戸大じまん』（安永八年・一七七九）には店の前に「江戸前　大かばやき」の大看板を立てた蒲焼屋が描かれているが、文中には「江戸と看板出だすはおかしけれど、うなぎは風味よく当地の名物也」とある（図52）。地産地消をキャッチフレーズにした商法の先駆けをなすもので、江戸の店が江戸と書いた看板を出すのはおかしいが、鰻は江戸の名物なのでかまわないのでは、といっている。入口で団扇を使って蒲焼を焼き、奥の生簀には鰻が泳いでいる。江戸の蒲焼屋はこのように生

図52 「江戸前　大かばやき」の看板を立てた蒲焼屋。入口で蒲焼を焼き、奥の生簀に鰻が泳いでいる。『絵本江戸大じまん』（安永８年）

図53 「江戸前　大蒲焼」の店。二人の客が鰻を捌くのを眺めている。『唯心鬼打豆』（寛政４年）

きたうなぎを生簀に飼って、それを捌いて入口で焼き、匂いで客を惹きつけていた。

○「江戸前の風は団扇でたゝき出し」(柳七二、文政三年)

で、通りがかった親子ずれが店の中を覗いている。

客の方も江戸前鰻にこだわる人がいて、『唯心鬼打豆《たゞこゝろおにうちまめ》』(寛政四年)に描かれた蒲焼屋では、二人の客が鰻を裂こうとしている主人に「この鰻は旅ではないかの」といって確認している(図53)。

蒲焼屋の方でも江戸前鰻を使っていることをセールス・ポイントにしている。烏《う》亭焉馬《ていえんば》が蒲焼屋の「大阪屋金兵衛」のために書いた「江戸前大蒲焼報條」(宣伝用のチラシ)には、「旅と江戸とをわかてる事、(略)おいらんの客を見るがごとし」と、遊女が客を見分けるように、江戸前鰻を選別している、といった宣伝文句がみえる(『狂言綺語』文化元年)。

『近世職人尽絵詞《きんせいしょくにんづくしえことば》』(文化二年・一八〇五)に描かれた「江戸前大蒲焼」の看板を出した蒲焼屋では、店の入口で蒲焼を焼いている女性が、「わらわがもとには旅てふ物は候らはず皆江戸前の筋にて候」(「うちには旅うなぎは置いてないよ。すべて江戸前の筋(大串)だよ」)といって、客を誘っている。客はそれにつられて店に入っていっている(図54)。

図54　江戸前大蒲焼の店。「わらわがもとには　旅てふ物は候らはず皆江戸前の筋にて候」と書き入れがある。『近世職人尽絵詞』（文化2年）

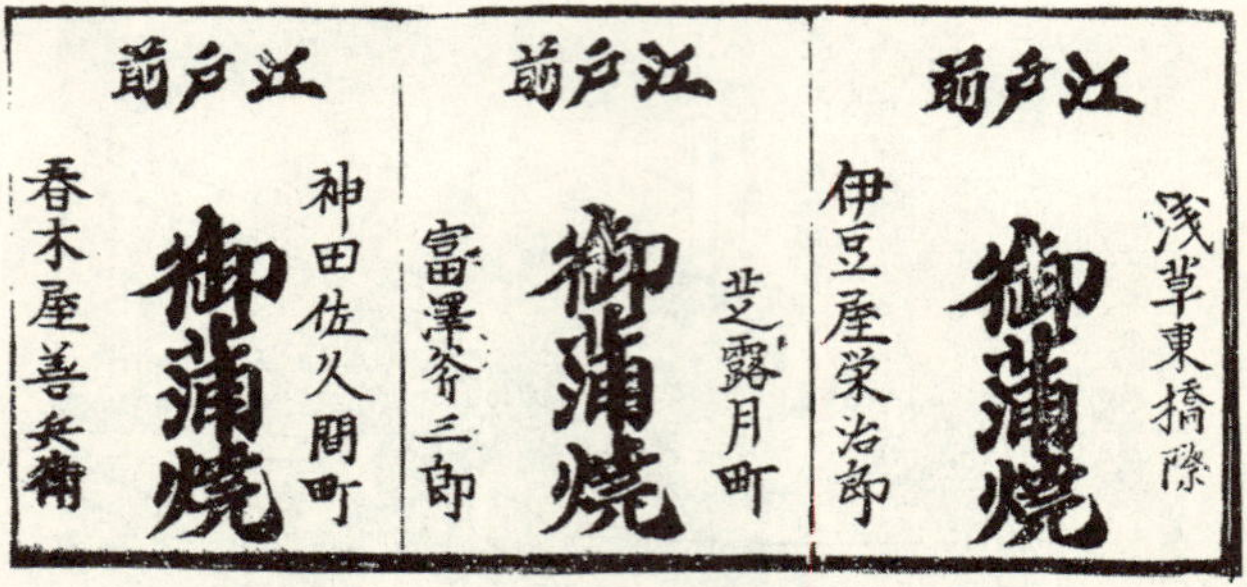

図55　「江戸前　御蒲焼」店の一部。丑の日元祖を名乗る春木屋善兵衛の店がみえる。『江戸名物酒飯手引草』（嘉永元年）

○「江戸ならば江戸にして置け安鱣」（柳一一二、天保二年）

安い旅鰻を使って江戸前だというなら勝手にいわせておけというわけで、旅鰻は値段が安かった。

幕末に近い嘉永元年（一八四八）に刊行された江戸飲食店の広告集『江戸《えど》名物《めいぶつ》酒飯《しゅはん》手引草《てびきぐさ》』には九〇軒の蒲焼屋が載っているが、すべて「江戸前　御蒲焼」を名乗っている（図55）。今は、すし店が江戸前を看板にしているが、江戸時代には蒲焼屋が江戸前を看板にしていた。

三　土用丑の日と蒲焼

（一）　丑の日ウナギデーがはじまる

さらに、蒲焼屋は土用丑の日と蒲焼を結びつ

けることに成功した。土用丑の日ウナギデーの始まりは『明和誌《めいわし》』（文政五年〈一八二二〉頃）によると、

「近き頃、（略）土用に入、丑の日にうなぎを食す。（略）安永・天明の頃よりはじまる」

と、安永・天明年間（一七七二〜八九）に始まったとしている。

『万葉集』に「石麿《いわまろ》にわれ物申《ものもを》す　夏痩《やせ》に良《よ》しといふ物そ　鰻《むなぎ》取り食《め》せ　大伴家持《おおとものやかもち》」と詠われて以来、夏痩せに鰻がよいという考えが受け継がれ、『養生訓』を著した貝原益軒は、大伴家持のこの歌を引用したうえで、鰻は夏バテを治すといっている（『大和本草』宝永六年・一七〇九）。

鰻は夏バテによいとする考えが、土用丑の日と結びつき、土用丑の日ウナギデーが生まれたようだ。この日が生まれたきっかけについては諸説があるが、有名なのは平賀源内発案説で、平賀源内があるうなぎ屋から商売繁盛を相談されて「本日土用丑ノ日」と書いて店に張り出させたら千客万来したという。高松藩士の源内は、宝暦六年（一七五六）に江戸に出てきている。一時期長崎に遊学したりしているが、

図56　春木屋善兵衛の店。「江戸前丑ノ日元祖」とある。『江戸買物独案内』（文政７年）

安永八年に獄中死するまで江戸に住んでいた。したがって彼が江戸にいる時期に土用丑の日ウナギデーが始まっているようなので、源内発案説は時期的には当てはまる。しかし、これを裏付ける文献は残されていないし、いきなり「本日土用丑ノ日」と店に張り出しても、客がその意味を理解し、商売繁盛につながったか疑問である。

もう一つよく知られているのに、神田和泉橋の春木屋善兵衛がはじめたという説がある。『江《え》戸《ど》買《かい》物《もの》独《ひとり》案内《あんない》』（文政七年・一八二四）には、一二一件の蒲焼屋の名が載っているが、そのなかで、春木屋善兵衛の店だけが「丑ノ日元祖」を名乗っている（図56）。春木屋は文化十二年の「江戸の華名物商人ひやうばん」という飲食店の番付に載る名店であるが、春木屋の名はこれ以上遡れないので、土用丑の日ウナギデーが始まったころ、開店していたか確かめることはできない。

易の上から事物や世相を観察した丈我老圃《じょうがろうほ》は、『天保佳話《てんぽのかわ》』（天保八年）のなかで

「土用鰻鱺。土用丑の日に鰻鱺《うなぎ》を喫ふ事は、鰻鱺は夏痩を療するものなればなり。殊に丑は土に属す。土用中の丑の日は両土相乗ずるものなり」

といっている。中国に古くからある思想の五行説では、宇宙をも含め、すべてのものごとは、有形無形にかかわらず、「木・火・土・金・水」の五行のいずれかに配当され、季節の土用と十二支の丑は「土」に配当されている。この五行説に基づき、鰻は夏痩せを回復させるが、特に「土」が重なる土用丑の日（両土）に鰻を食せば効果的、といっている。丈我老圃は、五行説に基づいて土用丑の日が生まれたと唱えている。

（二）丑の日ウナギデーの年中行事化

土用丑の日ウナギデーが生まれた理由の決定打はないが、土用丑の日に鰻を食べる慣習は定着していく。

文化五年（一八〇八）閏六月八日より市村座で演じられた夏狂言、鶴屋南北作の

『彩入御伽草《いろゑいりおとぎざうし》』「両国鰻屋の場」では、うなぎ屋の八郎兵衛が「夏の芝居の内だとて、土用の内の丑うなぎ。わしものこりの友達も、江戸前ながらめぞっ子ばかり」と語っている。めぞっ子とは小うなぎのことをいった。

この頃には「丑うなぎ」という言葉が使われるようになり、「土用の丑の日には小串の鰻、四十八文」（『我衣』巻八、文化八年）とあるように、土用丑の日には蒲焼が値上がりしている。寛政の改革中の寛政三年（一七九一）に、「鰻蒲焼小串壱本八文串を壱文引下ゲ七文」に値下げさせられたが（『市中取締類集一』）、寛政の改革が終わった文化三年には、また元の値段の「八文串」に戻っている（『戯場粋言幕《げじょうすいげんまく》の外《そと》』文化三年）。文化八年頃の小串一串の値段は、八文位が相場だったので、丑の日には六倍にも値上がりしていることになる。

それにもかかわらず、土用丑の日は蒲焼屋が多忙を極め、

○「丑の日に籠でのり込む旅うなき」（柳七三、文政三年・一八二〇）

江戸前だけでは間に合わないため　旅鰻が持ち込まれ、

○「土用丑のろのろされぬ蒲焼屋」（柳七四、文政五年）

「土用丑」は蒲焼屋がてんてこ舞いし、

○「丑の日にぬらくらしたものを喰」（柳八六、文政七年）

丑の日に蒲焼を食べることが年中行事化している。

江戸の町人文化が最も栄えた文化文政期には、土用丑の日に江戸っ子が競って蒲焼を食べている様子がみてとれ、春木屋のような「丑ノ日元祖」を名乗る店が現われている。

チョコレート業界がチョコレートをバレンタインデーに結びつけるのに成功したように、蒲焼業界は鰻を土用丑の日に結びつけることに成功した。

四 蒲焼の焼き方とタレの工夫

(一) 蒲焼の焼き方

蒲焼の世界には「串打ち三年、裂き八年、焼きは一生」といった言い伝えがある。人により串打ちと裂きの年数は異なるが、「焼きは一生」は共通している。蒲焼は焼き方が難しく、また大切なことを言い表している。

蒲焼は、『遊歴雑記《ゆうれきざつき》』五編(文政八年)に記されているように(後述)、「火勢弱く久しくあぶれば焦《こげ》て、あぶらを失ふ」ので、「強き火を以て一旦に(一気に)焼上《やきあげ》る」必要がある。そのため、

○「蒲焼はあをぐじやなくて引ッぱたき」（柳五二、文化八年）といった感じで焼き、焦げないように団扇で絶えず勢いよく扇ぎ、炭火の炎のあたりをやわらげている。したがって、扇ぐ道具は扇子より団扇の方が適している。はじめは扇子で扇いでいたのが団扇に変化していて、その様子はこれまで掲げた図版を通して眺めることが出来る。江戸の蒲焼屋は蒲焼を焼く技術を進歩させ、蒲焼を一段と美味な食べ物にした。

蒲焼を焼く団扇の音や蒲焼の匂いは、蒲焼屋にとって重要なセールス・プロモーションになるので、江戸の蒲焼屋は入口で蒲焼を焼いていた。『三世相郎満八算《さんぜそうろうまんぱちざん》』（寛政九年）にみられる蒲焼屋も、入口で蒲焼を焼いていて、前を通りかかった人が「ム、ゥなんでもこの匂ひじやたまらねへ」といっている（図57）。

小咄本『坐笑産《ざしようみやげ》』（安永二年）「蒲焼」にはこんな小咄が載っている。

「鰻屋の前を毎日通るたびに、「さてもうまい匂ひじや」と、嗅いで通りければ、大晦日に、鰻屋から呼込み。「毎日の嗅《かが》せ代、六百文でござる」「それは安いものでござる」と、ふところより六百文投出し、「これ、この音を聞き給へ」。」

図 57　入口で蒲焼を焼いている蒲焼屋。蒲焼屋では女性が蒲焼を焼いているのがよくみられる。障子に「附めし」と書かれている。『三世相郎満八算』（寛政 9 年）

匂いの嗅ぎ代ならば、銭の音だけでよかろうとは、機知にとんだ応酬だったが、

○「うなぎやの隣茶漬を鼻で喰ひ」（柳一一一、天保元年）

といった句も作られている。

文政八年（一八二五）六月、江戸小日向本法寺の住職・大浄敬順は、越谷（埼玉県越谷市）の資産家の知人宅を訪問し、そこで極めて美味な蒲焼を振舞われ、その知人に美味の秘訣を尋ねている（『遊歴雑記』五編）。

「かやうの魚、かゝる焼加減は江戸にも沢山あらじ。名だゝる大和屋、深川屋、大和田、福本、鈴木なんど能魚《よきうお》遣ふ評判あれど、争《いかで》かこれに勝《まさ》らん。扨々甘《うま》き事に候へ、江戸前と申す魚にや。色の青みある筋と申す類にや、と問ふに、主対《こたへ》て、魚は此川筋にて取り候。江戸前筋など申す類ひにあらず。江戸の方言に旅鰻と申すは是ならん。しかれども焼様に仕方ありてかくの如し。その初めしらやき（白焼）にし、太るを（ふっくらしたら）温《あたたか》なる内に重箱様の物へ入、少しの重みを置て蓋して蒸らし候。扨たまり三合に味淋一合・白砂糖弐拾匁ばかり合して、能《よく》煮立て、冷《さま》して後鰻をひたして焼なり。火勢弱く久しくあぶれば焦《こげ》て、あぶらを失ふ。強き火を以て一旦に（一気に）焼上《やきあげ》るゆへかくの如しといへり。かゝれば魚にはよらず、やき加減第一と見えたり」

主人の答えを聞いた敬順は「やき加減第一と見えたり」と納得している。ここには蒲焼の焼き方が詳しく説明されているが、まだ蒸し器で蒸す方法までは至っておらず、白焼きにしたあと、温かい内に重箱に入れて蒸らす方法が取られている。現在の東京では、蒲焼を白焼きにしたあと蒸してからタレを付けて焼き上げるのが一般的だが、この方法は江戸時代の記録では確認できない。

(二) 大正期に確立した蒸しの技術

明治時代の半ば過ぎになると、料理書に蒸す方法がみられるようになるが、まだ今のような方法が取られていない。『料理手引草』(明治三十一年) には「蒲焼の魚は皆金串にさすべし。鰻は焼きて後蒸《のちむし》にかくるなり」と出ているが、蒸した後焼くのかは不明。『食道楽　春の巻』(明治三十六年) は、蒸してから焼くとしているが、「鰻の蒲焼は裂きたる鰻を一日蒸し、蒸したるものをタレをつけながら火の上にて焼き、其後再びザット蒸し、復たザット焼きて出せば上等なり」と、焼く前に蒸し、焼いてからまた蒸して、焼き上げる方法が紹介されている。

『料理辞典』(明治四十年) にも同様の方法が載っていて、「炭火の上にかけ、あぶりてはたれをつけて、やきては、たれをつけるなり。若し一層味よきものにせんには、やく前に一度蒸し、やきたる後、なほ、一度蒸し、最後に今一度やくなり」とある。

明治の末には蒸すことが行なわれているが、まだ現在のような焼き方が確立していなかったようだ。

蒲焼店での様子は、深川にあった蒲焼の名店「深川八幡前　宮川」の主人 (初代店主）談が『月刊食道楽』（明治四十年八月号）に載っているが、「明治二年に始めて此土地に鰻屋を開業しました」としたうえで、「鰻のたれの調理法」について、

「この鰻のたれの調理が肝腎です。そのたれをこしらへるには、萬上味淋、亀甲萬か上《じやう》山サ醤油にて、味淋四分の醤油六分の割合で二割強煮詰め、そのたれを三度鰻に附けるのです。それで丁度みなさんのお口に合ふやうになると思ひます」

と語っていて、蒸しは行なわれていない。

木下謙次郎の『美味求真』（大正十四年）になると、

「百匁（三七五グラム）以上のものならば三切れ、又は四切れに切り、五十匁以下ならば二切位に適宜之を切り、横より串をさし、強火にて先ず身の方を焼き、裏返して荒方《あらかた》両面に火を透し、蒸し籠に入れて五、六分間蒸し、更に強火にて焙り、別に準備し置きたる汁〔醤油と味淋と半々に混じ之を煮詰めたるもの〕に浸し、再び火にてあぶり蒲黄《かばき》色《いろ》となるを候《うかゞ》ひ、串の儘《まゝ》皿にもり粉山椒を添えて膳に上す」

とあって、現在と同じ焼き方が示されている。明治の末に「宮川」の経営を引き継いだ宮川曼魚《まんぎょ》（明治十九年生れ）は、『深川のうなぎ』（昭和二十八年）のなかで、

「シラ焼がすみましたら、それを蒸器へいれて蒸すのですが、その時間は、火力の差異にもより、うなぎの出場所の良否にもよつて一概にいへませんが、一口にいへば、夏場のうなぎは迅く、秋ぐちから冬場へかけての「クダリうなぎ」は、多少遅くなります。蒸器にいれたうなぎは、時間を見はからつて、一串ごとに、蒸しのきき加減を調べ、同じ程度に蒸しあがつたものを揃へて、タレをつけて再び火鉢へ掛けて「かばやき」にします」

といっていて、宮川の蒲焼も蒸す方法が採用されるようになっている。現在のように、白焼にしたあと蒸してタレを付けて焼く方法は、大正時代には確立されている。

(三) タレの工夫

蒲焼が江戸で人気を博した理由にはタレの工夫もあった。

蒲焼を焼くときの調味料には、『大草家料理書』に「醤油と酒と交て付る也。又

山椒味噌付て出しても吉也」とあって、「醤油と酒」や「山椒味噌」が使われていた。

江戸の蒲焼屋では、早くから醤油をタレに使って蒲焼を焼いていたものと思え、山東京伝の『小《こ》人《びと》国《しま》穀《こゞめ》桜《さくら》』（寛政五年・一七九三）では、醤油を刷毛で塗って蒲焼を焼いていたが（図50）、『振鷺亭噺日記』（文化三年・一八〇六）の「蒲焼」にはこんな小咄が載っている。

「鰻親子づれにて、大川筋をだんだん泳ぎ、駒形の前に来ると、小鰻「とつさんや、ぷんぷんと味《うま》いにほひがする。買つてくんねい」とねだるを、親鰻「あれは蒲焼といつて、泣く子を醤油のつけ焼にするのだ。早くだまれ」とだましながら泳ぐうち、子鰻、子心に味いものかしらんと、しつぽをぺろりとしやぶつて見てたまらず、だんだん食ひ食ひして頭ばかりになり「とつさんや、ァ、いたいいたい」と泣き出すと、おやじ「それ見やあがれ、いつそ猫にでも食わしてしまえへ」」

小鰻が「買つてくんねい」とねだっている蒲焼屋の蒲焼は「醤油のつけ焼」で、

蒲焼は醬油のタレで焼くのが一般的だったことを物語っている。

洒落本『くるわの茶番』（文化十二年）では、登場人物が「下谷の穴うなぎは、せうゆがあたらしいであやまる。ぎん坐のすゞきはあますぎてわるし」といった評価を下している。「下谷の穴うなぎは、せうゆがあたらしいであやまる」といっているので、この頃の蒲焼屋は、醬油と酒を煮立てて冷まし、壺の中で寝かせたタレを使っていたようで、少し時代が下るが、天保八年（一八三七）には

○「血脉《ちすぢ》たへぬ鰻屋の醬油壺」（柳一六五）

と、素焼きにした鰻を醬油壺に浸してタレを付けているようすが詠まれている。

使用された醬油は、そばのところで述べたように、文化文政期（一八〇四〜三〇）には、上方からの淡口タイプの「下り醬油」に代わって、濃口タイプの「関東地廻り醬油」が大量に出回っていた（一一三頁）。ここに使われているのは、蒲焼のタレにマッチした濃口醬油にちがいない。

また、「ぎん坐のすゞきはあますぎてわるし」といっているが、「すゞき」（鈴木）は、『遊歴雑記』に「名だゝる」店として紹介されている銀座尾張町の名店で、山東京伝の『早道節用守《はやみちせつようのまもり》』（寛政元年）には、この店が描かれていて、看板と障子の両方に「付めし」と書いて飯を提供することを宣伝している（図58）。この店で

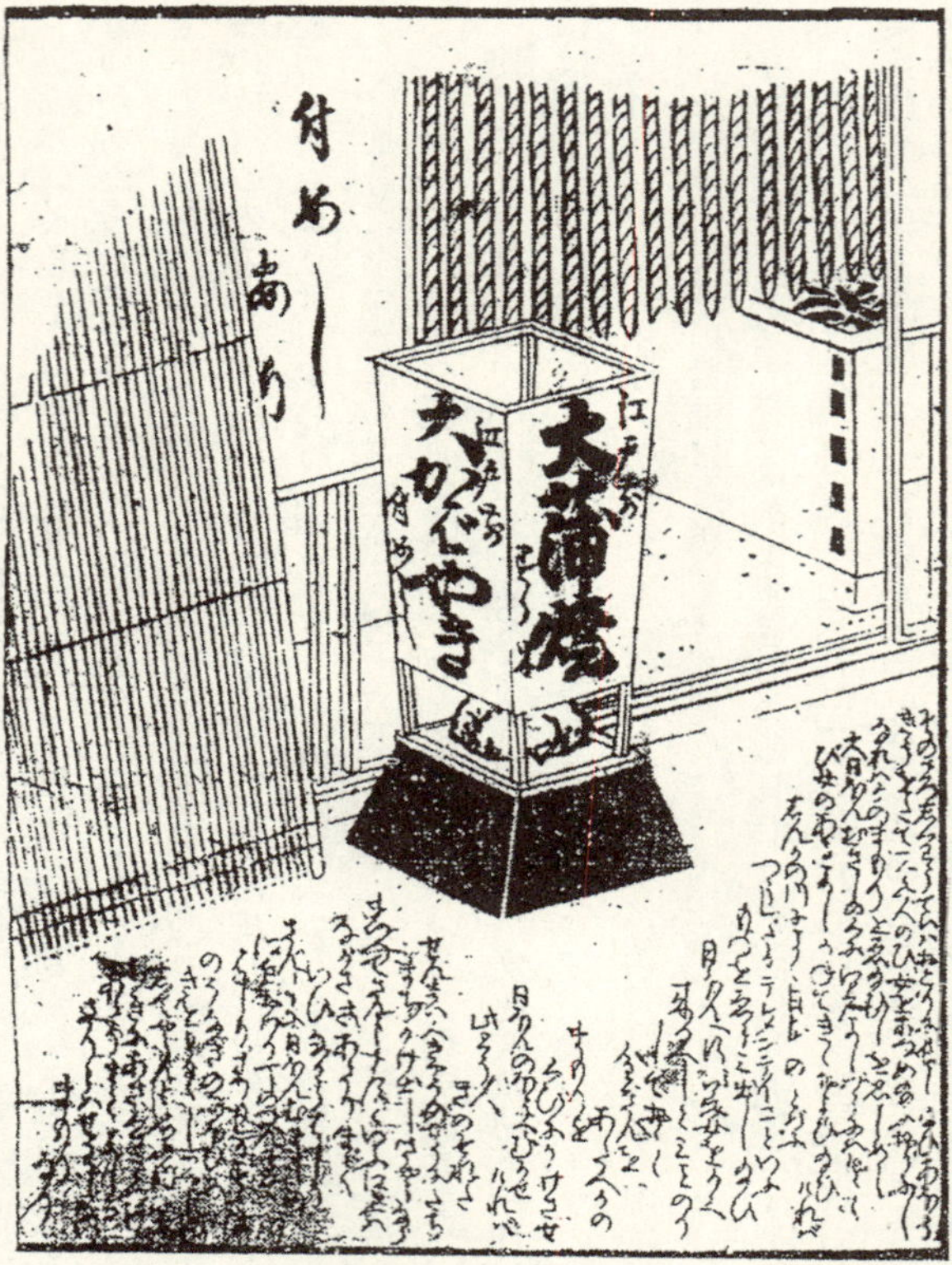

図58　すずきの店。行灯看板に「すす木　付めし」、障子に「付めしあり」と書かれている。『早道節用守』（寛政元年）

は飯に合うよう、みりんでタレの甘味を出す工夫をしていたが、まだ一般的には馴染みのない味だったので、口に合わない江戸っ子もいたのではなかろうか。

みりんは、女性好みの甘い酒として飲まれていたが、江戸後期になると調味料として料理の味付けに使われ出し、文化年間にはかなり一般的な調味料になっていた。江戸の蒲焼屋は、この頃にはタレにみりんを使っていた可能性があるが、『遊歴雑記』によると、文政八年（一八二五）には、蒲焼のタレにみりんが使われていた。著者の敬順が訪れた越谷は、みりんの産地の流山に近かったせいもあろうが、みりんの使用例を具体的に識ることが出来る。

下総国（千葉県）の流山では、安永から天明（一七七二～八九）にかけてみりんの醸造が始まった。その醸造量がわかるのは天保四年（一八三三）からになるが、天保四年には醸造元の堀切家と秋元家によって九二五五石三斗六升のみりんが醸造されている。そしてこの内、堀切家分は不明だが、秋元家分の七五パーセントは江戸積にされている（『流山の醸造業Ⅱ』）。流山みりんの多くは江戸へ運ばれ、江戸でのみりんの普及に一役買っている。

江戸の蒲焼屋は、蒲焼のタレに醬油とみりんを使うことが普及し、『守貞謾稿』「巻之六・生業」には「江戸はこれ（蒲焼）を焼くに、醬油に味琳酒を和す。京坂は諸白酒を和す」とある。

宮川曼魚は、「タレの製法は、吟味した味淋をよく煮つめ、これと同分量の上醤油にざつと火をいれたものを混ぜあはせます。これが「同割り」といつて「かばやき」のタレの標準ですが、その見世によつて、この割りあいに、多少の相違はありませう」といっている（『深川のうなぎ』）。

（四）蒲焼の出し方と山椒

蒲焼の出し方は、上方と江戸で違っていた。小咄本『福三笑』「むさしや」（文化九年頃）では、江戸の商家の番頭が、上方から来た荷主（取引先）を料理茶屋で接待するが、蒲焼が出されると、荷主が「これはこれはとんだ料理じや。人の前に出すのに、串も抜かんで出したわいの」とクレームを付けている。これに対し、番頭は「これこれ、げゑぶん（外聞）の悪ひ。かばやきといふて、串ごと出すにきまつたものじや」と応じている。

『守貞謾稿』「巻之六・生業」にも、京坂は「串を去りて椀に盛る」、江戸は「串を去らず皿に盛る」とあって、江戸では串を抜かずに客席に出されていた。

為永春水《ためながしゆんすい》の人情本『春色梅児誉美《しゆんしよくうめごよみ》』初編（天保三年）では、吉原の遊女屋唐琴

図 59　串付きの蒲焼。一人は串付きの蒲焼にかぶりつき、その前にいる人の右手には食べ終えた串が皿に並べられている。『狂歌四季人物』（安政2年）

屋の養子・丹次郎が、深川の高橋《たかばし》近くの往来で、許嫁のお長に偶然出会い、二人は「うなぎや」の二階に上がる。女中に「いかほど」と注文を訊かれ、丹次郎は「中位のを三皿ばかり焼いてくんな」と注文し、蒲焼が運ばれてくると、丹次郎はお長に「かばやきのしつぽの所ばかりぬいて」やっている。

　歌川広重の『狂歌四季人物』（安政二年）「土用鰻客」には、二人の人物が蒲焼を食べている様子が描かれているが、一人は串を手に持って蒲

図60　出前の蒲焼。黒塗の岡持に入れて運ばれている。岡持の柄に「大和田」とある。岡持の蓋の下には白紙を一枚挟んでいる。『春告鳥』三編（天保8年）

焼にかぶりつき、その前にいる人の右手には食べ終えた串が皿に並べられている（図59）。

ちなみに、江戸時代、鰻は尻尾の方が美味と考えられていて、『春色《しゅんしょく》梅児誉美《うめごよみ》』では丹次郎がお長に「かばやきのしっぽの所ばかりぬいて」やっていたが、同じ為永春水の『春告鳥』三編（天保八年）にも、お熊の家を訪れた情人梅里が、親父橋の大和田から出前させた蒲焼を「ドレお肴を、トいひながら蒲焼の蓋をとり、魚尾《しっぽ》の方の美味所《うまきところ》をまず二、三本小皿へとりわけ」てお熊の前に置いてやっている（図60）。

また、このように蒲焼の出前もよく行われていて、『守貞謾稿』「巻之五」には「江戸鰻屋より諸戸に蒲焼を運ぶ。多く図の如く黒塗手桶に入れて携ふ。蓋の下白紙一枚を挟む」とある（図は省略）。

蒲焼と山椒の出会いは古く、『大草家料理書』（一四〇頁）には、山椒味噌を付けて蒲焼を焼く方法が出ていて、蒲焼と山椒の相性の良いことが早くから知られていた。蒲焼を山椒味噌で焼く場合は、山椒を添える必要がなかったが、蒲焼のタレに醤油を使うことが普及して山椒が使われなくなると、蒲焼に山椒を添えるようになる。式亭三馬の『戯場粋言幕の外』（文化三年）の「鰻屋」では、蒲焼に山椒を付けているが、尾張藩士の江戸見聞記『江戸見草』（天保十二年）には、蒲焼屋が粉山椒を小さな紙包みに入れて出している様子が載っている。今は容器に入れてテーブルに置かれているが、茶色に変色していて、風味が損なわれている山椒によく出会う。紙包みには新鮮な緑色をした山椒が入っていたのではなかろうか。『守貞謾稿』「巻之五・生業」も、蒲焼には「必ず山椒を添へたり」としている。

五　鰻飯の誕生

（一）付け飯がはじまる

今、我々が外食の場で蒲焼を食べるとき、うな丼やうな重で食べることの方が圧倒的に多く、店のメニューはうな丼・うな重がメインになっている。江戸の蒲焼屋はうな丼を出すようになってさらに客層を増やしたが、その前に始めたのが「付けめし」だった。「付けめし」とは、蒲焼に飯を付けることで、蒲焼屋がこれを始めたのは、土用丑ウナギデーが始まったころになる。黄表紙『女嫌変豆男《おんなぎらいへんなまめおとこ》』（安永六年・一七七七）に描かれた蒲焼屋には、行灯看板に「江戸前　大蒲焼　つけめしあり」と書かれている（図61）。『江戸名所百人一首』（享保十六年頃）の蒲焼屋の絵にみられたように（図47）、蒲焼は酒の肴として食べられていて、蒲焼屋では飯を出していなかった。そこで飯を出すことを宣伝するには「つけめしあり」と表示する必要があったわけだ。

『女嫌変豆男』の五年後に刊行された『七福神大通伝』（天明二年・一七八二）は、蒲焼屋が「付けめし」をはじめた理由について、こんな話を載せている。

図61　看板に「つけめしあり」と書かれた蒲焼屋。『女嫌変豆男』（安永6年）

「今、世上に多く有は煮売店あるいは居酒屋たくさんなり。是を思ふに酒呑みが多いとみえたり。其内にも江戸前大かばやきの名代は所々に多し。此店は居酒屋と違い寄るにも寄りよく、顔を真赤にして出る人、数をしらず。しかしなんぼうなぎ好きにても下戸は寄り難く、土産にするにも竹の皮で袂《たもと》がつつぱり、衣類へ匂ひが移るをいとひ、たゞ見世先を嗅いで通る斗《ばか》り也。是を大通天悲しみ給ひ、一俵の米を江戸中のうなぎ屋へ授け給ひ、（略）江戸中のうなぎ屋は、此米にて付めしといふ事をはじめ、上戸も下戸もひつくるめに、有たけの銭をうなぎの匂ひに失ふ事にはなりぬ」

ここに描かれた蒲焼屋の格子には「付めし　大蒲焼」と書かれた行灯看板が掛けられ、店の前にいる女性や女性を交えた五人連れが、店の方に視線を向けていて、女性の関心を惹いていることを表している（図62）。

そばのところでも『七福神大通伝』に載る話を引合いに出した（一〇八頁）。この話も、大通天を持ち出しての譬え話であるが、蒲焼屋は付け飯をすることによってこれまでの酒客ばかりでなく、酒を呑めない人、女性や子供を客に取り込んで客

図 62　付めしの店。掛行灯に「付めし　大蒲焼」とある。『七福神大通伝』（天明 2 年）

層を広げたことを物語っている。

江戸市民は白米を常食にしていた。当時の江戸には至るところに搗米屋があって、玄米を精白して小売していたし、米搗が杵を担いで町を巡り、求めに応じて米を搗いて賃金を稼いでいた。白米の常食による弊害が生じていて、医師の香月《かつき》牛山《ぎゆうざん》は『牛《ぎゆう》山活套《ざんかっとう》』（元禄十二年）において、

「今時、士官の人或は商人も東武（江戸）に至りて鬱《うつ》気し（気が滅入り）、足膝痿《い》軟《なん》にして面目虚浮し（足や膝がしびれて弱まり、顔がむくみ）、飲食進まざる者を俗に江戸煩と云ふ。是皆水土に服せざる

の類也。故郷に帰るとて箱根山を越れば、多くは其病治せずして自ら平服す（自然に治る）」

といっている。牛山は、「江戸煩い」の原因を水土（土地）に合わないからとしているが、これはあきらかに白米の常食によるビタミンB_1欠乏症（脚気）の症状であって、元禄時代には、脚気が流行するようになっている。

蒲焼屋の付けめしには、白いご飯がそえられていた。蒲焼に白いご飯はよくマッチする。蒲焼は付けめしと出会っていっそう美味な食べものになった。

『明烏後正夢《あけがらすのちのまさゆめ》』初編（文政四年）には、春日屋の悪番頭全六が蒲焼屋の二階に上り、「蒲焼・酒・飯」を同時に注文して「食ひ飲み」しているところが描かれている（図63）。蒲焼は酒の肴になるし、飯のおかずにもなるからだ。絵を眺めると、付け飯は櫃に入れられていて茶碗が添えられている。飯は茶碗によそって食べていたことがわかる。蒲焼は串付きのまま皿に盛られている。飯櫃と蒲焼の皿をのせた角盆が直接座敷の上に置かれているが、このように江戸の飲食店には食卓がなく、料理を盛った皿や鉢をのせた平膳がじかに座敷に置かれていた。店の前に「大蒲焼」の看板が立ち、入口で蒲焼を焼いている。蒲焼屋では、客は二階の座敷で蒲焼

図63　蒲焼屋の二階。付け飯が櫃に入れて出されている。『明烏後正夢』初編（文政２年）

を食べるのが一般的だった。宮川曼魚は「明治時代まで、うなぎ屋の建築には、表通りを仕事場にして、見世二階を客間にした様式の家が少なくありませんでした」といっている（『深川のうなぎ』）。

（二）蒲焼屋の繁盛

蒲焼屋は付けめしを始めることでさらに繁盛し、文化八年（一八一一）に町名主が「食類商売人」の数を調査して奉行所に提出した報告書によると、江戸の「蒲焼店」は二三七軒を数えるに至っている（『類集撰要』

図64　大蒲焼の幟を立てた蒲焼屋。『たねふくべ』初集（天保15年）

四四）。その後も蒲焼人気はうなぎ登りで、岡田助方は『羽《う》沢《たく》随《ずい》筆《ひつ》』（文政七年頃）において、

「四、五十年先には、今のごとく市中に鰻鱺《うなぎ》をあきなふ店はなかりしに、世に蒲焼屋といふなり今は辺鄙といへども、市中になき所はなし。最も魚中の厚味、鰻鱺に勝る物なし。価も賤しからずといへども（安くはないが）、是を好み食ふ物（者）、十に八、九、多く食する者は、黄金を費《つひや》すに至る」

といっている。蒲焼屋の数が増え、市中には至る処に蒲焼屋が出来、江戸市民が好んで蒲焼を食べていることが分かるが、

○「団子よりうなぎのはやる浮世なり」（たねふくべ初集、天保十五年）

とまで詠まれるようになっている（図64）。序章で紹介した『気替而戯作問答』に「花より団子、色気より食い気」と、団子が食べ物の代表に譬えられているように、

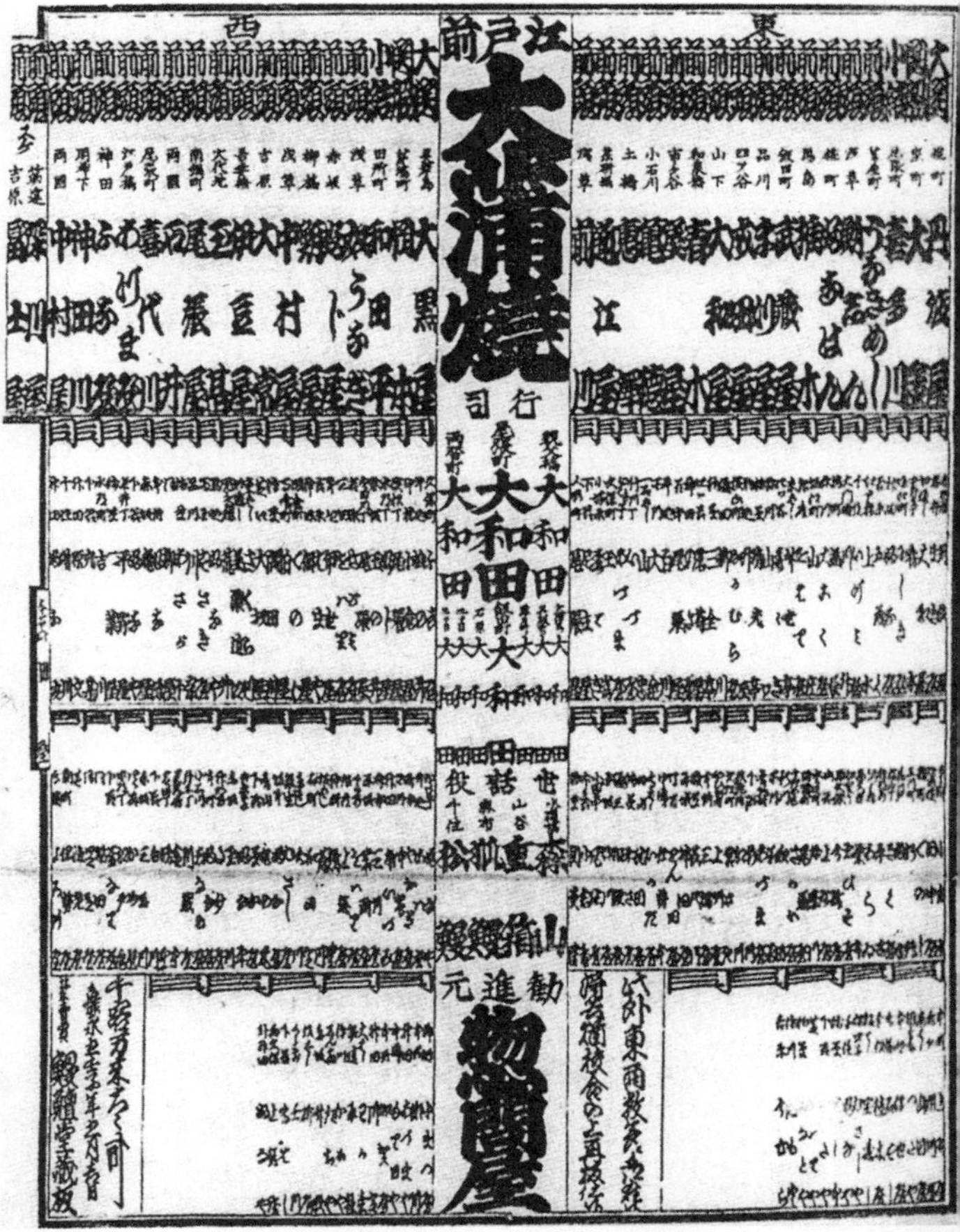

図65　蒲焼屋の番付。「大和田」を名乗る店が諸所にある。西の大関に大黒屋の名が見える。「江戸前大蒲焼」（嘉永5年）

団子は江戸っ子の人気食品であるが、その団子より蒲焼の方が流行っているというわけで、蒲焼人気のほどが知れる。

蒲焼屋を位付《くらいづけ》した番付も出版されるようになり、嘉永五年（一八五二）に出版された蒲焼屋の番付「江戸前大蒲焼」には二二〇軒の蒲焼屋がランキングされている（図65）。このうち、西の大関（最高位）にランキングされている大黒屋について、『東京名物志』（明治三十四年）は「都下鰻料理の巨擘《きよはく》は此家を推す。（略）鰻の美なると共に燗酒の醇《じゆん》なる、漬物の佳なる、飯米の精なるは、鰻屋中の「八百善」と称せらる、に背《そむ》かず」と絶賛している。大黒屋は、蒲焼屋の筆頭で、蒲焼が美味なのはもとより、燗酒の燗が抜群で、漬物も美味しく、飯米は精選されていて、当時もっとも著名な料理屋の八百善にひけをとらないとある（なにせ燗酒の味を一定に保つため、一度使った徳利は洗い清めその日は使わず、米の炊き上がりもおかみがチェックするという念の入れようだった）。大黒屋は、蒲焼屋にとって重要な条件（蒲焼・酒・漬物・飯の美味《うま》さ）が揃っていたことになる。大黒屋は姿を消してしまったが、この番付中の「山谷　重箱」（赤坂に移転）、「浅草　前川」、「浅草　奴うなぎ」、「明神下　神田川」などは蒲焼の名店として今も繁盛している。

羽倉簡堂（寛政一二〜文久二年）の『簡堂先生筆録』には「江都煠鰻（蒲焼）店、凡千許《ばかり》、而して名を得る者は、二百家に過ぎず。就中最も精品と称する者、鈔出して圏を加ふ。然れども盛衰、蕎麦店よりも甚だし」とあって、多くの蒲焼店の名をあげ、特に美味な蒲焼店には圏点（○のしるし）が付されている。幕末の様子で、千軒というのはオーバーな数だが、数多くの蒲焼屋があり、したがって競争も激しかったことが知れる。

（三）鰻飯の誕生

蒲焼屋は、やがて、付けめしにしていた飯を蒲焼と一緒に盛り合わせて出すようになる。鰻飯の誕生である。

鰻飯の始まりについては、宮川政運《まさやす》の『俗事百工起源』（慶応元年）に、「鰻飯の始は文化年中、堺町芝居金主大久保今助より始る」、この大久保今助は裸一貫から身を起こして成功を収め、堺町の芝居小屋の金主（スポンサー）になるが、

「此《この》今助常に鰻を好み、飯毎に用ふれども百文より余分に用ひしことなしと。いつも芝居へ取寄用ひし故、焼ざましに成しをいとひて、今助の工夫にて、大きなる丼に飯とうなぎを一処に入交ぜ、蓋をなして飪（熱いまま）にて用ひしが、至

て風味よろしきとて、皆人同じく用ひしが始なりと云ふ。今は何れの鰻屋にても丼うなぎ飯の看板のなき店はなしと云ふ。右故うなぎめしは百文に限りし処、当時は（現在は）二百文より三百文となりしと或人予に語りぬ」

とある。大久保今助が丼の飯に蒲焼を挟ませ、蒲焼が冷めないようにして取り寄せていたのがきっかけになって「文化年中」（一八〇四～一八）に鰻飯が生まれた、といっている。

文化年間ころの江戸では、中村座（堺町）、市村座（葺屋町）・森田座（木挽町）の三座が、幕府の許可を得て芝居の興行が認められ、江戸三座といわれていた。したがって、大久保今助が金主（スポンサー）になった堺町の芝居小屋は、中村座ということになる。

この話は鰻飯誕生のエピソードとしてよく知られているが、大久保今助と同じようなことをしている人がいて、尾張藩士の石井八郎が江戸勤番中にしたためた『損者三友』（寛政十年・一七九八）には、相撲好きな荻江節（長唄の一派）の演者荻江東十郎が、

「いつも角力（相撲）を見に参ります時は、小重へ飯をつめ、其間へかばやきを入、又飯を入、又かばやきを入、めしを入れて蓋をぐつとつよくして、大どつくり（徳利）へ茶を入て持て参りまする」

と語っている話が載っている。丼と重箱の違いはあるが、発想は同じで、この話は大久保今助の話より前のことになる。

また、鰻飯の作り方は、今助の話より早い時期に出版された料理書にも載っていて、『名飯部類』（享和二年・一八〇二）には、

「鰻鱺《うなぎ》めし　鰻鱺を常のごとく蒲焼《かばやき》にし、家常飯《できあいめし》の熱《あつ》きと鰻鱺と層重《だんだん》に注子《めしつぎ》に貯収《うつしいれ》、蓋《ふたし》封置、後に食ふ」

とでている。やはり蒲焼が冷めないための工夫で、「後に食ふ」ために、飯櫃に熱い飯と蒲焼を幾重にも重ね入れて、蓋をしておく方法が示されている。

鰻飯を工夫したのは大久保今助が最初、とするわけにはいかないが、今助のアイディアがきっかけとなって鰻飯が売り出された可能性はあって、間もなく、鰻飯を

売り出す店が現われてくる。

(四) 鰻飯を売る店あらわる

文政年間(一八一八~三〇)には鰻飯を売る店が現われている。文政八年(一八二五)の『風俗粋好伝』には「夫婦の新世帯、大磯の聖天町へ、花街通ひのお客を見込みに、鰻飯の見世を出しましたは、丁度七年前の事で御座ります」とある。江戸の文学や歌舞伎では、江戸の地名を憚って、鎌倉の地名や大磯の名を代用することが多い。この場合は、大磯には廓があったので、吉原の代りに使われている。新世帯の夫婦が鰻飯の店を出したのは、吉原近くの浅草聖天町ということになる。物語上の世界ではあるが、この頃には鰻飯を売る店があったことがうかがえ、文政十二年には、

○「鰻めし菩薩の中に虚空蔵《こくうぞう》」(柳一一〇)

という句が詠まれている。菩薩は米(飯)、虚空蔵は鰻を意味している(鰻は虚空蔵菩薩の使わしめと考えられていた)。飯の間に蒲焼を挟んだ鰻飯が文政年間には売り出されていたが、次の天保年間(一八三〇~四四)になると、鰻飯をメニューに加える蒲焼屋が増え、『世のすがた』(天保四年)には、

「うなぎ蒲焼は、（略）近来はいづ方も飯をそえて売り、又茶碗もり（鰻飯）などといふもあり」

とある。天保七年には、

○「呼べどこず口に土用の鰻ギ飯」（柳一四三）

と詠まれていて、土用の丑の日には、鰻飯の出前がなかなか届かない状況になっている。青葱堂冬圃《せいそうどうとうほ》の『真佐喜のかつら』（江戸末期頃）によると、

「市中に鱣めしといふ事始しは、四谷伝馬町三河屋某之家に勤たる男、暇とりて後、ふきや町のうら家にて売始しは、予が幼年の頃にて、次第に繁盛しけり。めづらしと評判しける故、人と倶《とも》に行見るに、丼の飯へ鱣の蒲やきをさし挟みたる也。わずか価六十四孔（文）、この見世大に流行《はやり》ける故、皆ならいてする事にはなりけれど、価も年をへて貴《たか》くなりぬ」

とあって、葺屋町の蒲焼屋が鰻飯を六十四文で売りはじめたところヒットし、どの

図66 「ふきや町がし　うなぎめし」の店。「新版御府内流行名物案内双六」（嘉永年間）

店でも鰻飯を出すようになったといっている。『真佐喜のかつら』の著者の生没年は不明なため、「幼年の頃」とはいつのことか判らないが、幕末から明治初頭にかけての江戸の様子を記した『江戸の夕栄』には「鰻丼《どんぶり》の元祖は葺屋町《ふきやちやう》の大野屋（大鉄）です」とある。歌川芳艶画の「新版御府内流行名物案内双六」（嘉永年間）に載っている「ふきや町がし　うなぎめし」は、所在地からみてこの店のようだ（図66）。

この店は明治時代になっても営業を続けていて、『東京《とうきやう》買物《かいもの》独案内《ひとりあんない》』（明治二十三年）には「元祖鰻飯　日本橋区ふきや町大野屋鉄五郎」の広告が載り、鰻飯の元祖を名乗っている（図67）。しかし、この店が鰻飯（鰻丼）を売り出したのは、『東京名物志』（明治三十四年）

には「大野屋　天保七年、此家の主人始めて鰻丼を工夫して売出したるが、世人の嗜好に合ひ、鰻丼と共に名声を博せり」とあり、『月刊食道楽』第七号（明治三十八年十一月号）にも「鰻丼は、天保七申の歳、江戸葺屋町（日本橋区）の大野屋が始めたり」とあって、どちらも天保七年（一八三六）としている。これが事実だとすると、天保七年には、すでに鰻飯が売り出されているので辻褄が合わないことになるが、大野屋はうな丼の元祖として名声を博していた。

元祖論はさておき、鰻飯は江戸っ子に好まれて普及していき、『守貞謾稿』「巻之五・生業」には「鰻飯」の詳しい説明が載っている。

図 67　元祖鰻飯を名乗っている店。『東京買物独案内』（明治 23 年）

「鰻飯　京坂にて「まぶし」、

図68　鰻飯。『守貞謾稿』（嘉永6年）

江戸にて「どんぶり」と云ふ。鰻丼飯の略なり。（略）江戸鰻飯百文と百四十八文、二百文。図のごとく蕣《あさがお》形の丼鉢に盛る。鉢底に熱飯を少しをいれ、その上に小鰻首を去り長け《た》三、四寸の物を焼きたるを五、六つ並べ、また、熱飯をいれ、その表にまた右の小鰻を六、七置くなり」（図68）

鰻飯を「どんぶり」というとあり、鰻どんぶりはやはり蒲焼の中入れで、小鰻が使われている。『守貞謾稿』が「鰻丼飯」を「どんぶり」と略称しているのは、「どんぶり」といえば鰻飯で通用していたことを意味している。鰻丼は、丼に飯を盛ってその上に料理をのせた「どんぶり物」の第一号で、その後のどんぶり物文化に先鞭をつけることになった。

今では「どんぶり」は「うな丼」、「まぶし」は「まむし」と呼ばれている。

文久二年（一八六二）刊の人情本『春色恋廼染分解《しゅんしょくこいのそめわけ》』四編には、遊里での客と遊女のやり取りのなかで、客が遊女に「丼飯《どんぶりめし》でも取《と》つて貰《もら》はうか。夫共唯《それともただ》焼《や》いたのにしようか」というと、遊女は「ア丶丼《どんぶり》の方《はう》が、お飯《まんま》へ露《つゆ》が染《し》みてうまいね」と、鰻丼を希望している。遊女がいっているように、鰻丼には蒲焼・飯・タレが一体となってつくり出される美味しさがある。

慶応元年（一八六五）版の『歳盛記』「かばやきや弥吉」には、蒲焼屋の名店が載っているが、店名の下には「うしのひ　どようのいり　どんぶり　ぢうばこ」とある（図69）。どんぶり（丼）、ぢうばこ（重箱）は、うな丼、うな重を表わしていて、この時期には、ずらりと名を連ねた名店が、うな丼やうな重を出すようになっている。

（五）蒲焼と鰻飯の値段

『羽沢随筆』に、蒲焼は「価も賤しからずといへども（安くはないが）、是を好み食ふ物（者）、十に八、九、多く食する者は、黄金を費《つひや》すに至る」とあったように（一九〇頁）、蒲焼は江戸庶民にとって安くない食べ物だった。

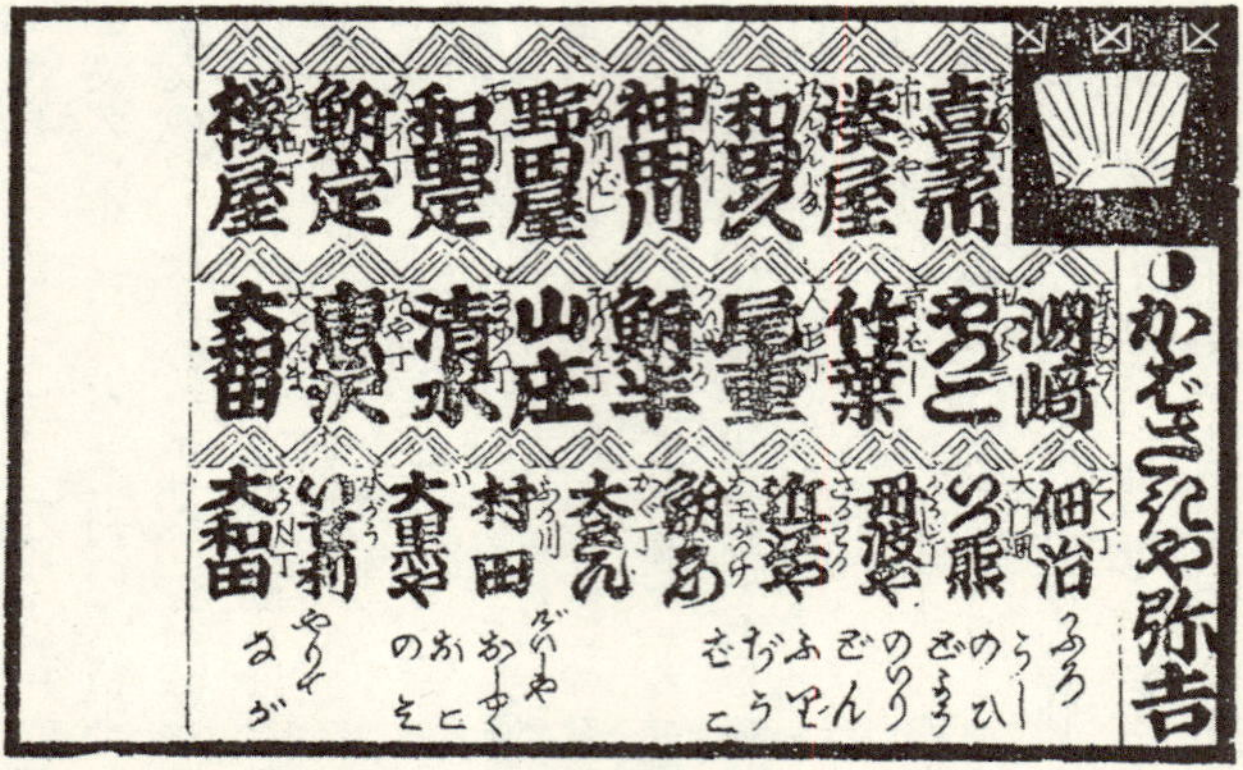

図69　「かばやきや弥吉」の店。『歳盛記』（慶応元年）

式亭三馬の『戯場《げじょう》粋言《すいげん》幕《まく》の外《そと》』（文化三年）にはこんな話が出ている。

　田舎から出てきた五人組が鰻屋に入り、五人で大串の蒲焼を注文するが、金額の少なさに主人がびっくりして、「あまりお少《すくな》くはございませんか」と聞き返すが、客が「イヤ酒も飯《めし》もいらねへ。茶受《ちやおけ》にするだア」と答え、主人は「かしこまりました」といって注文に応じ、大皿に盛った蒲焼が六串出される。客はこれをすぐに平らげ、追加を催促するが、「ハイ夫《それ》でお誂《あつらへ》でございます」といわれてがっかりしている。

　この店の蒲焼の値段は大串一串が約四一文していた。五人が入ったのは茶屋風の店で、床几に腰を掛けて蒲焼を食べている。田舎ものには非常に高い値段に受け止められているが、このような店では比較的安い値段で蒲焼が食べられた。有名店ではもっと値段が高く、この時代より三十年位あとのことになるが、名店深川屋の値段は、

〇「一切りが弐朱でも流行《はやる》深川屋」（柳一三八、天保六年）

と詠まれているように、一串が二朱（当時の相場で八〇〇文位）もしていた。

一般的には、客が二階に上がって座敷で蒲焼を食べるような蒲焼屋では、一皿二〇〇文が相場だったが、この値段は天保の改革のときに値下げさせられている。天保の改革によって物価の値下げを命じられた諸色掛《しよしきかかり》名主たちが、その成果をまとめて奉行所に差し出した『物価書上』（天保十三年八月）によると、「鰻　大小取交壱皿ニ付」、「銭弐百文之処」を「百七拾二文」に、「銭百七拾文」を「百六拾四文」に、「銭百六拾文」を「百五拾六文」に値下げさせている。『守貞謾稿』「巻之六・生業」をみると、

「江戸は陶皿に盛る。大一串、中二、三串、小四、五串を一皿とす。各価二百銭（文）。天保府命後、百七十二文に売る家もあり」

「江戸は大骨を去り、鰻の大小に応じ二、三寸に斬り、各竹串二本を貫き焼きて、

串を去らず皿に盛る」

とある。『物価書上』に「鰻　大小取交《とりまぜ》」とあるのは、鰻の大小に応じ、二、三寸(約六〜九センチ)に切り、一皿に大串一本、中串二、三本、小串五、六本を盛り合わせていることだとわかる。天然鰻は大小まちまちで、それを取りまぜて出している。値段についても、一皿二〇〇文で売られていたのが、天保府命(天保改革)後は、「百七十二文に売る家もあり」とあって、『物価書上』で、一皿二〇〇文していたのを一七二文に値下げさせている実情を伝えている。なかには一六四文や一五六文に値下げしている店もあるが、これは店の格式の違いによるのであろう。

大串、中串、小串の大きさは『神代余波』(弘化四年)に描かれているが(図44)、鰻の大きさと串の関係について、植原路郎の『鰻・牛物語』(昭和三十五年)には、

「一般的な分け方をすれば、三十匁(約一一三グラム)ぐらいのまでを小串といっている。三十匁からその倍ちょっと越す七十匁(約二六三グラム)見当までのものを中串、七十匁から百匁(約三七五グラム)ほどのものを大串と呼んでいる」

とある。ちなみに、現在の養殖鰻では二〇〇グラム前後が国産品の中心サイズになっている。

鰻飯の値段については、『真佐喜のかつら』に、葺屋町の店が鰻飯を売り出したときは、わずか六四文だったのが値上がりしていったとあるが、弘化年間（一八四四〜四八）ころは一〇〇文で食べられ、

〇「百出すと　ぼさつの中に　虚《こ》空蔵《くうぞう》」（たねふくべ十二集、弘化年間）

と詠まれている（図70）。

図70「うなぎめし　蒲焼」の店。『たねふくべ』十二集（弘化年間）

しばらくは一〇〇文時代が続いていたが、「文久に至り、諸価頻りに騰揚し、鰻魚もまたこれに准ずるにより、この丼飯と云ふ物も百銭（文）・百四十八銭（文）を売る家は最も稀となり、大略二百文のみとなる」（『守貞謾稿』「巻之五・生業」）とあって、文久年間（一八六一〜六四）には二〇〇文に値上がり

している。

『守貞謾稿』によると、そばの値段は、慶応年間（一八六五〜六八）には、二〇文から二四文（銭）に値上がりしていた（九一頁）。直前の文久年間のそばの値段は記されてないが、おおよそ、うな丼はそばの一〇倍位していたのではなかろうか。宮川曼魚は、

「私の記憶によりますと、いつの時代も「もりかけ」の値段と「うなぎめし」ではざつと十倍の相違がありました。おそばのもりが一銭五厘の頃には、うなぎめしが十五銭。三銭になつた時分には、三十銭といふ具合でした。戦前に、おそばが十銭の時代、五十銭のうなぎめしが賣られてゐたこともありましたが、現在では、うなぎめしが、最低百圓から三百圓位ですから、また約五倍ぐらゐの相違になつてゐるやうに思はれます」（『深川のうなぎ』）

といっている。現在では「また約五倍ぐらゐ」とあるのは約一〇倍が正しく、『深川のうなぎ』が出版された昭和二十八年には、もり・かけそばは二〇円だった。幕末から昭和二十八年ころまで、もりそばの一〇倍がうな丼の相場になっていた。

（六）辻売りの蒲焼と笊入り鰻売り

蒲焼は高価な食べ物だったので、庶民が手軽に食べられたのは辻売りの蒲焼で、辻で焼いて、一串「十六文に十二文」で売っていた（『旧観帳』文化六年）。しかし、売られていた鰻は

○「辻焼のうなぎはみんな江戸後ろ」（柳一〇五、文政十一年）

江戸前でないだけならまだしも、

○「おはなしにならぬうなぎを辻でさき」（新撰絵本柳樽初編、刊年不詳）

くたびれて、死にそうな鰻も売られていた（図71）。

図71　辻売の蒲焼売り。『新撰絵本柳樽』初編（刊年不詳）

また、鰻蒲焼売りも蒲焼を安く売っていて、『守貞謾稿』「巻之六・生業」には、

「鰻蒲焼売り　京坂は、諸具ともに担ひ

巡りて、阡陌《せんぱく》（街路）に鰻をさき、焼きてこれを売る。江戸にては、家にて焼きたるを岡持《おかもち》と云ふ手桶に納れ、携へ巡り売る。けだし京坂大道売りのかばやきは、大骨を去らず、一串価六文。江戸は大骨を除き去りて、一串十六文に売る」

とある。家で焼いた鰻を岡持ちに入れて売り歩く人もいて、やはり一串一六文で売っていた。

また、猿水洞蘆朝の『盲文画話《ももんがわ》』（文政十年）に、

「笊《ざる》うなぎうり　丸笊に鰻を入いくつも重ね、俎板・庖丁・錐《きり》・魚串をも仕込、両掛荷《りょうかけに》にしてうなぎうなぎと売けり。買人あれば魚を極《きわ》め、錐を魚の目の辺え突《つき》入《いれ》、俎板の穴へさし込み、庖丁にて割《きり》て直《すぐ》に串にさして渡す。手前にて蒲焼にするなり。子供には多此鰻《おおくこのうなぎ》を買《か》ふて喰《しょく》さす事なりしが、いつしかなくなりて、今は売り不来《きたらず》」

とあるように、生きた鰻を笊に入れて売り歩き、その場で裂き売りをする「笊うなぎうり」もいたが、文政十二年（一八二九）頃には、姿を消している（図72）。

図 72 「笊うなぎうり」。『盲文画話』（文政 10 年）

(七) 肝吸い

現在の蒲焼屋では、うな丼を注文すると肝吸いが付いてきたり、付いてなくてもメニューにある。しかし、江戸の蒲焼屋では肝吸いを出すことをしていなかったようで、記録に現われてこない。

蒲焼屋が肝吸いを出したのは大阪の方が早い。『月刊食道楽』の明治三十八年九月号に、「東京の人へ」と題して、「在浪華　紫嬌」なる人物が「浪華《なには》に盛《さかん》に行なはれ、東京に尠《すくな》き物、二ッ三ッ申上候」と、大阪と東京の食文化の違いを語る一文が載っているが、そのなかに、

「(大阪の)鰻屋は菱富・藤吾など有名に候へど、(東京の)竹葉・大黒屋に及ばざる事遠く、神田川にも無論に候。当地の通がりは、膽《きも》の吸物きも吸を嗜《たしな》み候《さふら》へ共、小生等は苦きのみにて好《この》もしからず。殊に珍しく覚え候は、きも吸の注意にて、「精々《せいぜい》気を付け候《さふら》へ共《ども》、往々《まま》取り残し候事候《さふら》へ者《ば》、釣針御用心被下度《くだされたく》」等《など》座敷々々に張出され候ことに御座候。是では鰻屋へ参るに水盃を致し、一死以報殻(国)恩底《てい》の覚悟要用《いりよう》かと可笑《おかし》ふ存じられ申《まうし》候」

とある。鰻の養殖は、深川で明治十二年（一八七九）に服部倉次郎が試験的に行ったのが始め、といわれているが、明治時代はまだ天然の釣り鰻が主流だった。鰻の肝を食べるには決死の覚悟が必要、というのはオーバーな表現だが、まだ大阪でもポピュラーな食べ物ではなく、食べるには注意を要したことを物語っている。今でも天然の釣り鰻の肝には、まれに釣針が残っている場合があるといわれている。

『守貞謾稿』は、

「江戸は専ら鰻一種の店のみにて、他物を兼ねず、他魚を調せず」（「巻之五・生業」）

「京坂鰻蒲やき一種のみを売る店これなし。ただ大坂淡路町丼池に鳥久と云ふ者、この一種を売る。（略）京坂ただこの一戸のみ。その他は諸肴と並び売る」（「巻之六・生業」）

と、江戸と京坂の蒲焼屋の違いに言及している。

江戸の蒲焼屋は、蒲焼のほかに酒の肴は置かず、酒飲みは蒲焼が焼けてくるまで香の物で酒を飲んでいた。明治六年に東京深川で生まれた山本笑月は、「蒲焼のほかに鯰のすつぽん煮ぐらゐでなにも出来ない。客は鰻の焼けるまで香の物で一杯、気長に待つ。随つて鰻屋の香の物は格別念入り、酒ももちろん生一本」といっている(『明治世相百話』「江戸前名残の蒲焼」昭和十一年)。今でも東京の蒲焼屋のメニューには酒の肴が少なく、香の物で一杯やりながら蒲焼の出されるのを待つ、といった客は多い。『東京名物志』が大黒屋の漬物を称賛していたように(一九二頁)、香の物の味の良し悪しは酒飲みにとって重要である。

これに対し、大阪の蒲焼屋では蒲焼のほかに酒の肴をいろいろ揃えていたので、肝吸いを出すアイディアが生まれたのであろう。

『月刊食道楽』の明治三十九年十二月号には、隅田川の両国橋近くにある矢の倉河岸に船料理「隅田川」が開業したことが載っているが、この店の主人は、兄が大阪淀屋橋で船料理を営んでいた関係で、その経営方法にのっとって船料理屋をはじめ、料理人は大阪から呼び寄せ、大阪式の料理を東京の味に仕立てた船料理を食べさせている。得意料理の一つが「鰻のきも吸い」で、

「是には赤だしと云つて味噌のだしで食べるのと、すましで食べるのと二色ある。

是は鰻のきもの大きいのを選んでにが玉を去り、ごみを抜き、それを湯がいて用ゆるので大阪では最賞翫《もつともしやうぐわん》する物との事」

と紹介している。

明治二十七年生まれの植原路郎は、

「昔からのれん（暖簾）で知られた店のお座敷となると、明治四十三、四年ごろでも、一本つけて、突き出しの新香ではなく、別に新香を取り、吸物（キモ吸）をたのんで、蒲焼で飯となると、一人前二円から二円五十銭ぐらいかかった」

といっている（『鰻・牛物語』昭和三十五年）。

明治の終わり頃には、東京の高級な蒲焼屋では肝吸いを出すようになっている。鰻の養殖がさかんになって、蒲焼屋は安心して肝吸いを出せるようになった。ここでも蒲焼を食べる前に新香（香の物）で酒を飲んでいる様子がみられる。

第三章　天麩羅屋の誕生と発展

一　屋台店で売りはじめた天麩羅

（一）天麩羅の屋台店あらわる

天麩羅は屋台店で売り始めた。天麩羅を揚げると油煙が出るし、火事の危険もある。天麩羅を売るには屋台店が適した営業形態だったのだ。天麩羅の屋台店は、そば屋の数が増え、土用丑の日ウナギデーが始まった安永年間（一七七二～八一）に現われた。

すでに享保年間（一七一六～三六）には、夜そば売りの屋台が出ていたが、夜そば売りは、屋台を担いで町を巡っていた。こうした移動式の屋台に対し、一定の場所に屋台を据えた屋台見世（店）が現われてきた。『守貞謾稿』「巻之五・生業」には「屋躰見世、すゑみせにて、不用の時は他に移す」とあって、「屋体見世の図」が出ているが、屋台見世には、柱付の台に簡単な屋根が付いていた（図73）。

隅田川と箱崎川との分岐点を三俣（三ツ又）といい、三角形の島になっていたが、明和八年（一七七一）に、ここを埋め立てて中洲《なかず》が作られた（中央区日本橋中洲）。やがて、中洲は新興の盛り場として賑わいを見せるようになり、『半日閑話』の安永五年（一七七六）六月条には「此夏大橋三つまた（新大橋近くの三俣）の築出し新地殊の外繁昌也。茶屋、みせ物など賑ひ両国に倍せり」とある。屋台店も多数出ていて、中洲の繁栄を描いた『中洲雀《なかずすずめ》』（安永六年）によると、

「商人居並《いならん》で通り狭く、煮売・煮肴・綿飴・玉子焼・胡麻揚・西瓜の立売（裁売＝切売り）・桃・真桑瓜・餅菓子・干菓子の家台《やたい》見世には、買喰《かいぐい》の族蟻《やからあり》の如くに集り、食物過ては腹を下し、食傷（食あたり）の種を求む。四文銭持（てば）能《よい》といへ共《ども》、纔《わづか》の買物には壱文・二文のやり取りに損が有れば四百《いっぽん》の銭も忽《たちまち》なく成る」

とあって、多くの人が屋台店に群がっている。屋台店では四文銭（後述）一つで買

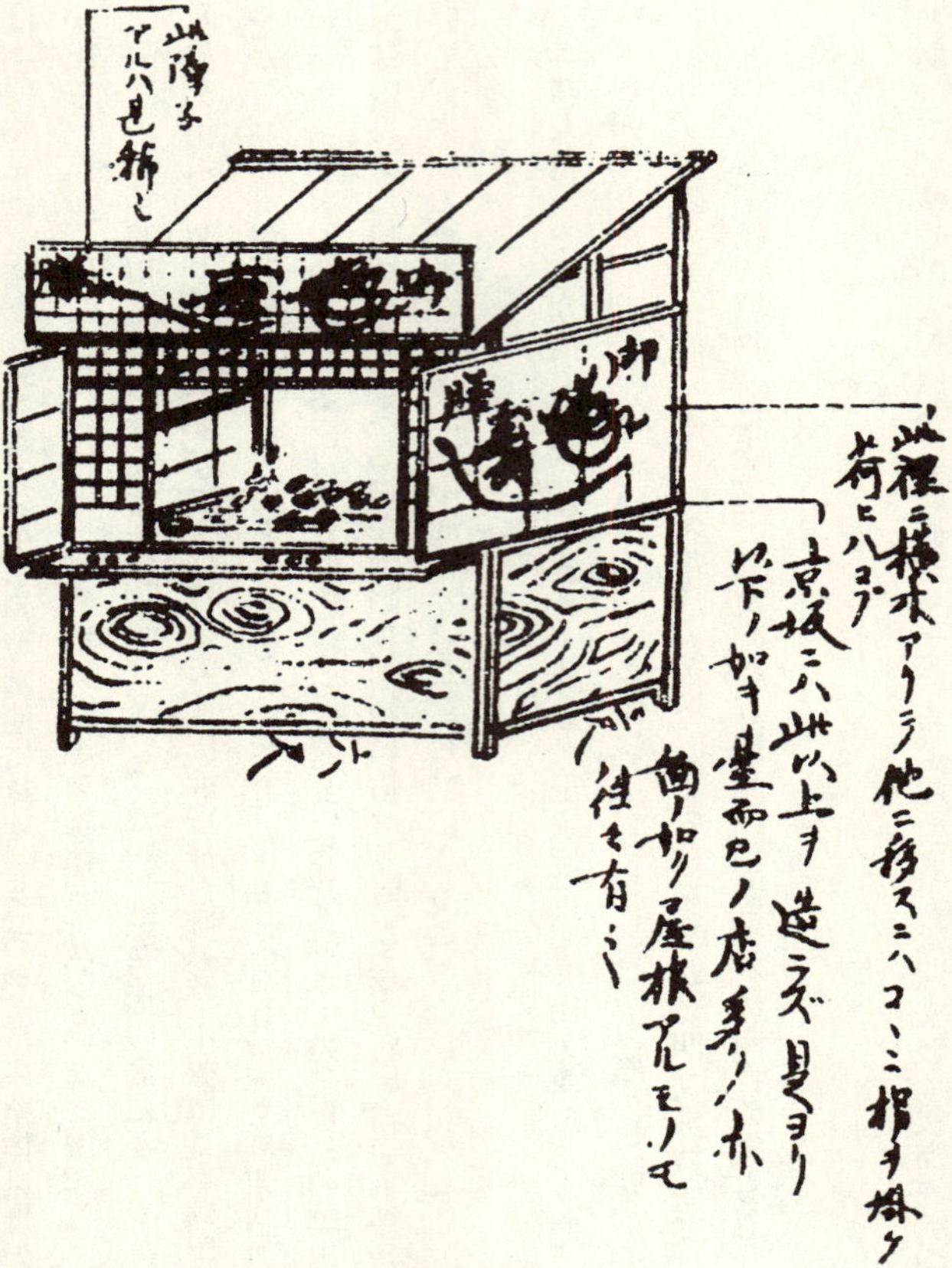

図73　屋体見世の図。『守貞謾稿』（嘉永6年）

図 74　天麩羅の屋台。皿に串刺しの天麩羅が並べられ、大きな深皿に大根おろしが盛られている。『夢想大黒銀』（天明元年）

い食いすることが出来、「胡麻揚」の店も出ていた。天麩羅は胡麻揚の名で売られていて、

○「胡麻揚の匂ひが下駄におっけされ」（柳一四、安永八年）

と押し寄せる群集のなかで胡麻揚を揚げている。

屋台店が天麩羅を売り出したころは、胡麻揚として売っていたが、次の天明年間（一七八一～八九）になると、天麩羅の看板を掲げた屋台店が現われる。

『夢想大黒銀《むそうだいこくぎん》』（天明元年・一七八一）に描かれた屋台店には、串刺しの天麩羅が並べられ、大きな深皿に大根おろしがうずたかく盛られている（図74）。この屋台店には天麩羅の看板はみられないが、天麩羅屋台店の最古の図とみられている。ただ、この店では胡麻揚として売っていたか、天麩羅として売っていたかは分からないが、一一年後の『能時花舛《よくききます》』（天明三年）には「天麩羅」の看板を掲げた屋台店が描かれている（図75）。

江戸では、天麩羅は屋台店の食べ物として普及していくが、天麩羅屋台店のことを天麩羅屋台、天麩羅屋とも呼んでいる。以下ではこれらの名称を適宜使用していく。

(二) 天麩羅の語源

天麩羅という日本語らしからぬ名前の由来については、さまざまな語源説が唱えられてきた。なかでも、調理を意味するポルトガル語 Tempero（テンペロ）に由来するとする説や、キリスト教の金曜日の祭りをスペイン語で Tempora（テンポラ）といい、この日には、鳥獣肉を食べないで、魚肉を食べることからこの日に食べる魚料理の名がてんぷらに転じたとする説がよく知られている。このテンペロやテンポラ説が明治以降に唱えられた説であるのに対し、江戸時代には、山東京山が、兄の山東京伝が「てんぷら」の名付け親とする説を『蜘蛛《くも》の糸巻《いとまき》』（弘化三年・一八四六）「天ぷらのはじまり」で唱えていて、要約すると次のようになる。

「天明のはじめ、大坂から馴染の芸者を連れて江戸に逃げて来て、京伝の近くに住んでいた利助という男が、ある日京伝に対し、大坂には魚肉を揚げたつけあげというものがある、江戸には胡麻揚の辻売りがいるが、魚肉のあげものは見当らないから、これを夜店で売るのはどうだろうかと相談した。京伝はよい思いつきだといって、試作させてみると、とてもうまいので、早く売り出すようにすすめたところ、利助は夜店の行灯に書くには、魚の胡麻揚では名前が相応しくないし、語呂もよくない、何かよい名前を付けてくれないかと京伝に頼み、京伝は天麩羅という名を付けた。

利助が天麩羅の意味を問うと、あなたは天竺《てんじく》浪人であり、ふらりと江戸へ来て売り始めるのだからてんぷらである。てんは天竺のてん、すなわちあげるなり。ぷらに麩羅の二字を使用したのは小麦粉のうすものをかける意味だと戯れにいうと、利助もしゃれた男なので、てんぷらは面白いといってよろこび、京伝は自分（京山）にその字を行灯に書かせた。今より六十年の昔のことで、今は天麩羅の名も文字も世間に流布しているが、京伝が名付け親で、自分が天麩羅の字を行灯

早い例になる。『能時花舛』（天明３年）

図 75　「天麩羅」の看板を掲げた屋台店。屋台に天麩羅の看板がみられる

に書き、利助が売り弘めたことは知る人はいない」

利助は大坂から逐電《ちくてん》してきたので逐電浪人で、逐電をひっくり返せばてんちくで、天竺（インド）に通じる。天竺浪人がふらりとやってきてはじめるのだから、てんぷらという名をつけたというわけだ。

しかし、京伝がてんぷらの名を付けたとする時よりかなり前に、「てんぷら」の名はみられる（後述）。したがって、京伝名付け親説は歴史的事実に反するが、てんぷらに「天麩羅」の字が宛てられるようになるのは天明のはじめの頃になる。天麩羅の字は、安永十年上演の浄瑠璃本『むかし唄今物語』に「此辺でも人の知った生揚の権と云男じゃ。コリャ天麩羅よ、我に怪我さした養生代に、奴殿は切とやい」とあるのが初見とされているが、安永十年は四月に天明と改元されている。京伝が天明のはじめに、てんぷらに天麩羅の字を宛てたとするのは、時期的に辻褄が合わないことはないが、多くの作品を残している京伝自身がこのことにひとことも触れていないのはおかしい。天麩羅の字を宛てたのは京伝、と考えることも難しいが、「天ぷらのはじまり」には、後述するように、いくつか注目すべき内容が語られている。

(三) 天麩羅の名あらわる

徳川家康が鯛の天麩羅を食べて中毒死したという話がよく知られている。これが事実だとすれば、家康は元和二年(一六一六)に亡くなっているので、この頃には天麩羅があったことになる。

家康は確かに死ぬ前に鯛の天麩羅らしきものを食べている。元禄年間以前に成立した『元和年録』の元和二年一月二十三日のところには、家康は「鯛をごまの油にてあげ候てひるをすりかけ」たものを食べ「二時程《ふたとき》(四時間ほど)過《すぎ》候て御虫痛」を起したとでている。

また、木村高敦によって寛保元年(一七四一)頃に編集された家康の一代記『武徳編年集成』にも、元和二年一月二十一日に家康は「鮮鯛ヲ切テ柏《かや》(榧では)ノ油ヲ以テ煎徹シ又熬トシテ(カラカラに揚げてさらに炒めて)薤《にら》ヲ摺掛《すりかけ》」たものを食べたところ夕方に激しい腹痛を起したとある。

さらに天保十四年に成った徳川幕府官選の『東照宮御実紀附録』にも、元和二年一月二十一日に家康は「鯛をかやの油にてあげ、そが上に薤《にら》をすりかけ」たものを食べてその夜に腹痛を起したとある。食べた日(二十一日と二十三日)、油(カヤとゴマ)、摺りかけた物(ヒルとニラ)に違いがあるが、タイを揚げたものを食べて中毒症状を起こしたことは共通している。

これらの史料によると、家康が食べたのは、鯛のコロモ揚げではなくて素揚げで、天麩羅の語もみられない。また、家康は腹痛を起こしたのち、回復していて、死去したのは約三か月後の四月十七日のことになる。死因を天ぷらはもとよりタイの揚げ物の所為にすることはできない。

てんぷらの名が登場するのは、京都の医師奥村久正の『料理食道記』(寛文九年・一六六九)に「てんふら　小鳥たゝきて　かまくらゑび　くるみ　くずたまり」とあるのが初見になる。元禄時代(一六八八〜一七〇四)になると天麩羅を食べた人が現われ、尾張藩の武士朝日《あさひ》重章《しげあき》の日記には、「酒之肴　てんぷら嶋《えび》とうふ」(元禄六年一月二十九日)、(酒の肴に)「鴨・鱏魚(えい)てんぷら」(元禄九年九月十六日)とでている(『鸚鵡《おうむ》籠中記《ろうちゅうき》』)。

(四)江戸風天麩羅と上方風天麩羅

『料理食道記』や『鸚鵡籠中記』に記されている「てんぷら」がどんな料理かわからないが、十八世紀の中ごろになると、料理書にてんぷらの作り方が記されるよう

になる。『黒白精味集《こくびやくせいみしゅう》』（延享三年・一七四六）には、

「てんぷら　鯛をおろし、切目（切身）にして、暫く塩をあて、洗いて、うんどん（うどん）の粉を玉子にてねり、右の鯛を入れくるみ、油上《あぶらあげ》にして、汁、だし・醤油にて塩梅《あんばい》して出す。鯛をうんどんの粉ばかりにくるみ、油上にもする也」

とコロモ揚げにするてんぷらと天つゆの作り方が示されている。また、『歌仙《かせん》の組《くみ》糸《いと》』（寛延元年・一七四八）には、

「てんふらは何魚にても温飩《うんどん》の粉まぶして油にて揚る也。但前にある菊の葉てんぷら又牛蒡《ごぼう》・蓮根《れんこん》・長いもその外何にてもてんぷらにせん時は、温飩《うんどん》の粉を水・醤油とき塗付て揚る也。常にも右の通にしてもよろし。又葛の粉能《よく》くるみて揚るも猶宜し」

とでている。魚は小麦粉をまぶして揚げるとあって、今のから揚げになるが、野菜

の方はコロモ揚げにする方法が記されている。野菜揚げはコロモに味を付けるので、長崎天婦羅に似ている。

こうして現在につながる天麩羅が登場してきたが、江戸時代にはこれとは異なる上方風の天麩羅があった。『守貞謾稿』「後集・巻之一」に、

「京坂にては半平《はんぺい》を胡麻油揚げとなし、号《なづ》けててんぷらと云ひ、油を用ひざるを半平と云ふなり。江戸にはこの天麩羅なし。他の魚肉・海老等に小麦粉をねり、ころもとし、油揚げにしたるを天ぷらと云ふ。この天麩羅、京坂になし。これあるは、つけあげと云ふ」

とあって、江戸風と上方風のてんぷらの作り方が示されている。同書には「半平はんぺんは蒲鉾と同じ磨肉《すりにく》なり」とあるので、上方では魚のすり身を揚げたもの、つまりさつま揚げをてんぷらといい、江戸風のコロモ揚げは「つけあげ」といっていたことになる。『蜘蛛の糸巻』でも、利助が、「大坂には魚肉を揚げたつけあげというものがある。江戸には胡麻揚の辻売りがいるが、魚肉のあげものは見当たらない」といっている。江戸の胡麻揚に魚肉が使われていない、といっているのは疑問

だが、大坂では魚肉を揚げたものを「つけあげ」という、といっているのは、『守貞謾稿』と一致する。

そばのところで考察したが、『黒白精味集』の著者は江戸の住人のようで（三五頁）、『歌仙の組糸』も江戸で出版されている。両書には江戸風の天麩羅の作り方が示されているように、江戸ではコロモ揚げの天麩羅が食べられていく。今でも天麩羅の東西の違いはみられる。

十八世紀中頃の料理書には天麩羅の名が登場したが、『蜘蛛の糸巻』のなかで利助が言っているように、江戸の屋台店では胡麻揚の名で売っていた。売り出した当初は天麩羅の知名度が低く、胡麻揚の方が分かりやすかったからだが、屋台店が天麩羅の看板を出すようになってからも、「屋たひ見せのごまあげ」（『虚実情夜桜《うそまことなさけのよざくら》』寛政十二年・一八〇〇）といわれたりしている。

二　天麩羅屋台店の繁盛

（一）　客層を広げた天麩羅屋台

屋台の天婦羅の値段は安く、一串四文くらいで食べられた。天麩羅の名付け親は兄の京伝、とする山東京山の説は、鈴木牧之《ぼくし》の『北越雪譜』二編（天保十三年）にも載っているが、そこには、利助は天婦羅を「一ツ四銭にて毎夜」売り歩いたとあり、京伝の作品『江戸春一夜千両』（天明六年）でも、商家の丁稚《でっち》が「いつぞや四文銭を一文（一枚）くすねて、栄螺《さざい》のてんぷらを一つ買つて食いしより今に（その味を）忘られず」に、屋台に四文の天麩羅を買いにいっている（図76）。

天麩羅は明和五年（一七六八）に新鋳《しんちゅう》された四文銭一枚のワンコインで食べられるファストフードとして江戸っ子の人気を得、天麩羅屋台の数が増えていった。式亭三馬の『浮世床』（文化十年）では、髪結床のあるじが、奉公先の主人の使いで床屋の込み具合を訊きにきた悪戯者の丁稚を「使《つかひ》に出せばおそしの（遅いし）、湯へいけば喧嘩して内へ届けられる。一寸外へ出ると、天麩羅や大福餅を買食《かひぐひ》するか。かゝった（手に負える）奴《やつ》ぢやァねへ」といって叱りつけている。文化年間には天麩羅の屋台が至るところに出ていた。

「屋《や》台《たい》見世、天麩羅《てんぷら》胡麻《ごま》揚《あげ》の匂いには、をり介・丁稚《でっち》のこゝろを迷《まよ》はし」（『一向不《いっこうふ》通替善運《つうかはりせん》』天明八年・一七八八）とか、「腹のきたつた（すいた）小でつちは屋たひ見せのごまあげに出かゝつた鼻をすゝりこむ」（『虚実情夜桜』）とあるように、屋台の天麩羅は折助《おりすけ》（武家の奉公人）や丁稚といった低所得層の者が主な客だった。

図 76　天麩羅の屋台店。丁稚が竹皮に包んだ天麩羅を手にしている。『江戸春一夜千両』（天明 6 年）

それがしだいに、客層が広がり、鍬形蕙斎《くわがたけいさい》（北尾政美）の天麩羅の屋台には、商家の丁稚、二本差しの武士、女性の客が描かれている（『近世職人尽絵詞《きんせいしょくにんづくしえことば》』文化二年・一八〇五）。武士が世間体をはばかるように頬被りしたまま串刺しの天麩羅を取ろうとしているが、武士も天麩羅を食べに来ている。女性客はテイクアウト用として天麩羅を買いに来ているようだ。得意客の丁稚は、丼鉢の天つゆに天麩羅を突っ込んでいる。天つゆをつけて天麩羅を食べることは、『黒白精味集』にでていたが、屋台でも早くから天つゆをつけて食べている（図77）。

　式亭三馬の『四十八癖』三編（文化十四年）にも、天麩羅屋台が描かれているが、さまざまな人が天麩羅屋台の前に立っていて、なかには子供を背負って天麩羅を買いに来ている人もいる（図78）。

『近世職人尽絵詞』に描かれた屋台の屋根の上方には「うるまいもの　あぶらにあげたるも候　たこの入道にうどむのこ　ころもきせたるも候ぞ」と書かれている。「うるまいも」はサツマイモ、「うどむのこ」はうどん粉（小麦粉）のことで、この天麩羅屋はサツマイモのから揚げとタコの天麩羅を売っている。

　屋台の天麩羅は立食いしやすいように串揚げにされ、

○「天麩らの店に筮《めどき》を建てて置き」（柳一二八、天保四年）

図 77　天麩羅の屋台店。屋根の上方に「うるまいもの　あぶらにあげたるも候　たこの入道にうどむのこの　ころもきせたるも候ぞ」と書き込みがある。『近世職人尽絵詞』（文化２年）

図 78　天麩羅の屋台店。天麩羅を買う人で賑っている。『四十八癖』三編（文化 14 年）

占い師が筒の中に筮《めどき》（占い用の筮竹《ぜいちく》）を立てているように、食べ終えた串を立てておく筒が置かれた屋台もあった（『金儲花盛場《かねもうけはなのさかりば》』天保元年・一八三〇、図79）。

(二) 大根おろしのサービス

天麩羅の屋台には大根おろしが置かれていた。

○「天麩羅屋見せ（店）で揚げたり卸したり」（柳一五一、天保九年）

で、屋台では天麩羅を揚げる傍ら大根を卸している。獣肉類や油脂類をあまり使用

図79　筒の中に串が立てられている天麩羅屋台。『金儲花盛場』（天保元年）

しない淡泊な味の料理を食べていた当時の人々にとって、油っこい天麩羅は異質な食べ物だった。天麩羅屋は天麩羅をさっぱりと食べさせるための工夫として大根おろしをサービスしていた。天麩羅の普及に大根おろしの果たした役割は大きい。

人情本『閑情末摘花《かんじやうすゑつむはな》』初編（天保十年）には、次のような場面が描かれている。一日の仕事を終えた門付《かどづけ》（人家の門口で芸を見せ金品をもらうこと）の母娘が、家に帰る途中、晩ごはんのおかずに屋台の天麩羅を買って、竹皮に包んでもらい家に持ち帰る。家に入ると娘は風呂火鉢に火を焚きお茶を沸かし、

「さと（娘の名）「慈母《おつかあ》さんお茶が沸《わい》いたからお飯《まんま》をお上《あが》り。ヲヤヲヤ天麩羅屋《てんぷらや》はマア何様《どう》したんだろう。大根卸《だいこおろし》をよこさないねへ。表《おもて》の八百屋《やほや》へ往《いつ》て来《こ》やう」。母「ナニサ大根《だいこ》も何もいらないはな」。そして八百屋じやア寝たョトいふうち、お里は駆出《かけだ》し、八百屋を起《おこ》して大根《だいこ》の折《をれ》たのを買《かつ》て来たり。隣の老婆《ばゝ》が家《いへ》にある山葵卸《わさびおろし》を借《かり》て大根《だいこ》を卸《おろ》し、さと「サアお上《あが》り、卸《おろ》しをかけるとどんなに甘《うま》いか知れないわ子」……」

といって母親に天麩羅を勧めている（図80）。

図 80　長屋にテイクアウトされた天麩羅。娘は風呂火鉢で茶を沸し、母親の前には竹皮に包まれた天麩羅が置かれている。『閑情末摘花』初編（天保 10 年）

天麩羅の屋台ではテイクアウトの客にも大根おろしをつけていたが、このときは大根おろしをつけ忘れたため、娘はわざわざ八百屋を起したり、卸し金を借りてきたりして大根を卸し、「卸《おろ》しをかけるとどんなに甘《うま》いか知れないわ子」といって、母親に大根おろしを勧めている。江戸時代の人情本の挿絵には、台所がよく描かれているが、長屋のような狭い台所にも必ずといっていいくらい卸し金が描かれている（図81）。ど

図81　長屋の台所。かまどのそばに庖丁と一緒におろし金が描かれている。『花篋《はながたみ》』（天保12年）

この家庭でも卸し金を備えているのに、この貧しい母娘の家には卸し金すらなかったが、娘は借りてきてまでして大根を卸している。天麩羅を通して娘の母親への思いやりが伝わってくるが、天麩羅を美味しく食べるためには大根おろしが不可欠だったことを物語っている。天麩羅に大根おろしのアイディアは、今、和風ハンバーグなどにも見受けられる。

屋台で天麩羅を食べるときは、串揚げの天麩羅に、天つゆをつけてから、大根おろしをのせて食べるのが江戸っ子スタイルだった。

この物語りにみられるように天

麩羅のテイクアウトもよく行われていた。江戸っ子は、近くの天麩羅屋から揚げ立ての天麩羅を買ってきて、飯のおかずや酒の肴にしている。

(三) 屋台天麩羅の革命児あらわる

天麩羅屋台が繁盛していくなかで、高級天麩羅の屋台が現われてきた。考証随筆家・喜多村信節《のぶよ》(筠庭《いんてい》)の『嬉遊笑覧』(文政十三年)には、

「文化の初ごろ、深川六軒堀に松が鮓とて出き行はれて、世上の鮓一変しぬ。そのすこしまへつかた、日本橋南づめに、やたいみせ出して吉兵衛といへるもの、よき魚共を油あげにして売しに、是又行はれて、好事の者は、それが住る木原店の家に行て、食ものも有しとぞ。是より処々のてんぷら一変したり。但し食物次第に奢れる也」

とある。日本橋の南詰に屋台店を出していた吉兵衛が高級な魚の天麩羅を売り出し、これがきっかけとなって、屋台の天麩羅に変化が生じている。吉兵衛が高級天麩羅を始めたのは文化年間(一八〇四~一八)の少し前、とあるから享和年間(一八〇一

〜〇四）頃のことになる。寛政の改革が終り、十九世紀に入ると食べ物が贅沢になり、高級な天麩羅やすしを出す店が現われている。すしについては後述するが、天麩羅の世界で、革新のパイオニア役を果したのが吉兵衛の天麩羅で、式亭三馬は、話題になっている吉兵衛の天麩羅について長屋の女房に、次のように語らせている。

「本胡麻と云《い》へば日本橋の吉兵衛が天麩羅《てんぷら》は日ッ本一だぞ。ヲヤ　こなたはあれをまァしらねへか。江戸で家体店《やてへみせ》の親玉だはな。おいらは此中《こんぢう》の晩《ばん》、勝《かつ》べいと、あば専《せん》と（いずれも人の名）、おらが内（亭主）と、四人連《よつたりづれ》で立食《たちぐひ》に往《いつ》た。初鰹《はつがつう》の天麩羅《てんぷら》を売《う》る者《ものア》はあすこ一軒《いつけん》だ。何んでもねへといふものなし。いつ何ん時往《いつ》ても大勢の人が覆重《おつかぶさ》つて居《ゐ》る。そしての、傍《かたわき》に蕎麦売《そばうり》が居《ゐ》るから妙《みやう》よ、鶏卵《たまご》を揚《あげ》たやつを温《あつ》ゥい蕎麦《そば》へぶちこんで、ぶつかけで食《く》ふのが千両ス。芹鴨《せりかも》もよし、白魚《しらうを》もいゝが、おいらァ鶏卵《たまご》の方だ」（『四十八癖』三編・文化十四年）

吉兵衛は「家体店《やてへみせ》の親玉」で、初鰹・鶏卵・芹鴨（芹と鴨）・白魚といった高級食材を使った天麩羅を食べさせ、これを目当てに客が押しかけている。鶏卵の天麩羅は、今は高級天麩羅とはいえないが、当時は卵の値段は高く一個二〇文位していた高級食材で、二八そば一杯の値段に相当した。鶏卵は丸揚げにされたのではなかろうか。

(四) 天麩羅そばの誕生

吉兵衛の天麩羅の隣にはそば屋の屋台が出ていた。客はそば屋からそばを買ってきて、それに天麩羅をトッピングして天麩羅そばにして食べている。この光景は、絵入『柳樽二篇』(天保十四年・一八四三)に描かれていて、「てんぷらの味方《みかた》に夜《よ》たかそばやつく」とある(図82)。夜鷹そばが天麩羅の売り上げに一役買っている。絵を眺めると、日本橋南詰の広場には、天麩羅の屋台の隣にそばの屋台が並んでいて、ここは江戸版のフードコートになっている。

こうした江戸っ子のアイディアがそば屋のメニューに取り入れられ、「天麩羅そば」が登場してきた、と考えられなくもない。ここは天麩羅そばが生まれるきっかけとなった舞台、といえそうだ。

天麩羅そばの名は、文政十年(一八二七)に発表された句に、

○「沢蔵主天麩羅そばが御意《ぎょい》に入」(柳一〇四)

と詠まれているのが初見になるからだ。

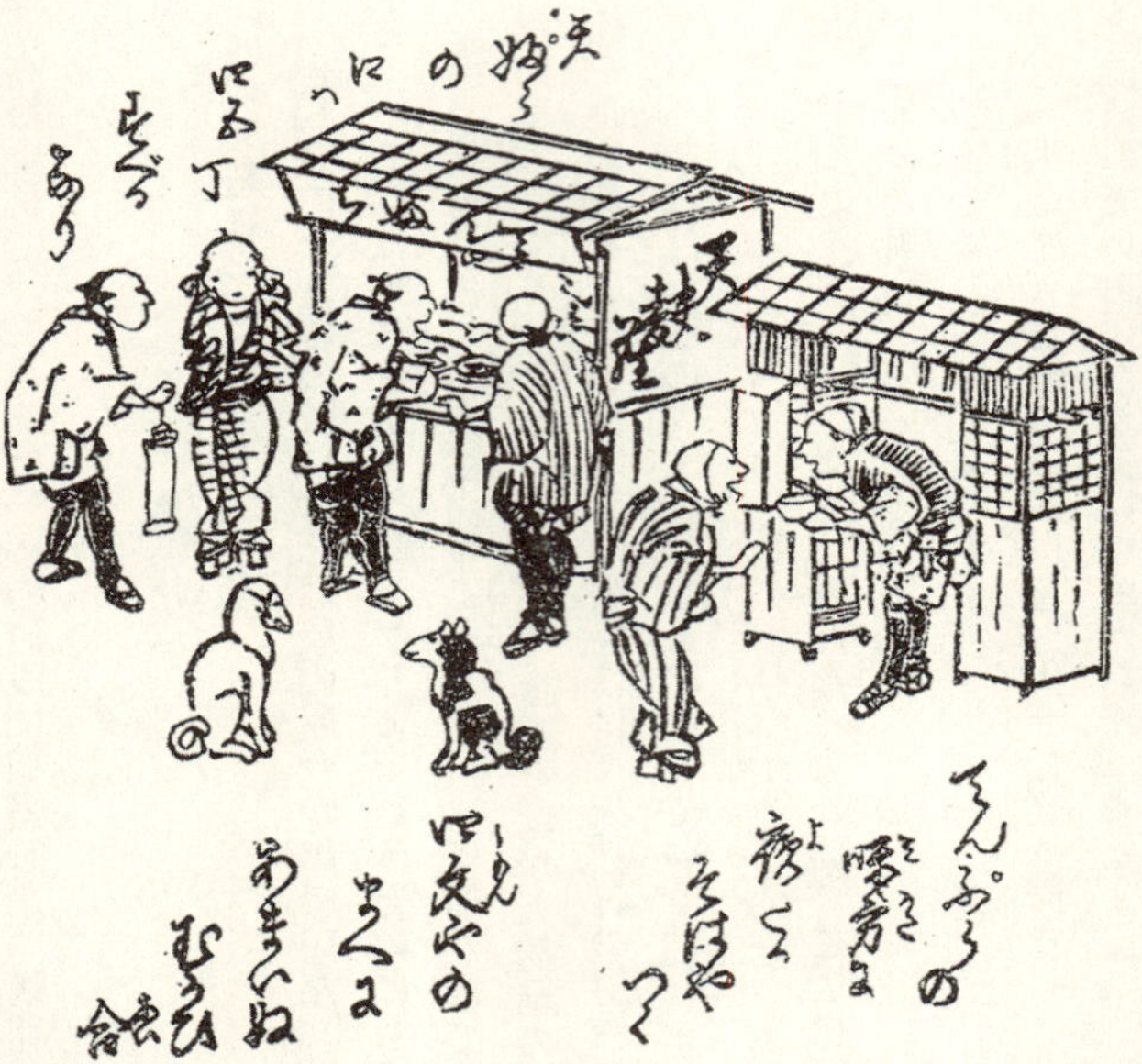

図 82　天麩羅とそばの屋台。天麩羅の屋台の上には「天ぷらの口は四五丁すべるなり」、そばの屋台の下には「てんぷらの味方《みかた》に夜《よ》たかそばやつく」とある。絵入『柳樽二篇』（天保 14 年）

小石川の伝通院の境内にある沢蔵主《たくぞうす》稲荷（現在は東隣に移転。文京区小石川三丁目に所在）に祀られている沢蔵主は、稲荷大明神の化身として伝通院で修行していたとき、門前のそば屋によくそばを食べに行ったと伝えられていた。

この頃にはそば屋が天麩羅そばを出すようになっていたようだが、『江戸見草』（天保十二年・一八四二）に載っているそば屋のメニューに「天ぷらそば三十二文」とあり、『守貞謾稿』「巻之五・生業」にも「天ぷら　代卅二文」「天ぷら　芝海老の油あげ三、四を加ふ」とある。天麩羅そばには芝海老が使われ、もりそばの倍の値段がしている。

そば屋のメニューに天麩羅そばが登場すると、そばと天麩羅の相性はよく、そば屋の主力メニューになっていく。夜そば売りも天麩羅そばを売りはじめ、『春告鳥』二編（天保八年・一八三七）では、風鈴そばが「はな巻、天ぷら、あられでござる。そばイそばイ引」と、売り声をあげて売り歩いている。そば屋では、店で天麩羅を揚げていたものと思えるが、風鈴そばは、天麩羅をどう調達したのであろうか。吉兵衛の天麩羅の場合は、そばを買った人が天麩羅を買ってトッピングしていた。風鈴そば屋は、天婦羅屋台から天麩羅を買ってきて「天ぷら」といって売り歩いていたのではなかろうか。天麩羅とそばの屋台の共存共栄は吉兵衛の屋台以来続いている。

（五）天麩羅屋台の名店

屋台の天麩羅にはおもに胡麻油が使われていたが、三馬の『四十八癖』に登場した長屋のかみさんが「本胡麻と云《い》へば日本橋の吉兵衛」といっていたように、まがい物の胡麻油も出回っていて、『料理網目調味抄』（享保十五年）には「油揚《あぶらあげ》　油はごま・くるみ・かやよし。今種油をいりかへしてごまの油と云て売るは悪し」とある。「いりかへす」とは、加熱したナタネ油に、新潟などから産出される白土《はくど》を入れて、ナタネ油の匂いと色を取ること（白絞油《しらしめゆ》にすること）をいっているようだ（『てんぷらの本』）。こうしたまがいものに対し、本物の胡麻油という意味で「本胡麻」という言葉が使われていたものと思える。

本胡麻と天ダネにこだわった吉兵衛の評判はその後も続いていて、

○「高札のそばで天麩羅鼻へ懸け」（柳七三、文政四年）

と、吉兵衛が自慢げに天麩羅を揚げているのが諷刺されている。吉兵衛の屋台は日本橋南詰の高札場のすぐ近くに出ていて、ここで天麩羅そばが生まれた。その後も、

○「吉兵衛は天麩羅で名もあげた店」（柳別中、天保四年）

吉兵衛は天麩羅を揚げるだけでなく、名も上げたと詠まれたりしている。

吉兵衛の影響で天婦羅屋台の名店が増えていき、嘉永六年版（一八五三）の『細撰記』「丸天屋ぷら」には、名代の屋台が七軒載っている。店名の下に「やたい　本ごまあげ」「名代」とあって、これらの屋台では本胡麻で天麩羅を揚げていることが強調されている（図83）。各屋台には場所が示されているので名物の屋台が毎晩同じ場所に出ていたことになる。この内、人形町に出ている「ひろの」（廣野屋）の屋台が、『江戸久居計《えどくいけ》』（文久元年）に描かれている（図84）。

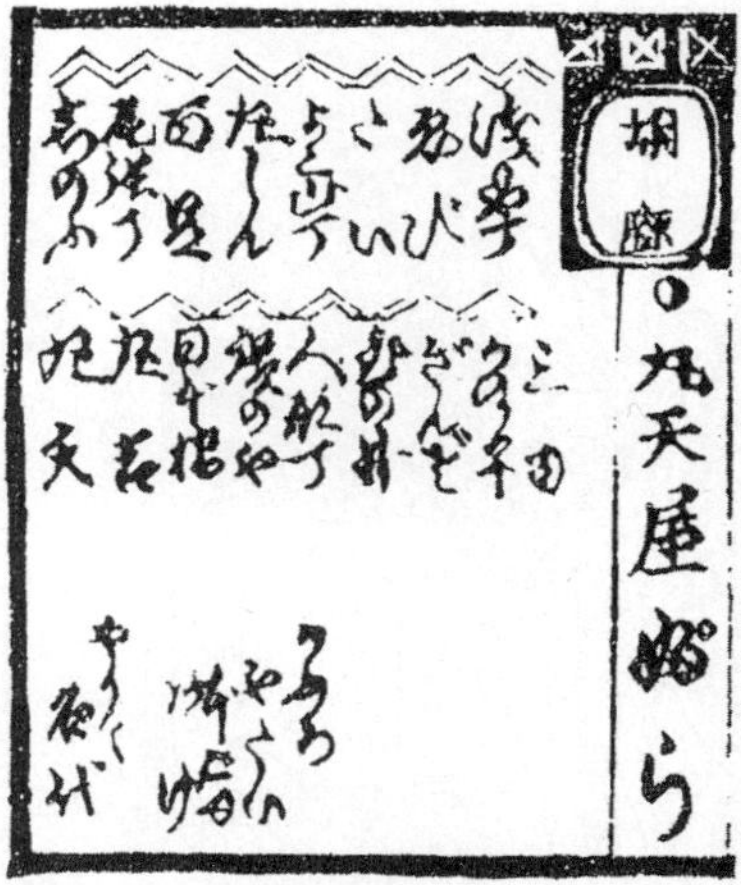

図83　「丸天屋ぷら」の屋台。各屋台には場所が示され、店名の下に「やたい　本ごまあげ」「名代」とある。『細撰記』（嘉永6年）

幕末頃の江戸の町には、名代の屋台を含め沢山の天麩羅の屋台が夜の町に出ていて、『守貞謾稿』「巻之五・生業」には、

図84 「ひろの」（廣野屋）の屋台。(天)のマークがつけられ、天つゆを入れた丼が置かれている。『江戸久居計』（文久元年）

「屋躰見世は鮓《すし》、天麩羅《てんぷら》を専《もっぱ》らとす。その他皆食物《くいもの》の店のみなり。粗酒肴を売るもあり。菓子・餡餅等にもあれども、鮓と天麩羅の屋躰見世は、夜行繁き所には毎町各三、四ケあり」

とある。

廣野屋の屋台にみられるように、嘉永年間ころから天麩羅の屋台は(天)のマークをトレードマークとして付けるようになり、「天麩羅」の看板はあまりみられなくなる。

（六）江戸前の天ダネ

天ダネに使われていた魚介類については、『守貞謾稿』「後集・巻之一」に、

「江戸の天麩羅は、あなご・芝ゑび・こはだ・貝の柱・するめ。右の類、惣じて魚類に温飩粉《うどんこ》をゆるくときて、ころもとなし、しかる后に油揚げにしたるを云ふ」

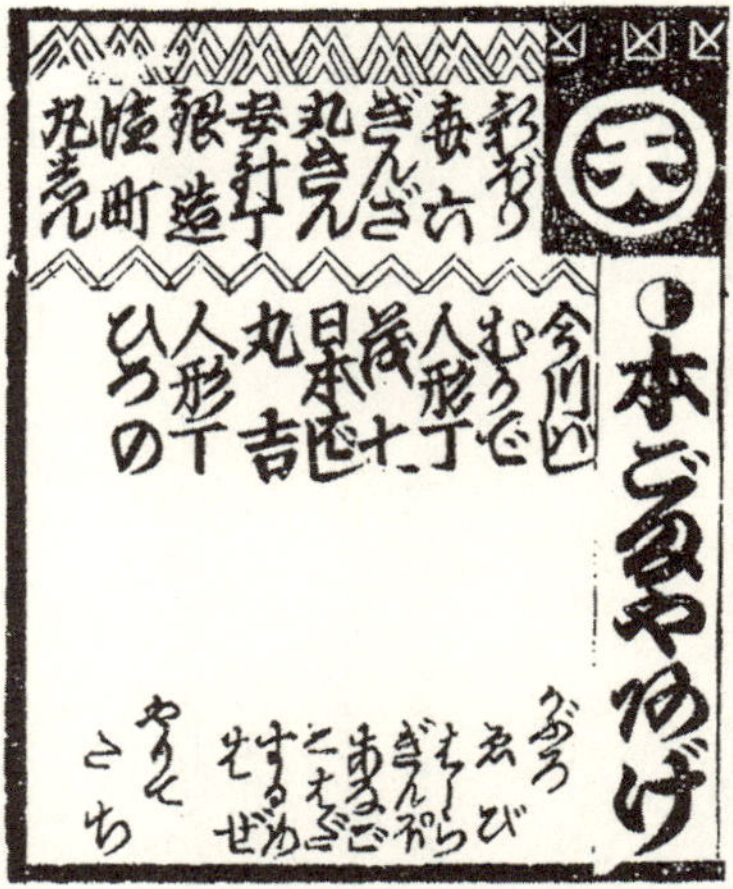

図85 「本ごまやあげ」の店。『歳盛記』（慶応元年）

と出ている。これは屋台の天ダネと思えるが、慶応元年（一八六五）版『歳盛記』「本ごまやあげ」には、八軒の天麩羅屋台の下に「ゑび　はしら　ぎんぽ　あなご　こはだ　するめ　はぜ　こち」といった魚の名がみえる（図85）。

幕末頃の屋台では、芝海老、

アナゴ、貝の柱、コハダ、スルメイカ、ギンポ（ギンポウ）、ハゼ、コチなどが使われている。

芝海老は、代表的な海老天の素材で、大きなものはつまみ揚げ（二、三本いっしょにつまんでイカダのように並べて揚げる）にされたようだ。『守貞謾稿』「巻之五・生業」に、天麩羅そばは「芝海老の油あげ三、四を加ふ」とあって、天婦羅そばには芝海老を三、四本使ってつまみ揚げされている。『本朝食鑑』（元禄十年・一六九七）に、

「また芝鰕《しばえび》といふものがある。大きさは三・四寸にしか過ぎず、殻は薄く白く、手足の鬚も短細で、煮ると淡赤になる。武州の芝江で多く採れるので、こう名づけるのである。至小なものも、美味である。この鰕は、尾州・参州の江浜にも、海西《さいこく》にもあり、土地に拠って呼び名が殊《こと》なっている」

とあるように、芝浦辺で多く捕れたことから、芝海老と名付けられた。

アナゴは品川宿の南にある鮫洲から浜川町（品川区東大井一・二丁目から南大井一丁目）にかけて獲れる「浜川」ものが名物で、明治二十六年生れの銀座天国《てんくに》二代目

図86　「はま川　あなご」の蒲焼を売りものにした店。「新版江戸府内流行名物双六」（嘉永年間）

の主人・露木米太郎は「天だねの話」のなかで、穴子の「産地は品川の鮫洲でとれたものが一番うまいとされ、ここは穴子の蒲焼を売りものにした料亭があったほどでした」といっている（『天婦羅物語』）。

浜川の穴子は蒲焼にもされている。「新版江戸府内流行名物双六」（嘉永年間）には「はま川　あなご」の蒲焼を売りものにした店が描かれ（図86）、『細撰記』（嘉永六年）「しやもや穴五郎」には「濱川　あなご」とあって、一〇軒のアナゴの蒲焼店が載り、「元祖あなごのかば

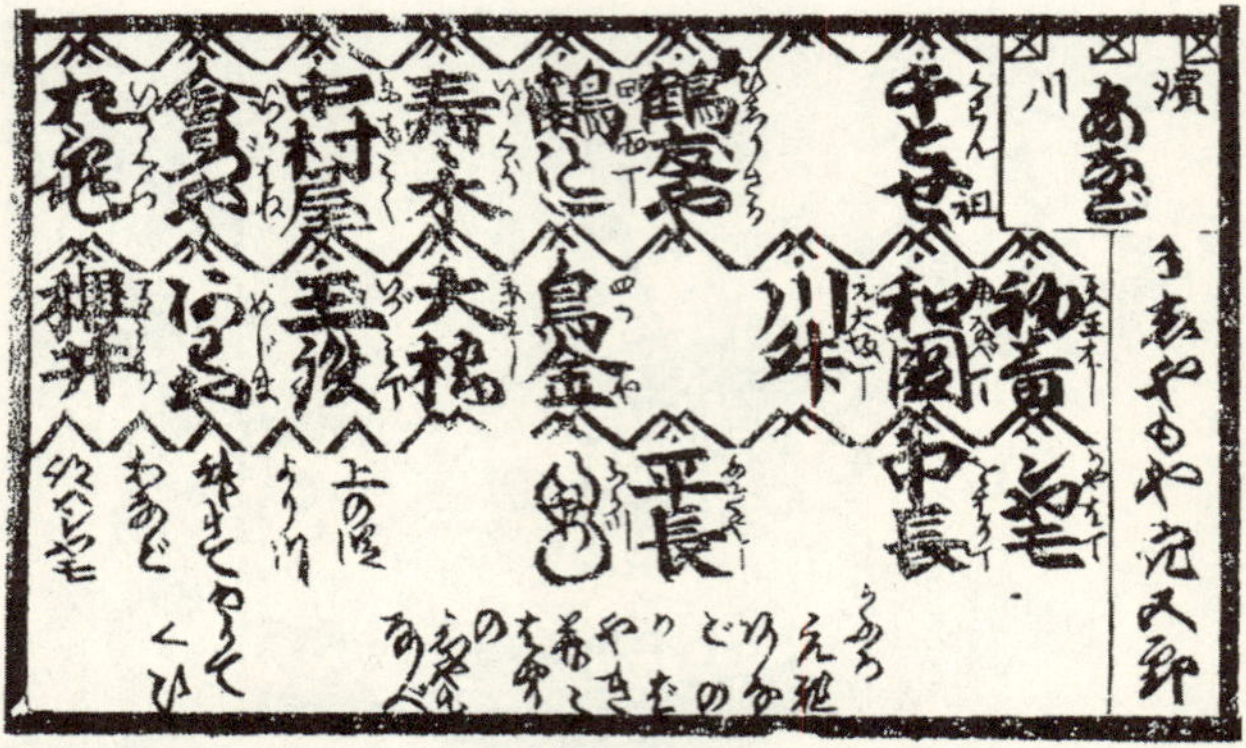

図87　「濱川　あなご」「しやもや穴五郎」の店。19軒の店名が見られるが、「上の段より川升まであなご　跡はシヤモ」とあり、店名の下には「元祖あなごのかばやき丼にはやりのしやもなべ」とある。『細撰記』（嘉永6年）

やき」を名乗っている（図87）。この頃にはアナゴの蒲焼店も多く現われている。

貝の柱は、馬鹿貝の柱のことで、小柱と呼ばれている。馬鹿貝については、『本朝食鑑』に、

「肉は蚶《あかがい》に類して淡赤色である。味は靭《しなしな》であって、食べない。惟《ただ》両柱を採って売るのみである。味は甘く、賞されている。（略）その色は微赤色あるひは白色。春・夏に採って出荷する。現今江都《えど》の漁浦に最も多い」

とある。馬鹿貝は、江戸湾の名産で、

肉は食べないとあるが、江戸では青柳と呼んで食べ、享和年間ころから、すし売りが、青柳ずしを売り歩くようになっている。

コハダについては、すしのところで詳述しているのでそちらを参照いただきたい（二九〇〜二九四頁）。今ではすしダネのほうにお株を奪われて、天ダネに使われなくなっているが、江戸時代には天ダネに使われている。

コチはメゴチのことで、メゴチとギンポは天麩羅になるために生まれてきた魚といわれ、天麩羅にすると抜群に美味いが、他の料理ではうまくない。コチ・ギンポのほかスルメイカやハゼも江戸前の魚である。

江戸前の魚は天麩羅との相性が良い。後述するように、江戸時代は、魚介類を揚げたものだけを天麩羅といっていた。江戸の天麩羅屋は、こうした江戸前の魚を天ダネに使い、美味い天麩羅を客に提供していた。

小柱や芝海老の小さなものは串揚げではなく、かき揚げにされたものと思える。かき揚は手に持って食べにくい。嘉永年間（一八四八〜五四）ころには、天ぷらの屋台でかき揚げを出すようになっていたとみえ、客が箸で挟んで天ぷらを食べているのがみられる（『大晦日曙草紙』十八編、嘉永五年、図88）。しだいに、屋台の天麩羅を箸で食べるのが一般的になり、露木米太郎は、

図 88　(天)のマークが付けられた天麩羅屋台。箸で挟んで天麩羅を食べている。『大晦日曙草紙』十八編（嘉永 5 年）

「明治の頃は、大きな丼になみなみと天つゆを入れて出しております。両脇に小皿を十枚ばかり積み、客はめいめいに揚ったものを竹の箸でつまみ、そのまま例の丼のつゆの中につけ、小皿にとって食べていました。おろしも一般的に大盛にしてありました。少し後になってから、丼におたまが入るようになりました」

といっている（『天婦羅物語』）。明治になると、串揚げの天麩羅はなくなり、箸と小皿が用意されている。

三　金麩羅店の出現

(一) 金麩羅あらわる

吉兵衛の高級天麩羅が評判になっているなか、天麩羅を金麩羅《きんぷら》と名付けて売出した店が現われ、『江戸名物詩』(天保七年・一八三六)に「金麩羅仕出　深川櫓下金麩羅ノ名ハ海邉ニ響ク。會席料理、品ナ最モ鮮シ」と謳われている。金麩羅という名は、天麩羅に高級感を持たせたネーミングであり、かつ、天麩羅の名にも通じる。この店は、タイムリーな時期に、金麩羅を仕出して(売り出して)ヒットし、金麩羅の名が深川で広く知れ渡るようになっている。

その後、金麩羅の名は知名度を増し、天麩羅の別名として通用するようになり、嘉永三年(一八五〇)に成った『皇都午睡』三編上では、「揚物を天麩羅また金ぷらとも」いうとしている。金麩羅を売り物にする店が増え、嘉永六年版の『細撰記』には、二五軒の「金プラ屋ごま」の店が載っていて、「御ひとりまへ百文より五十六もん　ねだんいろいろ　てがるにござります」とある(図89)。

『江戸名物詩』の「金麩羅仕出」の店は会席料理店で、料理の一品として金麩羅を

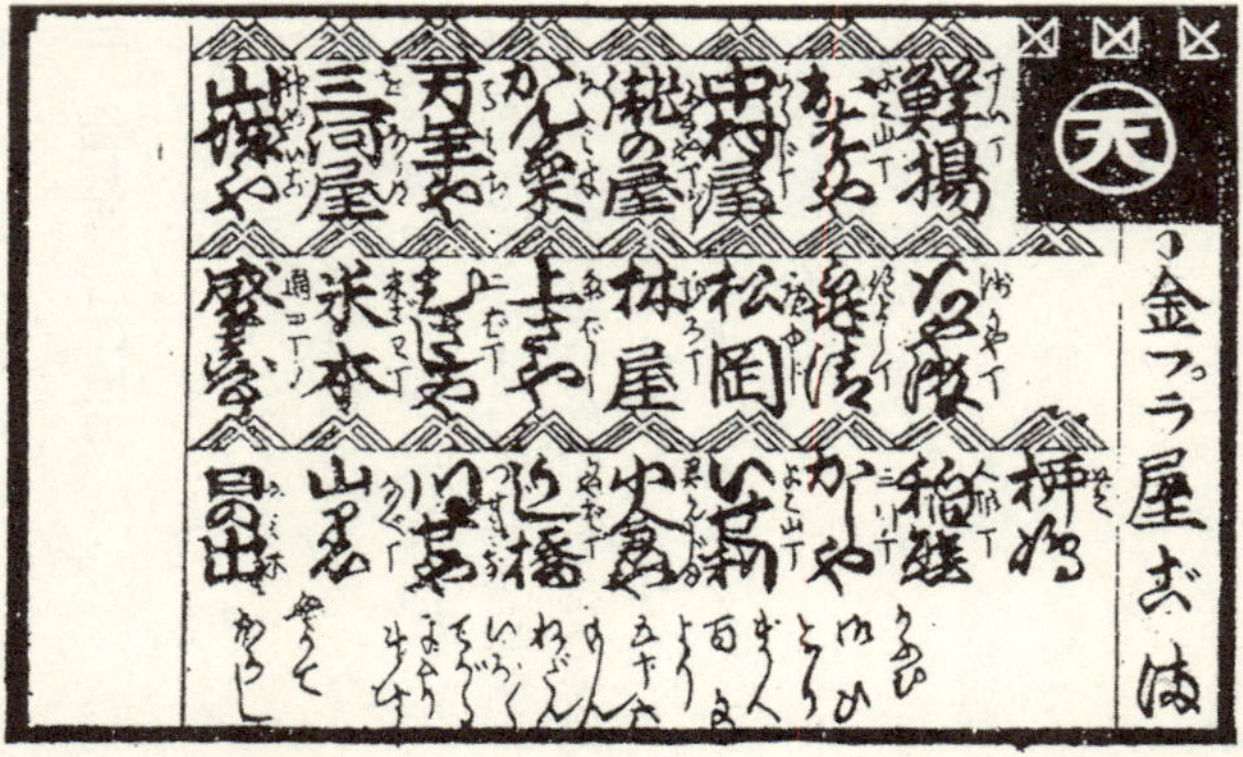

図 89　「金プラ屋ごま」の店。25 軒の店名が載っている。『細撰記』（嘉永 6 年）

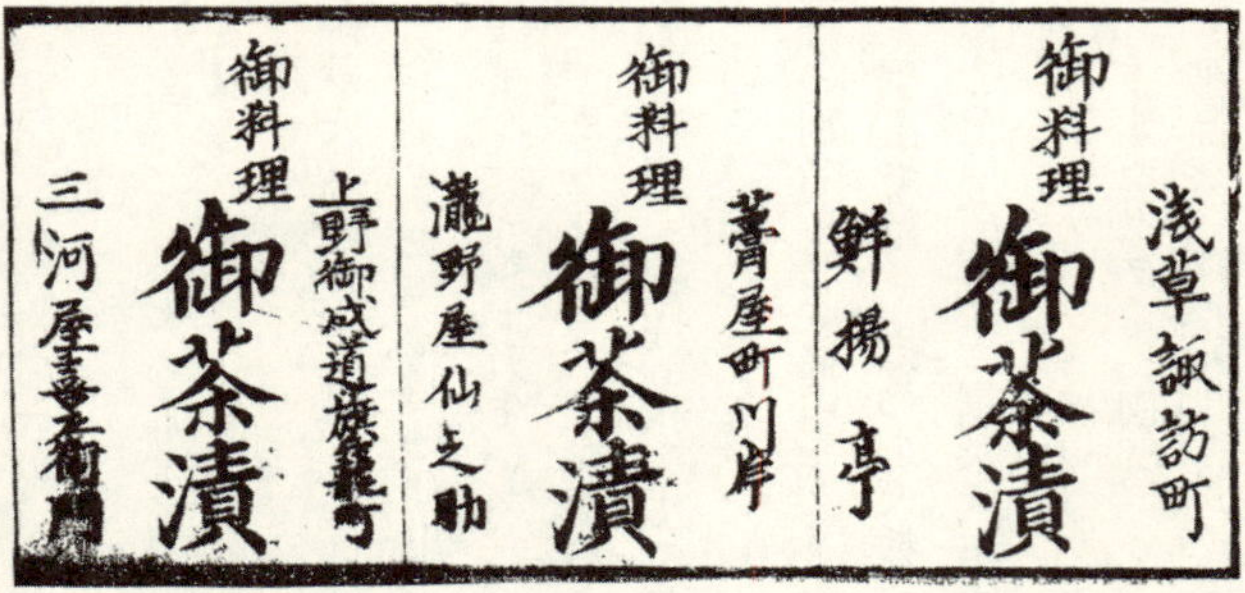

図 90　「御料理・御茶漬」の店として載っている「鮮揚亭」「瀧野屋」「三河屋」。『江戸名物酒飯手引草』（嘉永元年）

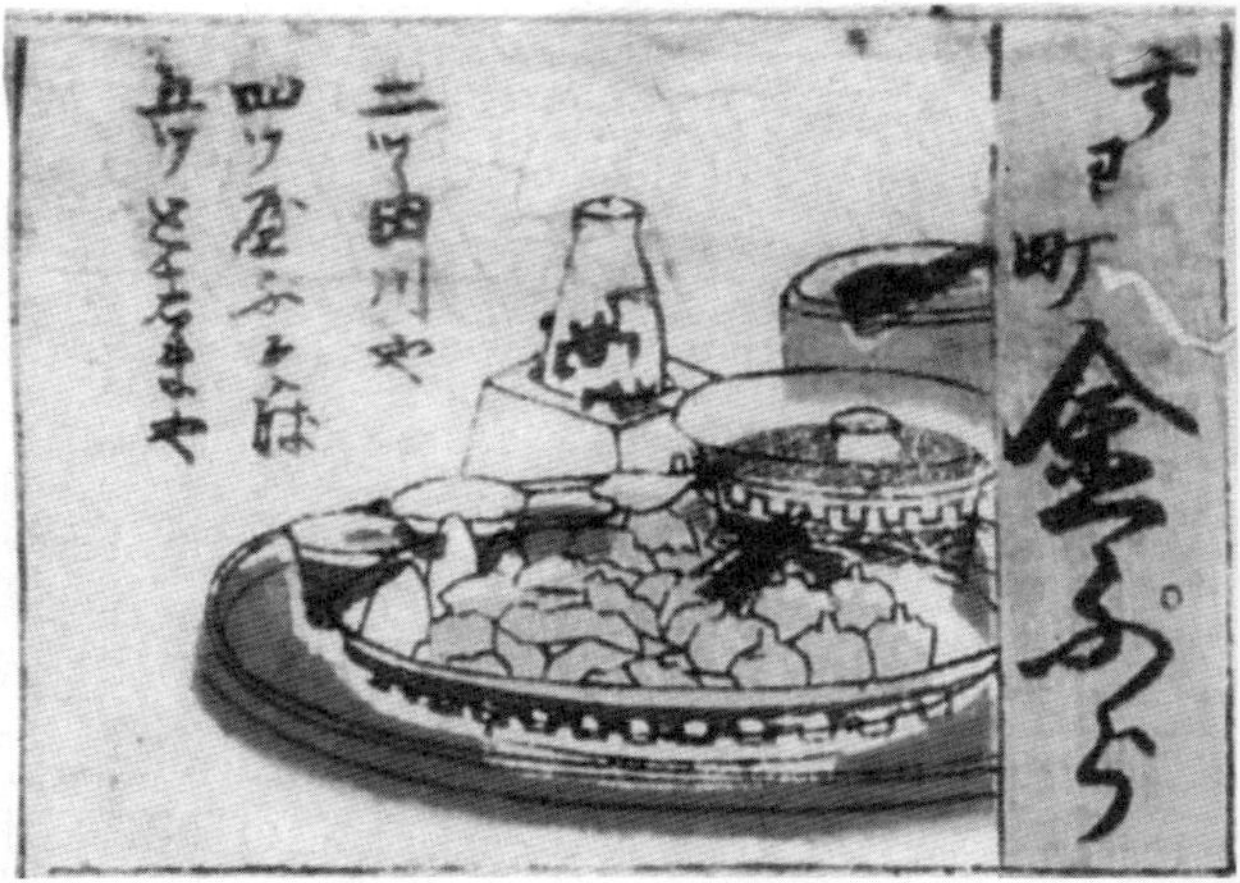

図91 「すわ町　金ぷら」の店。金色の天麩羅が皿に盛られている。「新版江戸府内流行名物双六」（嘉永年間）

出していたが、「金プラ屋ごま」に載っている店の内、「鮮揚」「瀧の屋」「三河屋」といった店は、嘉永元年刊の『江戸名物酒飯手引草』には「御料理・御茶漬」の店として載っている（図90）。「新版江戸府内流行名物双六」に「すわ町　金ぷら」の店として描かれているのは、このうちの浅草諏訪町の「鮮揚亭」のようで、黄金色《こがねいろ》をした天麩羅が皿に盛られている（図91）。

「金プラ屋ごま」の店は、天麩羅専門店ではなく、金麩羅を売り物にした茶漬店や料理店のようだ。

『童謡妙々車《わらべうたみようみようぐるま》』廿三編（明治

二年）には「珍麩羅　御茶漬　つかみ料理　御好次第」の看板がかかった店が描かれている（図92）。店の前に二人の人物が立っているが、一人が「あれあの表に看板のかけてあるてんぷら屋、あそこの座敷でゆるゆると。もし今日はわたしがご馳走をいたしましせう」といって、連れの一人を誘って店に入り、座敷に上がって、「つかみ料理」（酒の肴）を注文し、酒を酌み交わしている。登場人物がこの店を「てんぷら屋」といっているので、看板の「珍麩羅」は金麩羅の洒落で、この店は金麩羅と茶漬のほか、いろいろな酒の肴を取り揃えている金麩羅茶漬店である。金麩羅茶漬店とは、どのような店かを、眺めることが出来る。

（二）金麩羅とは

金麩羅と天麩羅の違いは、ネーミングだけでなく、コロモにも違いがあった。金麩羅とは何かについて、本山荻舟は「衣に小麦粉の代りにそば粉を用いたもの」（『飲食事典』）といい、露木米太郎は「主として椿油を使い、衣は片栗粉か吉野葛を使い、それを卵の黄身だけで溶いたもの」（『天婦羅物語』）といっているが、江戸時代には、金麩羅の揚げ方を示す史料は、見当たらない。明治時代になると、

（一）「金ぷら　玉子を上正麩《じやうしやうふ》（上等の小麦でんぷん）にて解《と》き揚《あ》げるなり」（料理書『女房の気転』明治二十七年）

（二）「金麩羅《きんぷら》は、天麩羅の衣《ころも》に卵黄を交へたるものなり」（『東京風俗志』明治三十四年）

（三）「豚の金麩羅　豚のロース肉を薄く切りて、縦二寸、横一寸ぐらいの短冊につくり、庖丁の平にてたゝき、これに米利堅粉《めりけんこ》を溶解《とか》したるを附け、更に鶏卵の黄身をぬりつけ、胡麻の油にて揚げるのであります。出すときは天麩羅と同じであります」（『料理のおけいこ』明治四十年）

とでていて、大槻文彦の『大言海』にも「近年、鶏卵の黄身ヲ加ヘテ色黄ナルヲ、きんぷらト云フ」とある。明治期にはコロモに鶏卵を交ぜて黄色く揚げたものを金麩羅と呼んでいる。鶏卵、特に卵黄をコロモに加えれば黄色く揚がり、金麩羅の名に相応しいものになる。

江戸時代も、高価な鶏卵をコロモに使った天麩羅を金麩羅と呼んでいたものと思える。

鶏卵の値段がしだいに安くなって、天麩羅のコロモに鶏卵を使うのが当たり前に

御好次第」と書かれている。『童謡妙々車』廿三編（慶応４年）

図92　「珍麩羅　御茶漬」の店。掛行灯に「珍麩羅　御茶漬　つかみ料理

なっていくと、金麩羅の名はあまり使われなくなる。

(三) 茶漬店と天麩羅

半世紀以上の屋台時代を経て「金プラ屋ごま」店が天麩羅を出すようになったが、天麩羅専門店が生まれるまでにはもう少し時間がかかり、店で天麩羅を食べるときは茶漬店で食べるのが一般的だった。江戸では、安永年間(一七七二~八一)頃から茶漬店が流行しだし、『金草鞋』十五編(文政五年)には茶漬店の賑いが描かれているが、嘉永年間頃には多くの茶漬店があって繁昌していた(図93)。

はじめは金麩羅のような高級天麩羅を出す茶漬店(「金プラ屋ごま」店)で天麩羅を食べていたが、一人前五六文から一〇〇文していて、安くはなかった。江戸庶民の多くは一人前二四文から四八文で食べられる天麩羅茶漬店で天麩羅を食べるようになる。

序章で紹介した、幕末から明治の初めにかけての江戸の様子が記された『江戸の夕栄』には、

「天麩羅は上流の料理に出さぬではなきも、多くは即席料理店の出し物にして天

図 93　茶漬店の店内。この店では一膳十二文で茶漬が食べられる。『金草鞋』十五編（文政 5 年）

麩羅専門店というほどの家はあらず。多くは家台見世のものにて天麩羅茶漬店（では）、飯付き一人前二十四文か三十二文、せいぜい四十八文ぐらゐのものにして、百文となりしは維新になってからと記憶しています」

とある。

　嘉永五年（一八五二）に、江戸は下谷で生まれた彫刻家・高村光雲は「御維新前後」の話として、「茶づけ」というものがひどく流行《はや》っていて、「しがらき茶づけ」、うまい奈良漬をつけてくれた「奈良茶づけ」、「あけぼの茶づけ」、「宇治の里」、五つの珍しい品をつけた「五色茶づけ」、漬物の変わったのをいろいろ取り揃えて出した「七色茶づけ」などがあったことを述べたうえで、「天ぷら茶づけ」に触れ、

「この頃は、天ぷら屋といって天ぷらだけを食わせるのはたいていは屋台で、家をもっているものは、必ず何々茶づけというのをやっていた。日本橋の通三丁目に「紀伊国や」という天ぷら茶づけ、ひどく評判だったが一人前七十二文とった(金麩羅の店では)。ふつうは、まずちょっとしたところで三十二文、百文即ち一銭あれば一日食って廻れたものである」(『味覚極楽』)

といっている。天婦羅茶漬店では安い値段で天麩羅を食べることが出来、江戸の庶民が店で天麩羅を食べるときは、天婦羅茶漬店で茶漬と一緒にさっぱりと食べていた。天麩羅茶漬店の出現によって、天麩羅は店でも食べるものとなり、ほどなく天麩羅専門店が現われる。

四　天麩羅専門店の出現

（一）天麩羅の名店あらわる

『武江年表』「続編」（明治十一年）の「附録」には、明治初め頃に流行したことが載っているが、「テンプラ屋。近頃これを商ふ家次第に増したり」とある。明治時代になると天麩羅専門店が現われ、明治十八年版『東京流行細見記』「本胡麻屋あげ」には、「木原店中宗」など三五店の名がみえ、東京の各地に天麩羅の名店が出現している（図94）。

明治二十三年刊の『東京百事便』は、こうした名店のうち一〇軒を取りあげて、それぞれの店の特徴を紹介している。

「天麩羅屋

○天金　銀座四丁目にあり。都下有名の天麩羅店なり。一人前並等金拾五銭（三種）以上好み次第にて調進す。紳士連と雖も、天麩羅を嗜む者は同じく一室に雑食す。又此家の奇事とも云ふべきは、雇男共何れもチョン髷にて散

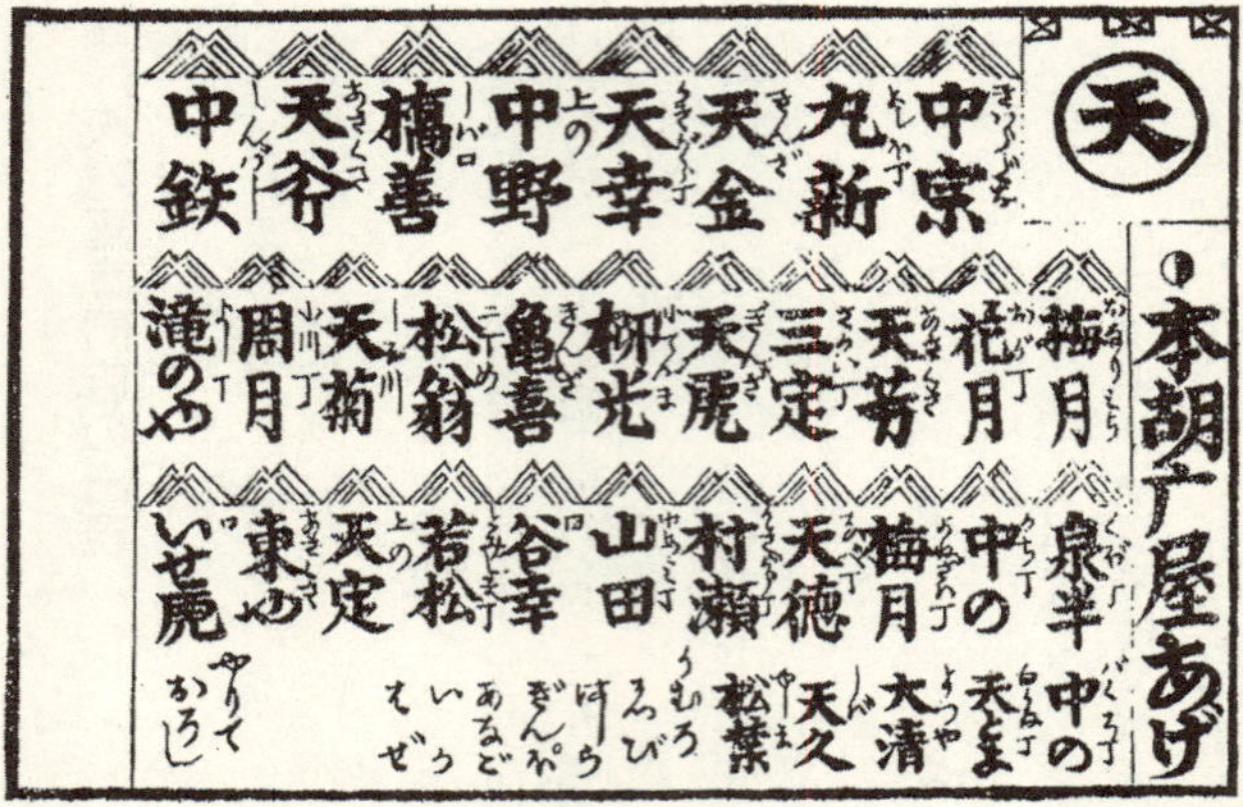

図 94　「本胡麻屋あげ」の店。35 軒の店名がみえる。『東京流行細見記』（明治 18 年）

髪の者は一切雇ぬよし。

○金麩羅　日本橋の北、木原店にあり。家の造り凡て意気にして、其の金麩羅は昔より名代なり。此辺飲食店最も多きが中にも調理の好風味の評判を以て繁盛頻《ひきり》なり。

○丸新　日本橋区塩坂新道にあり。即席料理をも調理し、家の構ひも鄙《いやし》からず。粋客連の一酔に適すべし。

○梅月　神田御成道にあり。数年前迄は、元と吉原稲本楼の全盛たりし小紫、主婦となり居たれば、人此家を呼で娼婦《おいらん》天麩羅と云ふに至り。大繁盛なりしが近時、代替りとなれり。
○伊勢寅　浅草広小路電信局の向門にある家なり。安料理も兼ぬ。雑客常に多し。
○丸万　両国広小路にあり。此辺にて天麩羅の有名なり。好みに依ては即席料理も調進す。
○吾妻屋　浅草広小路電信局の側にあり。天麩羅を以て専業とし、外に手軽の即席料理をなし、廉価を以て殊に客足多し。
○長谷川　新吉原江戸町二丁目にて写真館の隣にあり。仲での名代なる天麩羅店なり。
○天寅　銀座通りの東側にあり。天麩羅一味の家にしても風味殊に宜しくして雑客常に多し。
○天銀　浅草公園観音堂通りの角にあり。惣菜料理をも兼ぬ。一寸一杯と云ふ家なり」

「天金」は『東京名物志』（明治三十四年）に「此家の天麩羅を食はざる者は未だ天麩羅を語る能《あた》はず。其《その》一人前、他より高値なれども其《その》分量多し」と激賞されている東京随一の名店である。明治二十年の「そば（もり・かけ）」の値段が一銭、「入浴料」が一銭三厘、明治二十五年の「日雇労働者の賃金」が十八銭だった（『値段の明治・大正・昭和風俗史』）。それに比べ、この店の三種盛りは「並」でも十五銭と高かったが、量は多かったようだ。客は入れ込み座敷で天麩羅を食べている。店員がチョン髷で働いているのは時代を感じさせる。「天金」は店舗を変えながらも営業を続けていたが昭和四十六年に閉店した。

「金麩羅」の店は、店名が書かれていないが、木原店にあって「金麩羅は昔より名代なり」とあるので『東京流行細見記』の筆頭にみえる「きハらだな中宗」と思える。木原店は日本橋南詰のすぐ近くにある横町の名で、日本橋南詰には先の吉兵衛の屋台が出ていた（二三七頁）。『嬉遊笑覧』に、吉兵衛の屋台が評判になり、「好事の者は、それが住る木原店の家に行て、食ものも有しとぞ」と記されている。吉兵衛は自宅でも天麩羅を揚げていたようなので、この店はその子孫か後継者が経営する店かも知れない。

「丸新」の名は、嘉永六年『細撰記』「丸天屋ぷら」（屋台天麩羅）に「よこ山丁丸しん」と出ている。もし同じ店だとすると、屋台から出発して、「家の構ひも鄙《いやし》から」ざる天麩羅店に発展したことになる。天金も屋台店からスタートしている。

その他の店は省略するが、天金でも入り込み座敷になっているし、ほとんどの店で天麩羅以外の料理も出している。

このような有名店でも、店の正面の一部が屋台のようになっていたようで、露木米太郎は、

「大正十二年の関東大震災を契機として、天ぷらの店の構えもかわってきました。大正末期から昭和にかけて、店の造りは大きく、豪華になってきたが、それまで、つまり明治から大正初期頃までの店は、店頭の正面、向って右か左に屋台（揚げ場）を設け、そのどちら側かが入口になっており、ちゃちな硝子戸か油障子がはまっていました。しかし油障子の方は、日露戦争以後、姿を消しています」（『天婦羅物語』）

といっている。『守貞謾稿』「巻之五・生業」には「鮓と天麩羅の屋躰見世は、夜行繁き所には毎町各三、四ケあり。因みに云ふ、天麩羅は自宅にて売るにも必ず宅前にこれを置き、鮓店にはあるひはこれを置き、あるひは置かず」とある。江戸時代の天麩羅店は、店内に揚げ場を設けず、店の前に屋台を置いていたが、明治時代に

図95　屋台を店の正面に取り込んだ天ぷら屋

なると屋台を店の正面に取り込むスタイルに変化している（図95）。

(二) お座敷天麩羅はじまる

明治の中ごろの天麩羅店では、追い込み座敷で天麩羅を食べさせていたが、やがて一部屋に一組の客を入れ、客の前で揚げ立ての天麩羅を食べさせるお座敷天麩羅が現われてきた。そのさきがけをなしたのが、福井《ふくい》扇夫《せんぷ》の出揚《であげ》座敷天麩羅で、『粋興奇人伝《すいきょうきじんでん》』（文久三年・一八六三）に、

「近年鮮麩羅《せんぷら》の出揚《であげ》てふことを工夫して、これを業《ぎょう》とするに、その業《わざ》、一時に行はれて、世の通客、せんぷ

図 96　福井扇夫の出揚げ天麩羅。『粋興奇人伝』（文久 3 年）

らを味あはざる者なく、ここにおいて扇夫の名、ほとんど高し。世俗称《たた》へて大名天ぷらとよぶ」

とあって、扇夫の出揚げ天麩羅が世間の注目を浴びている（図96）。扇夫の出揚げ天麩羅のやり方やその後お座敷天麩羅が現われてきた様子について、浜町二丁目の天麩羅店「花長」の主人が次のように語っている（『月刊食道楽』明治三十八年十二月号）。

「座敷天ぷらの元祖と申しま

したらば、先ず代地の扇夫さんあたりで御座いませう。しかしこの方《かた》時分には只今程に仕掛《しかけ》がと、のつて居りませんから、普通のコンロと小鍋を持つて出揚げに参ります。種はイサ箱のやうな物へキメて行きます。そうして先様のお座敷へ伺つて一寸腰衣《こしぎ》のやうな前掛を締めて、毛氈を敷《しい》た上へ道具立を揃へて揚げましたものだそうで、油が残るやうな場合には、お愛敬に玉子のから揚げ位を拵へて出したと承つて居ります。其後《そののち》、お近い所で座敷天ぷらと云ふ看板をかけてやりましたのが不忍《しのばず》の岡田が始りで御座いますが、是は私が揚方《あげかた》を引受まして致しましたのが、殊の外評判になりまして、大層に繁昌した次第で有《あり》ますが、私が岡田を退きまして此度《このたび》御当所（浜町）へ開店いたしましたに付きましては、今迄のやり方へ更に及ぶだけの改良を加へまして道具立致しました訳で、御覧の通り私が真中の鍋の前へ陣取りまして揚物を致します。左右には手廻りの道具と魚を扣《ひか》へまして、鍋の前は金網を張りました置台で、此上へ洋紙を二ツ折に致しましてそれへ揚げた物を載せますと、又其前がグルリと丸い食卓で御座いまして、此廻りへお客様がお座りに成る順序で、成るべく綺麗事《きれいごと》に致したい所からおめいめい（銘々）へ白の膝掛《ひざかけ》を出しますのと、又召上つて仕舞つた跡で機械へ掛けて湯気で蒸した手拭をお口ふきに出しますのなどが聊《いさゝか》の注意の積りで御座います」

扇夫は、加熱器具から天ダネまで天麩羅を揚げるのに必要なもの一式を持ち込んで出揚げしている。そして、扇夫の出揚《であげ》天麩羅が引き金になってお座敷天ぷらが生まれ、明治三十八年には「花長」のような斬新なお座敷天麩羅店が出現している。「花長」のお座敷天麩羅は、揚げたての天麩羅を提供する設備を整え、食事中には膝掛（ナプキン）を用意し、食後には暖かいおしぼりを出すといったきめ細かいもてなしを行なっている。こうして明治末期ころには、お座敷天麩羅が流行し出し、木下謙次郎は『続々美味求真』（昭和十五年）のなかで

「屋台天麩羅を極度に高級化したものに、お座敷天麩羅と云ふのがある。床間付きの堂々たる座敷に揚げ鍋が設けられ、前に座を占めたブルジョアー連が、屋台情緒にひたりつゝ快喫するのである。浜町の花長を魁として、現今市内至るところに流行を極めてゐる」

といっている。屋台天麩羅が高級化して、いきついたところがお座敷天麩羅だった。

（三）天麩羅と精進揚

明治時代には天麩羅の名店が多数現われたが、『東京風俗志』（明治三十四年）に、

「天麩羅は、また都人の好むで食ふ所にして、これを売る店太《はなは》だ多く、概ね安料《やすれう》理《り》を兼ぬ。普通は天麩羅御膳《てんぷらごぜん》・天丼《てんどん》にして、天麩羅御膳は、単に飯に天麩羅を副へ、天丼は丼飯《どんぶりめし》に天麩羅を煮て、これを交ふ。恰《あたか》も蒲焼御膳《かばやきごぜん》と鰻丼《うなぎどんぶり》の差あるに似たり。天麩羅の魚肉を交へず、専ら八百屋物を以て揚げたるを精進揚《しょうじんあげ》と称ふ」

とある。東京市民が天麩羅店で普通食べていたのは、天麩羅御膳（天麩羅定食）や天丼だったようだが、当時の天麩羅店では、今と違って天ダネに野菜類を使っていなかった。

『守貞謾稿』「後集・巻之一」に「江戸の天麩羅は、（略）惣じて魚類に温飩粉《うどんこ》をゆるくときて、ころもとなし、しかる后に油揚げにしたるを云ふ。菜蔬の油揚げは江戸にてもてんぷらと云はず、あげものと云ふなり」とあるように、江戸時代には魚介類を揚げたものだけを天麩羅といっていた。この考えは明治時代にも受け継がれ、『東京風俗志』には今引用したように、「天麩羅の魚肉を交へず、専ら八百屋物を以

て揚げたるを精進揚《しょうじんあげ》と称ふ」とある。料理書にも、天麩羅と精進揚とを区別して説明しているのがみられ、

（一）『日用惣菜之栞』（明治二十六年）は、天麩羅の揚げ方を「天麩羅の調理秘訣」（魚介類の揚げ方）と「精進揚げの法」（野菜類の揚げ方）に別けて記載

（二）『簡易料理』（明治二十八年）では、「精進揚」は「さつまいも、蓮根、牛蒡、馬鈴薯、菊葉等に小麦粉汁《ころも》をかけ、油あげに」するのに対し、「天婦羅」は「ころもの中に鰕《えび》、沙魚《はぜ》、はしら、こはだ、ぎんぽう、あなご等をまみり、胡麻油の中にてあげ、みりんと醬油につけて食す」

（三）『料理手引草』（明治三十一年）には、「揚物とは、油にてあぐる物を云ふ総称なれども、今、普通には、魚類の揚げたるを天麩羅と云ひ、精進物のを揚物といへり」

とある。天ダネに野菜類が使われるようになったのは、露木米太郎によると、

「震災後、関西の料理屋が多く東京へ進出してきて、関西風の天麩羅を食わせる

ようになりましたが、つゆは出さず、食塩をつけて出しました。と同時にギンナンとか三ツ葉といったものをタネにした、いわゆる野菜揚げが御目見えしたのです。それ以前、東京でも「花長」とか、「ヒゲの天平」とかいった店は野菜揚げを出してはいましたが、一般の店では当時野菜揚げは出していません」(『天婦羅物語』)

といっていて、関東大震災後のことのようだ。

天麩羅御膳で出された天麩羅は魚介類の天麩羅で、茶漬ではなく、飯を添えて出されている。天麩羅は茶漬から飯へとパートナーを代え、天丼も生まれている。

(四)天丼の登場

天丼は明治時代になって登場してくる。天麩羅の屋台では、設備や道具を考えると、温かい飯に天麩羅をのせて出すのは難しい。江戸時代にはさまざまな食べ物の屋台が出ているが、飯を出しているのはすしの屋台だけだった。すしならば温かい飯でなくてもよいからだ。天丼は天麩羅店から生まれてくる。

『東京名物志』(明治三十四年)には、天麩羅店の名店が一〇軒紹介されているが、そのなかに「仲野　天丼の元祖なり。廿五、六年前主人始めて七銭にて売出す」とあって、神田鍛冶町の仲野という店が初めて天丼を売り出したとしている。『月刊食道楽』（明治三十八年十一月号）にも「天丼は神田鍛冶町の仲野が元祖なり。明治七、八年頃よりのことなり」と紹介されていて、『東京名物志』のいうところと辻褄が合う。天丼は、明治八年（一八七五）頃に神田鍛冶町の仲野という天麩羅店が売り出したようだ。露木米太郎は、

「江戸特有な味を持つ天丼の汁の作り方については、各店の主人達が大変な苦心をして他店の天丼を知られぬように食べに行き、他店のよい味を少しでも自分の店の汁に取り入れて、勉強と競争をしておりますので、天丼の味こそ東京名物で、他地方には絶対に追随を許さない江戸の持ち味とでも申せましょう」（『天婦羅物語』）

といっている。東京の天麩羅店は天丼用の天つゆの工夫を積み重ねて天丼を東京名物に仕立て上げていった。天丼の誕生はうな丼より半世紀後になるが、うな丼人気に追いつき東京の名物食になった。

第四章　握りずし屋の誕生と発展

一　握りずしのルーツはなれずし

（一）税として納められていたすし

そば切り、蒲焼、天麩羅の江戸名物食が出揃ったところに、握りずしが登場してきた。握りずしは、四大名物食の中では一番新しい食べ物になるが、すしの歴史ということになると、このなかでは最古の歴史を有している。日本人はすしの原形といわれているなれずしを一三〇〇年前に食べていた。

なれずしとは、塩漬けにした魚を飯と一緒に容器に入れて重石をし、長期間漬け込んで作る魚の漬物で、飯の乳酸発酵によって魚肉が熟成し、酸味を帯びた魚の発酵食品が出来上がる。今に伝わる近江《おうみ》（滋賀県）の鮒ずしが有名である（図97）。

新井白石は『東雅』(享保二年)のなかで、「鮨　スシ。(略)スとは醋也。シは助詞也。魚を蔵するに飯と塩とを以てし、其味の酸を生ぜしものなれば、かく名づけしなり」、つまり「醋《す》し」(酸っぱい)から「鮨」の名が生まれたといっている。

図97　滋賀県の鮒ずしの漬込み。桶の上に重石が載せられている。

なれずしは奈良時代に税(貢納品)として納められていた。養老二年(七一八)に制定された『養老令』「賦役令《ふやくりやう》」によって成年男子(二一歳から六五歳まで)は、租税の一つ「調《ちよう》」を貢納(納税)することが課せられていた。調は繊維製品で納めることが基本になっていたが、その他の指定された品(調の「雑物《ざふもち》」といった)でも納めることが出来、この中にすしが含まれていて、すしで納める場合は「鰒《あわび》の鮓二斗」か「貽貝《いがい》の鮓三斗」、または「雑《くさぐさ》の鮨五斗」を納めるよう定められていた。

奈良時代、政府はこうして国民からすしを税として取り立てていた。日本人の鮨好きは一三〇〇年前に始まっていたことになる。

調のすしは、アワビやイガイ（ムール貝に似た日本で古くから食されていた貝）のすし以外（「雑の鮨」）でも納めることが出来たわけだが、実際にどのようなすしが納められていたかは、納税者（貢納者）が納税品に付けていた荷札（木簡）が発見されていて、アワビ・イガイ・フナ・タイ・カツオ・コノシロなどのすしが納められている。

このうち、イガイは、今はすしダネに使われることはないが、フナは滋賀県の名産鮒《ふな》ずし（なれずし）として賞味されているし、アワビ・タイ・カツオ・コノシロ（コハダ）は、現在もすしダネの定番になっている。

すしの表記については、古代中国では「鮓」はなれずし、「鮨」は塩辛の意であったが、この字が日本に入って来る前に混同されていて、日本ではすしと呼ぶものに鮓と鮨の字を宛てていた。江戸時代になると縁起をかついだ「寿し」が加わる。

平安時代にも、なれずしが政府に貢納されていて、平安中期の法典『延喜式』（延長五年・九二七）には、諸国から貢納されるすしが載っているが、フナずし、アワビずし、イガイずし、イガイとホヤの混ぜずし、アメノウオずし、サケずしといった魚介類のすしのほかイノシシずし、シカずしの名が見え、獣肉のすしも貢納されている。

なれずしは出来上がるまで長期間を要し（現在のフナずしでは一、二年）、ペースト状になった飯は捨てて、魚だけを食べていた。

（二） 生なれ・早ずしの誕生

室町時代になると、漬けこみ期間を短くした「生なれ」（「生なり」とも）が作られるようになる。『親元日記《ちかもとにつき》』の文明十三年（一四八一）正月二十七日に「伊庭かたより鮒生成十進上」、『山科家礼記《やましなけらいき》』の文明十八年四月四日に「寺家殿よりナマナリノアラマキ　給《たまはり》　候」と出てくるのが早い例で、生なれは進物用にされている。

生なれは、飯はいくらか酸味を帯びているが、魚は十分に馴れていない、生々しいうちに食べるすしで、早い場合は四、五日で食べた。イエズス会宣教師らによって編纂された『日葡辞書《にっぽじしょ》』（慶長八年・一六〇三）に「生成りな鮨　魚を漬けて一種の保存食物としたもので、それがまだ十分出来上がっていないもの」と説明されている（『邦訳日葡辞書』）。

図98　「飯鮨師」。鮒ずしの漬け方によく似ている。『人倫訓蒙図彙』（元禄3年）

生なれは、日本人にとって大切な主食である米（飯）を無駄にしないで魚と一緒に食べた。この段階に進んで、すしは副食的なものから主食的なものへと姿を変えた。

すしに漬けた飯を食べるようになると、魚よりも飯を主体にした「飯《いい》ずし」が生まれた。俳諧の作法書『毛《け》吹草《ふきぐさ》』（寛永十五年・一六三八）の「諸国名物」には「山城　六条　飯鮨《イヒズシ》」「大和　奈良　飯鮨《イヒズシ》」が載っていて、江戸初期には六条飯鮨（京都）や奈良飯鮨が名物になっているが、六条飯鮨は、飯の上に乾魚の皮、松茸、竹の子、茄子などをのせて漬けこんで作られている（『雍州府志』貞享元年・一六八四）。こうした飯ずしを漬けている様子が『人倫訓蒙図《じんりんきんもうず》彙《い》』（元禄三年・一六九〇）「飯鮨師《いひずしし》」に描かれているが、桶の上に石の重石をのせてすしを漬けている（図98）。

こうした飯ずしに対し、乳酸発酵による酸味の生成をまたずに、酢を魚や飯に加えて酸味をつけ、一晩でなれさせる「早ずし」が出現した。早ずしは一晩で出来上ることから、一夜ずしとも呼ばれた。

『料理塩梅集』（寛文八年・一六六八）「当座鮨の方」には、塩を加えた酢に魚の切身を漬け、魚が白くなったら取出し、その酢に飯と魚を入れてよく混ぜ合わせ、桶に入れ重石をのせて仕上げる製法が記されているが、『本朝食鑑』（元禄十年・一六九七）「魚鮓《すし》」には、さらに詳しい製法が載っていて、

「また、早成法や一夜鮓の法があるが、魚肉を細く薄く切り、あるひは鰒《あわび》・鰕《えび》・橙《だいだい》・蓼《たで》・薑《しょうが》等を用い、それぞれ暖かい塩水に浸しておき、飯が炊けたとき、塩水から取り出してしぼり乾かし、半ば冷えた飯を魚肉にまぶし、少しの酢を加えてかきまぜて、鮓桶に入れて蓋をし、小石をのせて暖かい所に置けば一昼夜たたないうちに出来上がる」

とある。

その後、早ずしは、酢飯を箱に詰め、その上にすしダネの魚介をのせ、落し蓋をして重石をかけて作る押しずしとして普及していく。

二　江戸の町にすし店あらわる

(一) 早ずしの店あらわる

十七世紀後半には、江戸にすし店が現われている。江戸の町のガイドブック『江《え》戸《ど》鹿子《かのこ》』(貞享四年・一六八七)には、二軒のすし店が載っていて、

「鮓 幷《すしならびに》食すし　舟町横町　近江屋　同所　駿河屋」

とでている(図99)。この二軒のすし店が売っている「鮓」はなれずし、「食すし」は飯《いい》ずし(生なれ)であろう。この時期には、なれずし、生なれ、早ずしが出揃っていたが、早ずしはまだ店売りの段階に至っていなかった。

十八世紀中頃になると、江戸で早ずしが売られるようになり、元文から延享(一七三六〜四八)頃にかけての江戸の風俗を記した『江府風俗志』(寛政四年)には次のようにある。

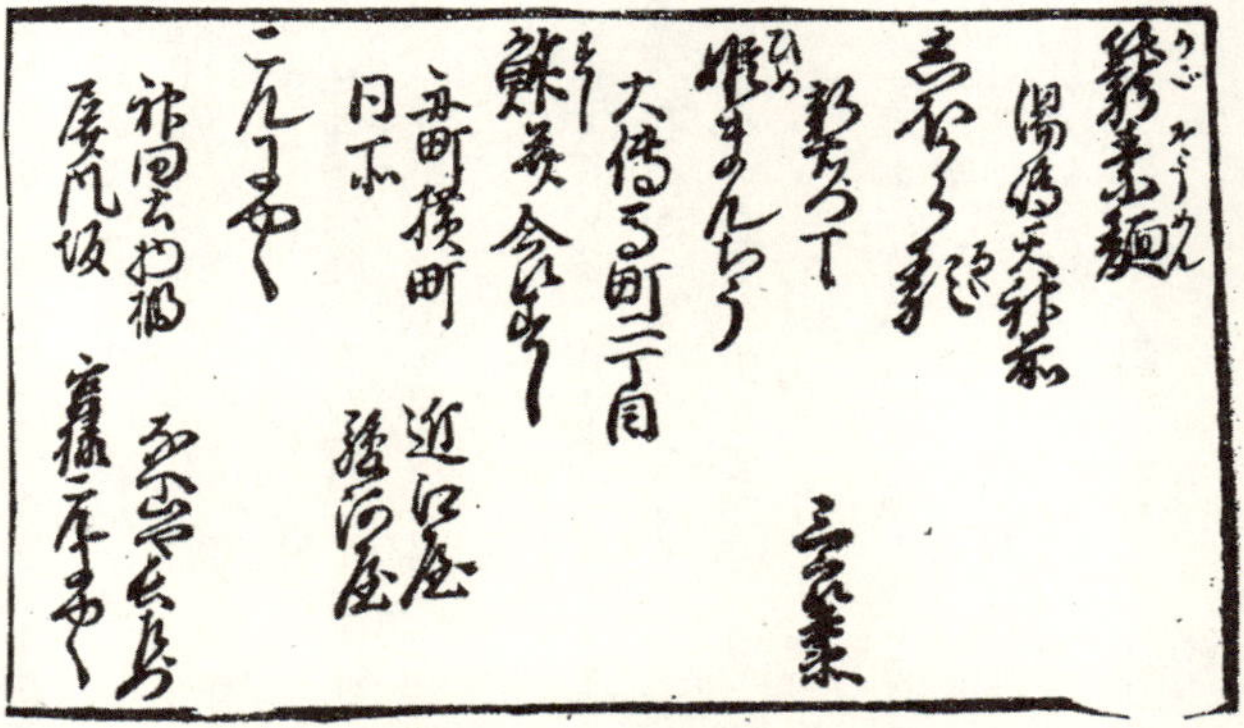

図99　江戸のすし店。「鮓《すし》丼食すし　舟町横町　近江屋　同所　駿河屋」とある。『江戸鹿子』（貞享4年）

「この頃（元文から延享）の鮓は鱌《あゆ》・鯖に限りて、飯にて漬け置きて、日数を貯へて、すくなりし（酸っぱくなった）物を鮓として賞ぐわんしたるなり。今の鮓は宝暦の初めに、料理茶屋にて早鮓こしらへ、酒の肴に出《いだ》し物にて、売買は尾張町古木店につるべ鮓とて、甚だ綺麗なる早漬鮓出来、進物等にはやりしなり」

これまでの日数をかけて作った飯ずし（生なれ）に対し、宝暦（一七五一～六四）の初めに料理茶屋が早ずしを酒の肴に出し、次いで尾張町古木店のつるべ鮓が早ずしを売り出し、進物にされたりして人気を得た、とあって、早ずしが登場してきた時期や普及していく様子が記されている。つるべ鮓が早ずしを売り出したことは確認できないが、宝暦元年出版の『江戸惣鹿子名所大全《えどそうかのこめいしょたいぜん》』「江戸名物　幷《ならびに》近国近在土産」には、

「御膳箱鮓　本石町二丁目南側　伊せや八兵衛
交鮓《まぜずし》・切漬・早漬其外色々望次第有之　」

と載っている。本石町二丁目南側（中央区日本橋室町三丁目）の「箱鮓」の店・伊勢屋八兵衛が「早漬」（早ずし）を売っているが、この頃にはおまんずしでも当座鮓（早ずし）を売り出していて、『後は昔物語』（享和三年・一八〇三）によると、

「おまん鮓は宝暦の頃よりと覚ゆ。京橋中橋おまんがべにといふより、居所の地によりて、おまん鮓といひたるなるべし。此比《このころ》迄は当座鮓をうる事は稀なり。鮓売といふは、丸き桶のうすきに、古き傘の紙をふたにして、いくつもかさねて、鰶《このしろ》のすし、鯛のすしとてうりありきしは、数日漬込たる古漬也」

とある。おまんずしは、すし屋長兵衛が始めたすし店で、『江戸塵拾』（明和四年・一七六七）「おまん寿し」には、

「京橋・中橋の間でこれを売る。名物なり。江府の児子、夕日の雲に映じ紅なるを見て、京ばし・中ばしおまんが紅とうたふ。このたはむれをとりておまん鮓と名付る。宝暦の初め、すし屋長兵衛これをはじめたり」

とあって、宝暦の初めに始めたとしている。中橋は日本橋と京橋の間に架かっていた橋で、安永三年（一七七四）にはこの橋が架かっていた堀が埋め立てられて橋はなくなったが、一帯の埋め立て地は中橋広小路と称された。

この店が、おまんずしと名乗ったのは、『後は昔物語』では、中橋の近くに紅を供えて祈願する於満《おまん》稲荷（中央区日本橋三丁目三番地三に現存）があったことによるとしているが、『江戸塵拾』では、児子（子ども）が夕日を見て「京ばし・中ばしおまんが紅」と謡ったことによるとしている。

おまんずしはすしの名店に発展し、『富貴地座位』（安永六年・一七七七）「江戸名

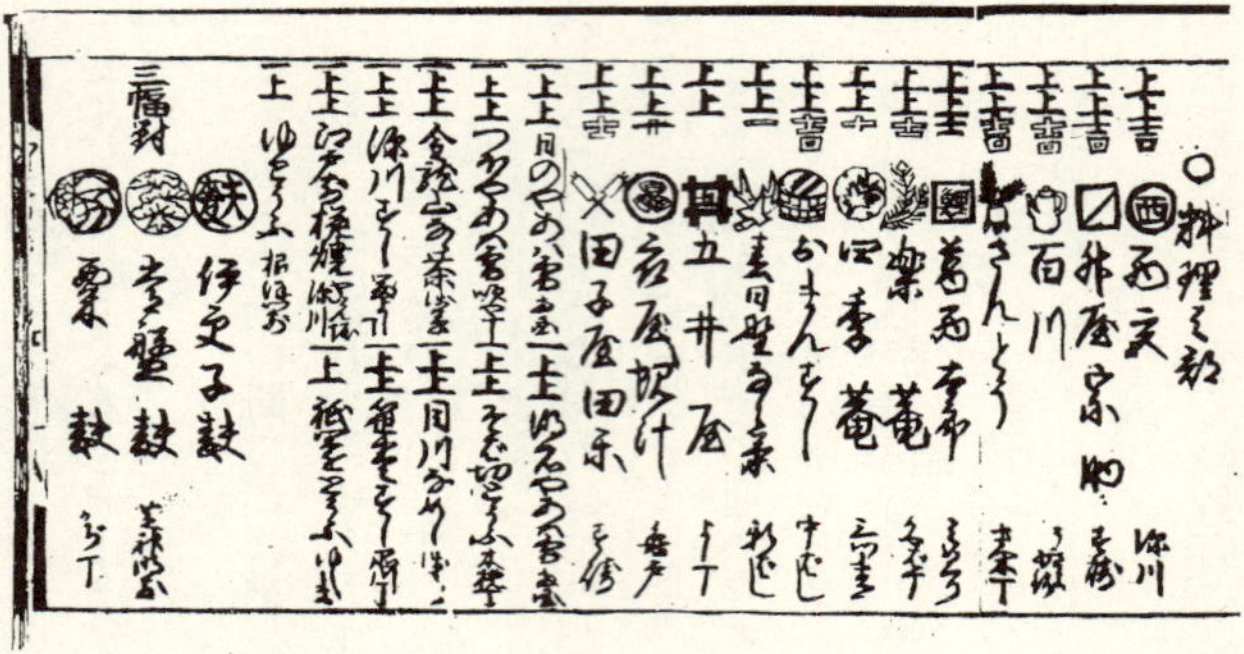

図100　おまんすし。右から８番目に「上上吉　おまんすし　中ばし」とあり、半切り桶をトレードマークにしている。『富貴地座位』（安永６年）

物」の「料理之部」をみると、「おまんすし　中ばし」が上位の上上吉にランキングされていて、半切桶をトレードマークにしている（図100）。早ずしが売られる前、すし売りは「丸き桶のうすきに（半切桶に）、古き傘の紙をふたにして」売っていたとあり（『後は昔物語』）、この店はその名残をとどめている。

宝暦年間には早ずしを売る店が生まれていた。

（二）早ずしの屋台あらわる

宝暦年間には、早ずしは、店売りばかりでなく、屋台でも売られるようになる。西村重長の『絵本江戸土産』（宝暦三年）「両国橋の納涼」には、「はこつけ　すし」と

図 101　「はこつけ　すし」の屋台。『絵本江戸土産』（宝暦 3 年）

書いた行灯を立て、箱づけの押しずしを売っている屋台が描かれている（図101）。ここに見られるすしの屋台は、足付の台の上にすし箱を並べた簡単なものだが、やがて屋根つきの屋台店が現われる。『絵本江戸爵《えほんえどすずめ》』（天明六年・一七八六）には、喜多川歌麿によって早ずしの屋台店が描かれているが、小さく切った押しずしが並べられている。絵には句がそえられていて、

右「夜や冷し　人にやなれし通り町　ゆき合の間にも　鮓やうるらん」

左「夕ばへに　おまんをほめて通り町　つめておしあふ　みせのすし売」

とある（図102）。右の句に、「夜や冷《すず》し」とあるように、屋台は夕方から出ていた。通り町は日本橋の南から京橋に向かう目抜き通りに面した町で、通一丁目から通四丁目まである。そのメインストリートの、大勢の人が行き交う中ですしが売られている。

左の句は「夕ばへに」で、「おまんが紅」を、さらに「おまんずし」を連想させている。通り町四丁目の南が中橋広小路で、この近くにおまんずしがあった。「つめておしあふ　みせのすし」は、桶や箱にすしがぎっしりと詰まっている状態と、客が店に大勢詰めかけてすし詰め状態になっていることを表している。押しずしの作り方から「人のすし」という表現が生まれ、さらに「すし詰め」という言葉が生

まれた。

この絵を眺めると、屋台には欄干が設けられていて、立食いできる作りにはなってなく、すしを買に来ている客は、テイクアウト用としてすしを買っている。このあと四〇年ほどして握りずしの屋台が登場し、すしを立食いするようになる。

(三) 早ずし売りあらわる

すし売りも宝暦の終り頃に現われた。

○「すし売をまねる禿は御気に入」(万句合、宝暦十二年)

吉原の遊里を売り歩いているすし売りの売り声を禿《かむろ》(上級女郎の使った少女)がまねて客にうけている。吉原を舞台にした洒落本『遊子方言』(明和七年・一七七〇)「夜のけしき」に「鮓売が鯵のすう鱅《こはだ》のすうと呼ぶも、しやれとやいはん」とあるように、吉原では、若い男が粋な格好で美声をあげて、アジやコハダのすしを売り歩いていて、

○「あじのすう　こはだのすうと　にぎやかさ」(万句合、明和八年)

と詠まれている。すし売りは、すし箱を何枚も重ねて担いで売り歩き、

○「すしの箱四五枚入れるつり(釣)のふね」(万句合、安永五年)

ある。『絵本江戸爵』（天明6年）

図 102　早ずしの屋台。屋台には市松模様が描かれ、看板に「御すし」と

○「すしや程ゑさ箱のある下手のつり」（万句合、天明二年）と、その姿が下手な釣り師に見立てられている（『略画職人尽《りやくがしよくにんづくし》』文政九年・一八二六、図103）。

すしダネにはアジとコハダが使われているが、アジは『続江戸砂子』（享保二十年）「江府名産」に、「江戸前鯵《あじ》、中ぶくらと云。随一《ずいいち》の名産《めいさん》也」とあったように江戸前の名産とされていた。

アジに対し、コハダは、同じ江戸前の魚であっても、『古今料理集』（寛文十～延宝二年〈一六七〇～七四〉頃）に「こはだ　下魚也」とあるように、下魚扱いされていた。それが、すしダネに用いられるようになると、コハダに対する評価が変化し

図 103　早ずし売り。『略画職人尽』（文政 9 年）

た。

コハダのすしは、宝暦年間（一七五一〜六四）の末には流行していたようで、大田南畝は、

「　宝暦の末、流行のものをよめる落書

宅番と角兵衛獅子に日和《ヒヨリ》下駄こはだの鮓に花が三文

予が十二三のとき、大久保にすめる野村氏の姉夫の来て語給ひしも四十余年のむかし也」

と『金曽木《かなそぎ》』（文化六年）に書き留めている。平賀源内の『根南志具佐《ねなしぐさ》』（宝暦十三年）にも、両国橋近辺の賑いを描写した個所に「燈籠売は世帯の闇を照し、こはだの鮓は諸人の酔を催す」とあって、コハダずしが酒の肴として売られている。

元文元年（一七三六）に小石川白山に生まれ、小石川養生所の内科医を勤めた小川顕道が、文化十一年（一八一四）七十八歳に至るまでの江戸風俗の変遷を記した『塵塚談《ちりづかだん》』（文化十一年）には、

「河豚・鰶魚《コノシロ》我等若年の頃は武家は決して食せざりしもの也。鰶魚は此城を食ふといふ響きを忌て也。河豚毒魚をおそれて也。二魚とも卑賤の食物にて河豚の価一隻銭拾二文ぐらい、鰶魚は二三銭（文）にて有しが、近歳は二魚とも士人ももてはやし喰ふゆゑに、河豚は上市《ハシリ》一隻二百銅三百銅（文）にして賤民の口へは思ひもよらず。鰶魚は今世も士人以上は喰はざれども、魚鮓《スシ》にして士人も婦人も賞翫しくらふ。河豚も乾ふぐは貴富も少しもおそれず喰ふ。鰶魚のすしに同じ」

とある。小川顕道は、コノシロを食べるのは「この城を食ふ」に通じるから、今でも武士以上の人は食べないが、すしにした場合は武士や婦人はもとより、貴富な人（身分が高く、裕福な人）も好んで食べているので、コノシロが値上りしている、といっている。

コノシロは成長に従ってシンコ、コハダ、コノシロと名を変える出世魚であるが、ここではコハダと同義に扱われている。コハダは出世魚の名の通り、すしと出合って出世し、代表的なすしダネになった。彫刻家・高村光雲は、「御維新前後」の話として、

「手拭を吉原かぶりにして、粋な物ぎれいなこしらえの売子が「すしや、こはだのすーし」といってやってくる。舟の形をした菓子折のしっかりしたようなものを積み重ねて、これを肩にのせて、草履がけかなんかでいい声で売りにくるのである。この仕出し寿司、大きな問屋がたくさんこしらえて売子へ渡すのであるが、舟一つに二十四詰まっていて、値はたった百文（一銭）、一つ四文という安いものである。舟の上には桃色のふきんがぱらりとかかっていた。当時まぐろも、もとよりあったが、すしの代表はこはだ、これが一番となっていたので「寿司やこはだの寿司」とふれた。こはだという魚は、あのまま食べてはつまらないものだが、寿司にすると馬鹿にうまくなる」

といっている（『味覚極楽』）。光雲が言っているコハダのすしは握りずしと思える。すしが押しずしから握りずしへと変化していくなかでコハダはさらに出世を遂げた。この時期マグロよりコハダの方がすしダネとしての評価が高い。

光雲のいう「舟の形をした菓子折」のようなものを担いでいる姿はみかけられないが、長方形の薄い箱を重ねて担いでいるすし売りの姿が、歌川広重の『狂歌四季人物』（安政二年・一八五五）に描かれている（図104）。

図 104　幕末期のすし売り。『狂歌四季人物』（安政２年）

アジやコハダのほか、享和年間（一八〇一〜〇四）ころからアオヤギずしや鯛ずし売りが、「青柳のすゥし。たいのすゥし」（『吉原談語』享和二年）、「青柳ずゥし青柳よろしぅ」（『遊僊窟烟之花』享和二年）といって、吉原の郭内を売り歩くようになっている。

（四）『七十五日』にみるすし店

江戸市中の食べ物店を紹介した『七十五日』（天明七年・一七八七）には、二三軒のすし店が載っているが、そのなかに、「地引すし」、「海苔巻ずし」、「笹巻ずし」の店がある。

地引すしには「江戸前」とあって、このすし店は、地引網で捕った江戸前の魚を売り物にしているが、『七十五日』に載る二三軒のすし店のなかで、江戸前を看板にしているのはこの店一軒だけである（図105）。蒲焼屋が軒並み江戸前を看板にしているのとは大きな違いがある。江戸時代、江戸前の看板はすし屋ではなく、蒲焼屋がトレードマークにしていた。

海苔まきすしを売る「志き嶋屋勝三郎」は、すし専門店ではなく各種の巻きずし（笹巻すし、玉子巻、海苔巻すし、ゆば巻）のほか、せんべいなどを売っているが、握りずしが現われる前に、巻きずしの店が現われていることが分かる（図106）。この店がどのような海苔巻を売っていた

図105 「地引すし」の店。「江戸前　地引すし」とある。『七十五日』（天明7年）

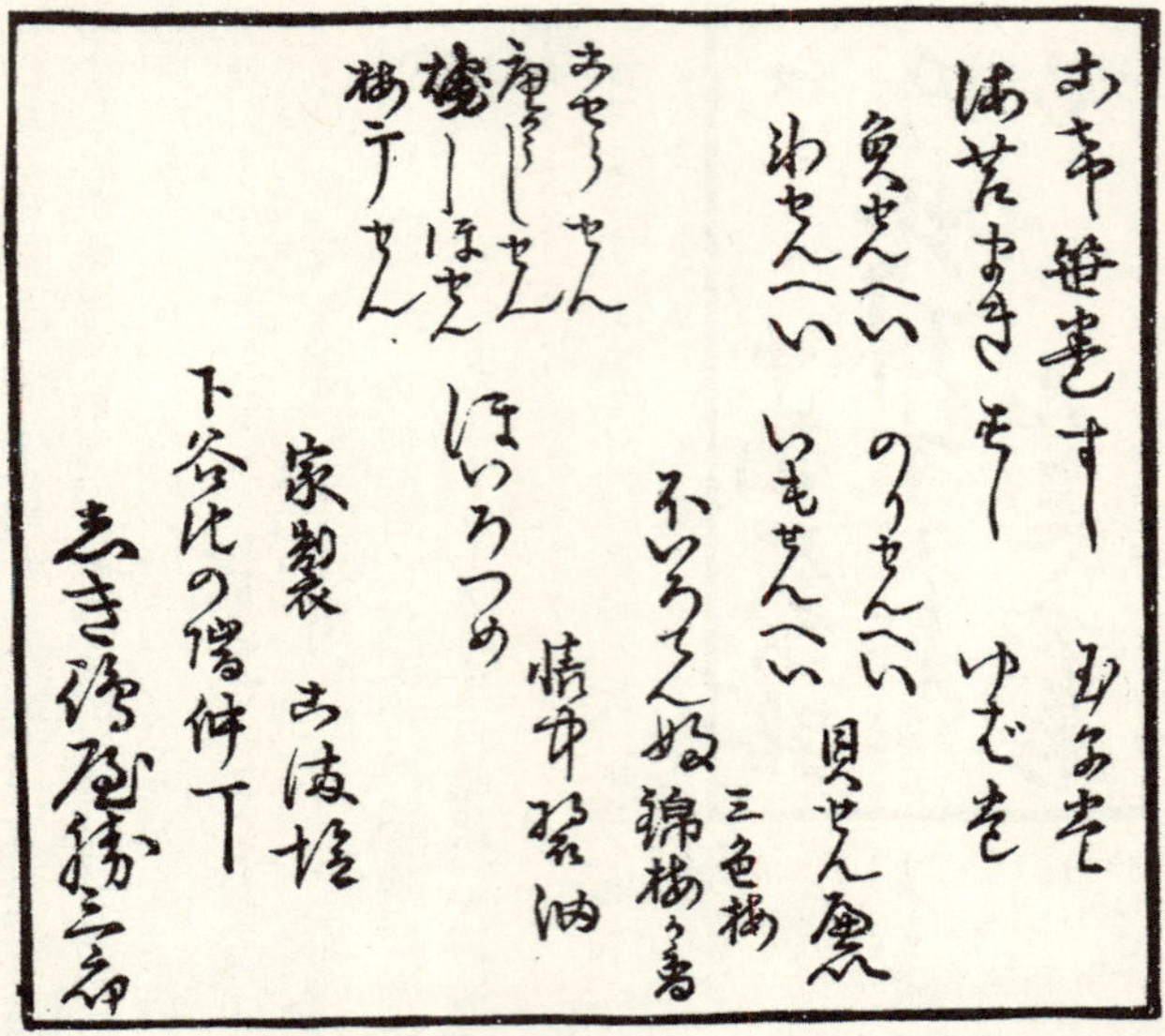

図106　巻きずしの店。笹巻すし、玉子巻、海苔巻すし、ゆば巻を売っている。『七十五日』（天明7年）

かは分からないが、海苔巻ずしは握りずしに先行し、握りずしが現われるとその中の一品とみなされるようになる。
笹巻ずしを売る店は三軒載っているが、笹巻ずし専門店は一軒で、

「御膳　日本橋品川町　御誂御重箱詰
　笹巻鮓品々　御遣ひ物御望次第
名物　　西村屋平兵衛」

とでている（図107）。毛抜きずしの店も載っているが、毛抜きずしも笹巻ずしで、

「へついがしやぐら下
　けぬきすし
　笹屋㐂右衛門　」

とある（図108）。
笹巻ずしは、一口大のすしを一つずつ笹の葉に巻いた押しずしで、

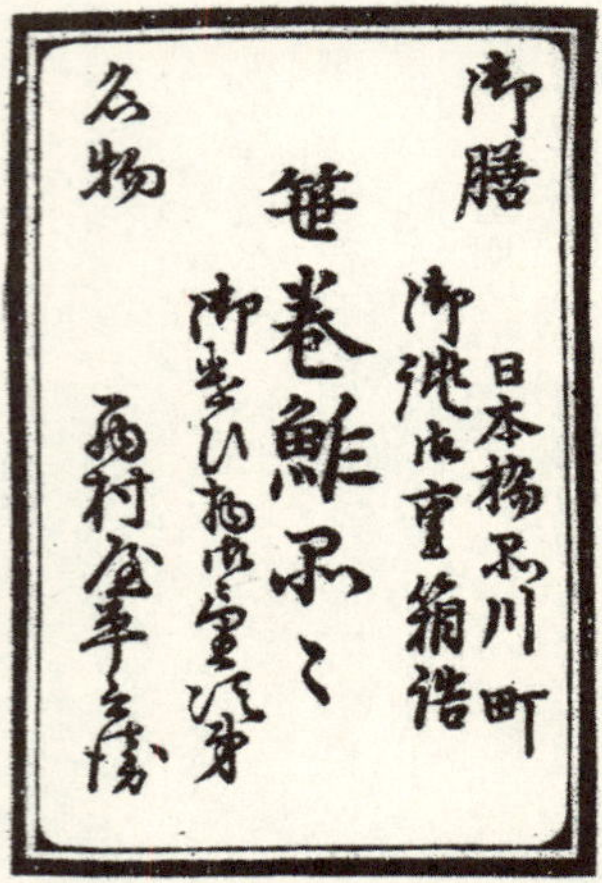

図 107　笹巻鮓の店。『七十五日』（天明 7 年）

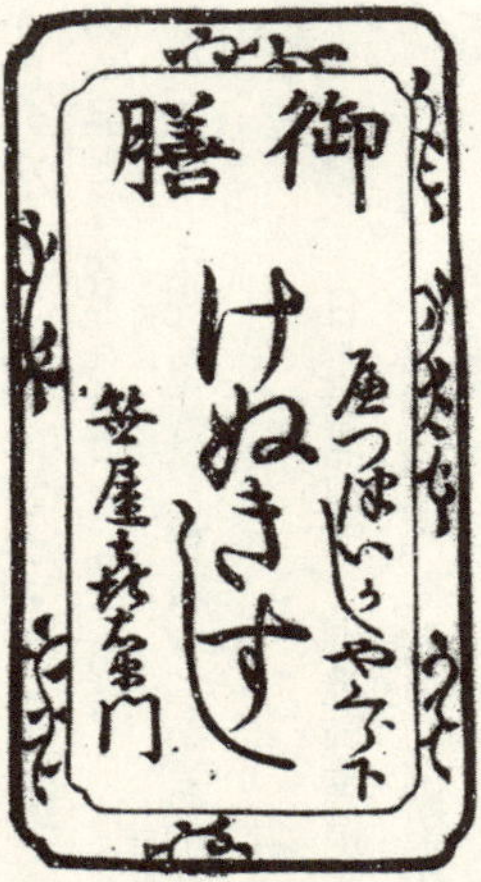

図 108　「けぬきすし」の店。『七十五日』（天明 7 年）

○「鮓の魚笹の一よのかりまくら」（柳一〇四、文政十一年）

と詠まれているように、一晩圧しをかけて作られている。長時間にわたって、魚が変色せず、飯が硬くならない、といった特色があり、式亭三馬の『戯場粋言幕の外』（文化三年）には、芝居見物の客が「竹の皮の中より笹巻すしを出し、よそ見をしながら笹をも取らずにほうばり」、あわてて土間に吐き出す場面が描かれている。笹巻ずしは芝居見物に持参されている。

笹巻ずし店「西村屋平兵衛」

は、『土地万両』（安永六年・一七七七）「料理之部」に「一流　笹巻すし　品川丁」、『富貴地座位』（安永六年）「料理之部」に「上上　笹巻すし　品川丁」と載っていた名店だが、『七十五日』以後名前が見られなくなる。その一方で、名声を博していくのがへっつい河岸の「けぬきすし」で、大坂人・西沢一鳳は、

「竈《へつつい》河岸に笹巻鮓とて一つ宛《づ》笹の葉に巻て売る家あり。この名を毛抜鮓と呼ぶ。上方者の口に合へば毎度求めながら、毛抜鮓とは魚の骨をよく抜きたる故呼ぶかと思ひしに、よく考え見ればよふ喰ふとの謎なるべしと悟りぬ」

といっている（『皇都《こうと》午《ご》睡《すい》』初編中、嘉永三年）。この頃の江戸はすでに握りずしの時代になっていたが、『守貞謾稿』「後集巻之一・食類」に「へっつい川岸《がし》毛抜鮓は、一つ弐文にて各々笹巻にす。巻きて後、桶に積み、石をもってこれを圧す」とあるように、毛抜きずしは押しずしだったので、大坂人の口に合ったわけだ（図109）。

図109　笹巻鮓。『守貞謾稿』（嘉永6年）

西沢一鳳は、毛抜きずしの名は、「よふ喰ふ」

図 110　明治時代の「けぬき寿司」。屋根看板に「へついかしやぐら下　御膳　けぬきすし　笹屋喜右エ門」と書かれているようだ。『東京名家繁昌図録』（明治 16 年）

から来ている謎かけといっているが、

○「毛抜寿し喰うか喰ぬか土産にし」（一二四別、天保四年）

といった句も詠まれている。毛抜きは刃がよく食い合っているので「よふ喰ふ」との語呂合わせから名付けられた、と考えている人もあったが、毛抜きで魚の小骨を抜いていたことに由来すると考えていた人もあったようで、『東京名物志』（明治三十四年）には、

「毛抜ずし　竈河岸に在り。一に「笹巻」と呼ぶ。握鮨なれども一々熊笹にて巻き圧《おし》石《いし》をなし、又魚の小骨を毛抜にしたると酢の利きたるを特色とし、暑中にても一昼夜は保ち得べし。価は割合廉なり」

とある。魚の小骨を毛抜きし、酢を利かせているのがこの店の特色になっている(図110)。本来、笹巻ずしと毛抜きずしは別の店であったが、現在、この両方の店名を受け継いだ「笹巻けぬきすし総本店」(神田小川町)が江戸の名残をとどめた「笹巻けぬきすし」を売っている。

三　握りずしの誕生

(一) 即席の押しずし店あらわる

なれずしから生なれが生まれ、さらに早ずしが生まれた。そして早ずしから笹巻ずしのような一口大のすしが生まれた。笹巻ずしの出現は握りずし誕生へと一歩近づいたことになるが、笹巻ずしは出来上がるまでに一晩かかる。そうしたなか、「相生鮓」が、早ずしをさらにスピードアップした即席の早ずしを売り出した。式亭三馬が「相生鮓」のために書いた「御膳相生ずし報条《ごぜんあひおひ》」(宣伝用のチラシ)には次のような宣伝文句が載っている。

「鮓を醸《かも》するに五昼夜漬けて漸《やうや》く熟《なる》ると覚えしは売る人の律儀なり。鮓を食らふに笹巻の笹まで食ふと覚えたるは買ふ人の律儀にて、律儀まつとう末世《まつせ》はしらず、早くなければはやらぬ世の中、団蔵が七役も八人芸も及びなき、千人前の早業《はやわざ》からおもひ漬《つけ》たる早鮓・早漬、彼《か》のなまのろき一夜鮓も今は昔に名のみ残りて、糶《せり》買《うり》のすしは呼び声に美味《うまみ》を見しらせ、擬台店《やたいみせ》のすしは招牌《かんばん》に綺麗《きれい》をあらわし、老店《しにせ》の鮓屋は標幟《めじるし》をも出《いだ》さぬたぐひ。江戸四里四方こゝ、かしこ、鮓のあらざる所もなく、鮓の嫌いのお方もなく、珍しからぬすしやの正中《まんなか》、又めずらうしく工夫をいたして、魚類精進の両部神道《りやうぶしんだう》、飯と豆花《きらず》の大戸小戸《ぜうごげこ》、どちらの口にも相生鮓《あいおひずし》。寸法に不同なく、種類を増し、綺麗を第一と極上品に製し候へば外々のすしと御くらべ下され候て、何卒御用向沢山に仰せ付けられ下されべく候。（以下略）」

（『狂言綺語』文化元年）

団蔵の七役とは、当時の名優四世市川団蔵が早替りを得意とし、『仮名手本忠臣蔵』の狂言では一人七役の早替りを演じていた。八人芸は、早業八人芸ともいい、鐘・太鼓・笛などを使って、一人で八人前の早替り芸をすることをいい、三馬の『浮世風呂』前編（文化六年）には、「八人芸と申て、一人で八人の真似を致します」とある。

図 111　即席の押しずし売り。『狂歌夜光珠』（文化 12 年）

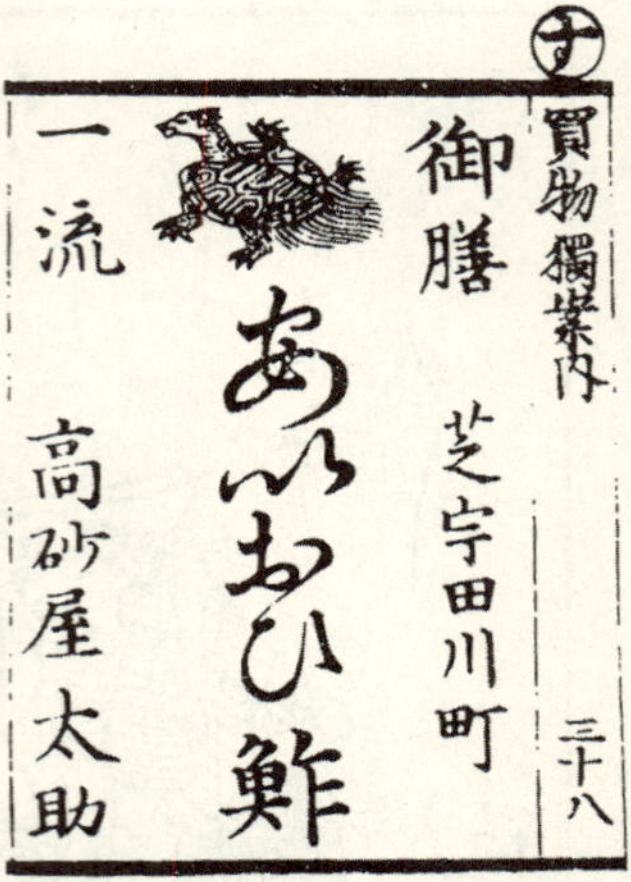

図112「あいおひ鮓」。『江戸買物独案内』(文政7年)

　相生鮓は、笹巻すしや早ずしとは異なる、団蔵の七役や八人芸の早業も及ばない早業で漬けたすしを工夫し、売り出した、

と宣伝している。

　すし屋の数が増え、新奇な工夫をしないと生き残れない時代のなかで、相生鮓が売り出した超早漬のすしとは、その場で押して売る押しずしではなかったろうか。大坂の順慶町の夜店の例になるが、『狂歌《きょうか》夜光珠《やこうのたま》』(文化十二年)には、すし箱に押し板を充て、両手で強く押して、即席の押しずしを売っている様子が描かれている(図111)。

　相生鮓の宣伝文は、こうした押しずしの時代が到来していることを告げている。

　相生鮓は成功を収めたとみえ、この二〇年後に出版された『江戸《えど》買物独案内《かいものひとりあんない》』(文政七年)に「御膳　一流　あいおひ鮓」と載っている(図112)。

(二) 高級すし店あらわる

こうしたすし店が現われるなか、一方では高級なすしを売る店が出現した。

『嬉遊笑覧』(文政十三年・一八三〇)に「文化の初ごろ、深川六間堀に松が鮓とて出き行はれて、世上の鮓一変しぬ」とある。松が鮓は『江戸買物独案内』に「深川御船蔵町あだけ　一銘松寿し　いさごすし　堺屋松五郎」と出ているすし店で、屋号は「いさごすし」といったが、主人の名前が堺屋松五郎だったので「松ずし」とも名乗った(図113)。店のあった深川御船蔵前町あたりは、俗に安宅《あたけ》と呼ばれたので通称「安宅の松がずし」、略して「松がずし」といわれ、「安宅の松公」などと愛称で呼ばれたりしている。近くに六間堀と

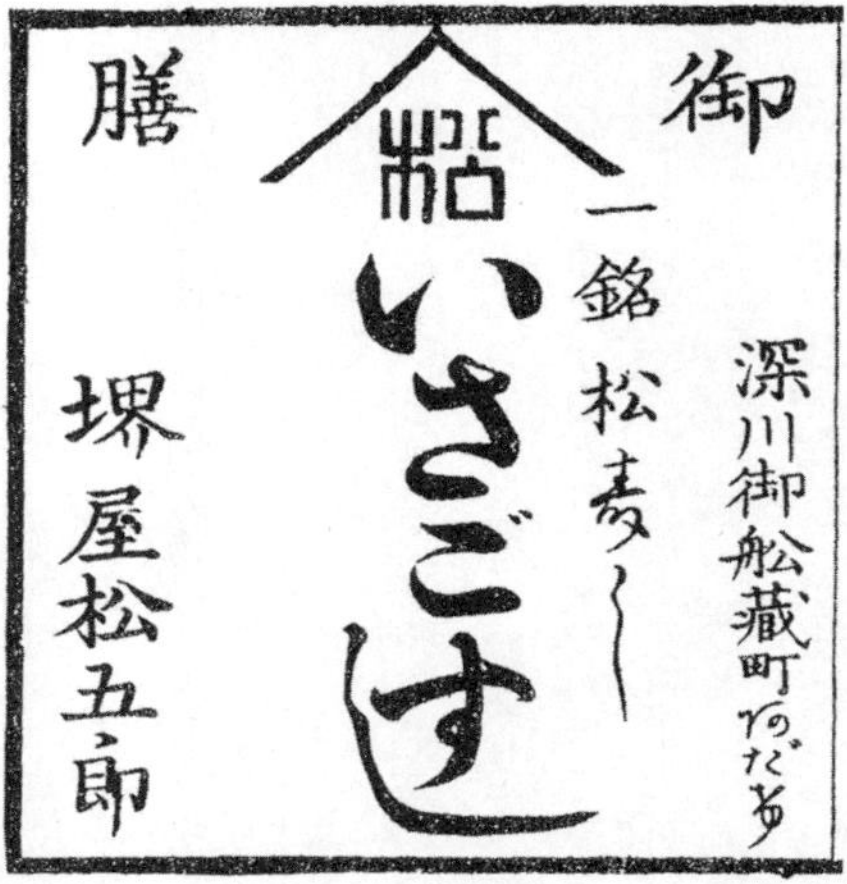

図113 「いさごすし」。『江戸買物独案内』(文政7年)

いう水路があったので『嬉遊笑覧』では六間堀の松が鮓としている。
文化十五年（一八一八）正月（四月に文政と改元）に刊行された式亭三馬の『四十八癖』四編では、登場人物の二人が、松が鮓について次のようなやり取りをしている。

「●きのふは安宅《あたけ》の松公《まつこう》が所《とこ》へ往《い》って出来立《できたて》の鮓《すし》を給《た》べやしたが、どうも松が鮓はきついよねェ旦《だん》（旦那）。■ありやァ競《きほひ》だ。松が鮓ばかりは上手ばかりでなし、魚《うを》を吟味するからあれを食ひわけてやらねへぢやァ真の江戸ッ子ぢやァねへ。あんな偏土《へんど》に居《ゐ》て、二百疋、三百疋の折詰桶詰《おりづめおけづめ》の売れる、いさご鮓の妙だ」

一人が、松が鮓を食べたがすばらしいよねえ旦那、と同意を求めたのに対し、旦那が、松が鮓は出来栄えが見事であるばかりでなく魚を吟味している。この店と他の店との違いが分からないようじゃ江戸っ子じゃない、と応じている。この店のすしがかなり高価だったことは、二〇〇疋（二〇〇〇文）・三〇〇疋（三〇〇〇文）の折詰・桶詰とあることによってわかるが、『甲子夜話《かっしやわ》』（文政四〜天保十二年）巻十八には、

「近頃大川の東、安宅に松鮓と呼ぶ新製あり。（略）この鮓の価殊に貴く、その五寸の器二重に盛て楕金《だきん》三圓に換ふとぞ。これを製するもの鮓成てこれを試食しその味意に適《かな》はざれば輙《すなわち》棄て顧みずと云」

松鮓の鮓は高価で、主人は鮓が出来ると試食して、その味が気に入らなければ捨ててしまうとある。

『甲子夜話』は、平戸藩（長崎県）藩主・松浦《まつら》静山《せいざん》が、文化三年（一八〇六）に致仕した後、江戸本所の別荘において文政四年（一八二一）から執筆をはじめた随筆雑録で、天保十二年（一八四一）まで書き継がれている。この松鮓に関する記述は文政五年ころのもので、「五寸の器《うつわ》を二重にかさねたのが三圓（三両）もする」とあるのは、あまりにも高すぎるように思えるが、

○「松が鮓一分ぺろりと猫が喰」（柳七五、文政五年）

○「そろばんづくならよしなんし松が鮓」（柳九二、文政十年）

と詠まれたりしている。松が鮓は、高級店であったにもかかわらず繁盛し

○「松が鮓万民是を賞翫す」（柳八二、文政八年）

と人気店になっている。これまでの廉価なすしに対し、松が鮓が高級なすしを売り出して評判を取り、これに倣って高級すし店が続出したようで、『嬉遊笑覧』には「松が鮓とて出き行はれて、世上の鮓一変しぬ」とある。すし店の多様化時代が到来していた。

松が鮓は天保末期に浅草平右衛門町（第六天神前、台東区浅草橋一丁目）に移転している。

(三) 握りずしの元祖説

松がすしは握りずしの元祖、とする説があるが、『四十八癖』に「出来立《できたて》の鮓《すし》を給《た》べやしたが」とあり、『甲子夜話』にも「鮓成て（出来上がって）これを試食し」、気に入らなければ捨ててしまうとある。握りずしであればそういうことはないので、松が鮓が売り出したのは従来からの押しずしのようだ。

『守貞謾稿』「後集巻之一・食類」に「文政末比より、戎橋《えびすばし》南に、松の鮓と号《なづ》け、江戸風の握り鮓を売る。（略）これ、大坂にて、江戸鮓を売るの始めなり」と出ている。著者の喜田川守貞は天保十一年（一八四〇）に大坂から江戸に移り住んでいるので、文政末年（一八三〇）には大坂にいたことになる。文政末ころ大坂の松の

図114　松が鮓。「をさな子もねだるか安宅の松が鮓あふぎづけなる袖にすがりて」とある。味の素食の文化センター所蔵（弘化元年）

鮓が握りずしを売り始めた、といっているのは信憑性がある。したがって、このすし店が江戸の松が鮓と何らかの関係があるならば、この頃までには松が鮓が握りずしを商っていたことになるが、両者の関係は不明である。

一勇斎（歌川）国芳が弘化元年（一八四四）に描いた「松が鮓」の錦絵がある。ここには、サバの押しずしらしきものの上に玉子巻、その上に海老の握りずしが描かれているとみなされているが、押しずしにみえないこともない（図114）。嘉永六年版の『細撰記』「寿し屋漬吉」には、松が鮓がトップにランキングされているが、ここには押しずしの店の「笹巻」「けぬき」「つるべ」の名がみえるし、「寿し屋漬吉」の名からしても、ここに載っているのは押しずしの店に思える（図115）。

さらに、森銑三《もりせんぞう》の『明治東京逸聞史』には、

「松の鮨　依田学海が細君をつれて、浅草代地町へ行き、松の鮨を食べてきたことを書いている。外の店の鮨というと、ただ握った飯の上に魚や鶏卵の炙ったのを附けて包むまでのことであるが、この店のは違っている。飯をよく押しかためた中に、魚味を浸入せしめている。価は一人前が十五銭で、他に比すれば、殆ど倍に近い。けれどもその味がよいものだから、人々がこれを愛する。食べ終えて

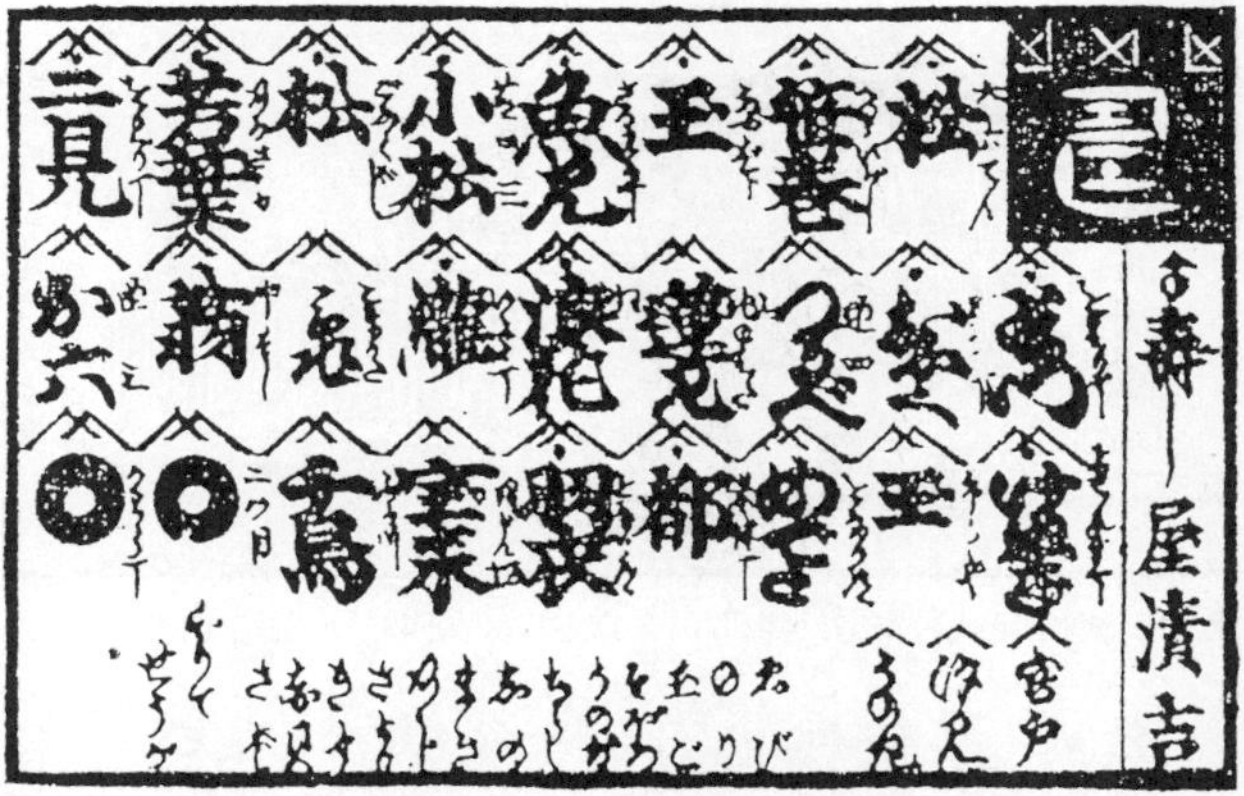

図115　「寿し屋漬吉」の店。「松」「笹巻」「つるべ」「けぬき」の名がみえる。『細撰記』（嘉永6年）

から、更に一包を買取って家に帰り、四人の子供に食べさせた。
——学海はさように書いている」
（明治二十四年「依田学海日記」）

とある。明治二十四年の話で、この店は「飯をよく押しかためた中に、魚味を浸入せしめている」。

『東京名物志』（明治三十四年）は「大六天神前の「安宅の松寿司」と云へば、江戸時代より著名にして、今尚鮓屋の泰斗たり。（中略）殊に鯖の巻鮓は此家の専売品とす。家屋の壮大なるは宛然《えんぜん》（まるで）割烹店の如し」と、盛況ぶりを紹介しているが、売り物は「鯖の巻鮓」だった

図 116　明治時代の安宅松寿司。『東京名家繁昌図録』（明治 16 年）

（図116）。

松が鮓が商っていたのは握りずしではなかった。松が鮓は明治末年に店を閉じている。

また、握りずしは、文政年間（一八一八〜三〇）の初めころに、両国の與兵衛鮓の初代・華屋與兵衛によって工夫されたとする説がある。『東京百事便』（明治二十三年）には「與兵衛寿し（略）都下所謂握鮨なるものは此家を以て元祖とす」とあり、『東京名物志』（明治三十四年）にも「與兵衛回向院前の路次内に在り。握鮓の元祖にして古来有名なり」とある。

明治期には與兵衛鮓が握りずしの元祖と考えられており、與兵衛鮓の主人自身も握りずしの元祖を唱えていて、四代目主人の小泉與兵衛は、

「東京の鮓は、概して握り鮓ですが、この握鮓といふものは大した古いものではありません。文政の七年に華屋與兵衛といふ人、つまり與兵衛鮓の元祖が始めたのです。この人はもと蔵前の札差の手代でしたが、後に道具商もやり、菓子屋もしましたが、何れも失敗して、終りにこの握鮓を工夫したのですが、漬け鮓などから見ると、億劫《おくくう》でなく、それに一風《ひとふう》目先の変つたところが江戸の気風に合つたので、だんだんと繁昌して、遂に江戸の鮓を握鮓にしてしまつたのです」

といっている（『婦人世界臨時増刊』明治四十一年）。

しかし、「與兵衛鮓」の名を確認できるのは、天保七年（一八三六）刊の『江戸名物詩』が初見で、そこには、

「與兵衛鮓　流行ノ鮓シ屋町々ニ在リ。此ノ頃新タニ開ク両国ノ東シ路地ノ奥ク。名ハ與兵衛、客来リ争ヒ坐ス、二タ間《マ》ノ中」

とあって、「この頃新たに開く」（少し前に開店した）としている。後述するように、握りずしは文政十年（一八二七）には誕生しているので、それからしばらく経って

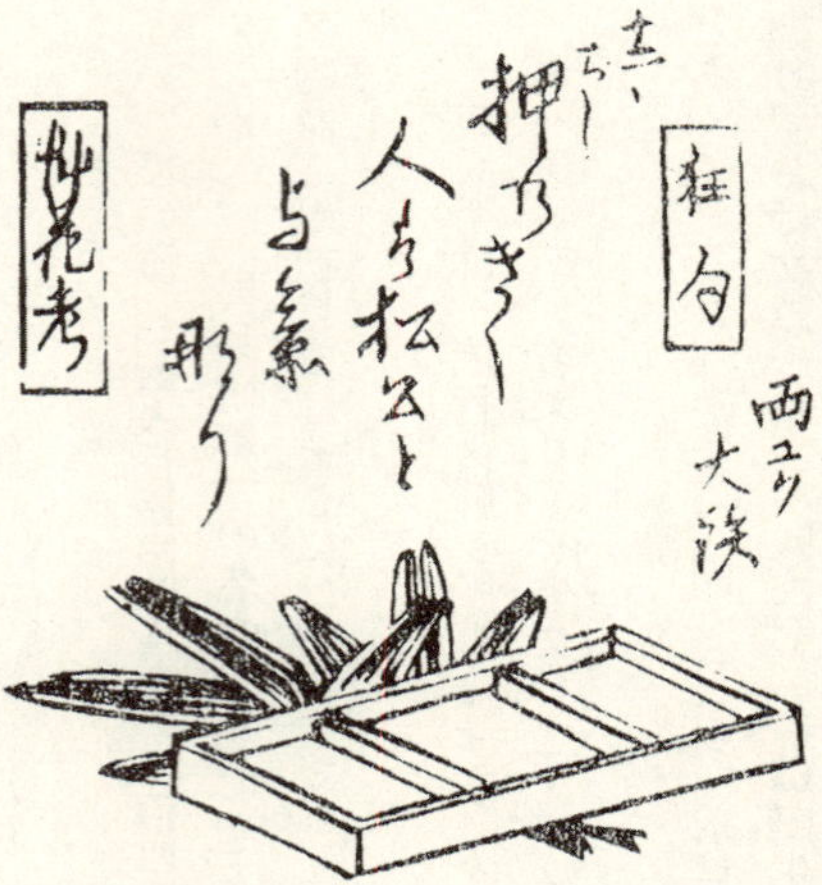

図117　松が鮓と與兵衛鮓を詠んだ句。『たねふくべ』二集（天保15年）

から開店していることになる。與兵衛は店を開く前に、握りずしを岡持に入れて売り歩くことを始め、すしの屋台を出すようになり、その後すし店の開店にこぎつけたといわれているが、それを示す当時の史料を確かめることは出来ない。また、天保十五年には、

○「押しのきく人は松公と与兵衛なり」（たねふくべ二集）

と、すしを押して作っている様子が詠まれている（図117）。與兵衛鮓は、松が鮓同様、押しずしの店としてスタートした可能性がある。

與兵衛鮓は狭い店ではあるが、当初からかなりの賑わいをみせ、その後も繁盛し、『武総両岸図抄』（安政五年・一八五八）には

図118　明治時代の與兵衛鮓。『東京名家繁昌図録』（明治16年）

（一）「与兵衛鮨漬る山葵の口薬　鉄砲巻も好むものゝふ」
（二）「こみあひて待草臥《まちくたぶ》るゝ与兵衛鮨　客も諸とも手を握りけり」
（三）「鯛平目いつも風味は与兵衛鮨　買人《かひて》は見世に待て折詰」

の狂歌が載っている。（一）から、與兵衛鮓では鉄砲巻も出している。鉄砲巻とは干瓢を芯にした海苔巻をいった。

（二）から、與兵衛鮓では、このころには握りずしを握っていたことが分かる。（三）は、大勢の人が與兵衛鮓に押しかけている。

その後與兵衛鮓は握りずしの店として発展していき、明治期には立派な店構えを有していたが、昭和五年に店を閉じている（図118）。筑前琵琶師・豊田旭穣《とよだきょくじょう》は「本所の与兵衛寿司は、御飯は実にいいものですが、あなごばかりではなく、いったいに煮物はまずいと思いました」といっている。昭和二年ころの話で、これを受けて、子母澤寛《しもざわかん》は「両国の与兵衛鮨は立派な構えで、旭穣のいう通りめしはよかったし、玉子もよかったが、後はことごとく零《ゼロ》であった」と述懐している（『味覚極楽』）。

（四）握りずしの屋台あらわる

元祖説は別にして、江戸の町には一口大のすしの店（笹巻ずし〈安永六年・一七七七〉）、一口大の押しずしの屋台（『絵本江戸爵』天明六年・一七八六）、即席押しずしの店（相生鮓、文化元年・一八〇四）が現われていた。この一口大のすしを即席に手で押して仕上げれば握りずしになる。握りずし登場の機は熟していた。文化年間には握りずしが登場、といきたいところだが、今のところ、握りずしが売られていたことを示す早い史料は、『誹風柳多留』一〇八篇に収められている、

〇「妖術といふ身で握る鮓の飯」

という文政十年（一八二七）開《ひらき》（発表）の句になる。妖術（忍術）つかいが呪文を唱えるときの手つきが、すしを握るときの手つきに似ているのをリアルに捉えている（図119）。握りずしを握っている姿がまだ物珍しい頃に、それを目撃した人が詠んだ

図 119　妖術（忍術）つかい。呪文を唱える手つきが握りずしを握るときの手つきに似ている。尾上栄三郎の天竺徳兵衛　歌川豊国画

句で、屋台のすしのように思える。

さらにこの翌年にも、
○「握られて出来て食い付く鮓の飯」（柳一一三、文政十一年）
握り立てのすしをその場でパクついている様子が詠まれているが、これも屋台ですしを立食いしている光景だ。

文化年間（一八〇四〜一八）には、店舗営業のすし店が多くあった（後述）。しかし、松が鮓のような超高級店では、店内ですしを食べさせていたが、相生鮓が「何卒御用向沢山に仰せ付けられ下されべく候」と宣伝しているように（三〇二頁）、すし店では、仕出し（出前）や土産用としてすしを商っていた。

文化二年頃の日本橋から今川橋までの大通りの賑いぶりを描いた『熈代勝覧《きだいしようらん》』絵巻には、大通りに面して「玉鮓」の店が描かれているが、店内にはすしを作る容器やすしを入れる容器が並べられていて、客席はみられない（図120）。江戸髄一のメインストリートに面しているすし店でも、店内ではすしを食べさせていない。『江戸名物詩』（天保七年）には、吉原仲の町（中央通り）の「かよひ寿し」が描かれているが、これも店内には客席を設けず、すしのほかいろいろな料理を仕出ししている（図121）。吉原という特殊な場所柄のため、仕出しを専門にしているようだが、

図 120　「玉鮓」の店。大通りに面してすし店が描かれ、店内にはすしを作る容器やすしを入れる容器が並べられ、客席は設けられていない。『熈代勝覧』（文化 2 年頃）

図 121　吉原名物の「かよひ寿し」。押しずし店のようにみえる。手前の男性はすしをテイクアウトしている。『江戸名物詩』（天保 7 年）

当時のすし店の様子がうかがえる。すし屋がその場で握って食べさせるすしを売り出した、とは考えにくい。

江戸の町に多くの屋台店が出ており、寛政十一年（一七九九）には、奉行所の鑑札を受けて「荷ひ屋台」を商う者だけでも九〇〇人余りいた（一〇四頁）。こうした屋台は、式亭三馬の『大千世界楽屋探』（文化十四年）に「大福餅、醴《あまざけ》、田楽、風鈴蕎麦、鮓、鶏卵焼、天婦羅の徒《ともがら》、東西の橋詰に分《わかつ》て党を結ぶ」とあるように、両国橋のたもとなどの盛り場には群れを成していて、立食いが行なわれていた。すしの屋台も出ていて、押しずしが立食いされていたと思えるが、柳亭種彦作・歌川国貞画の『忍草売対花籠《しのぶうりついのはなかご》』（文政四年）に描かれた屋台を眺めるとそのことが分かる（図122）。すしの屋台は、先の『絵本江戸爵』（二八八頁）と同様に欄干付きで、すしがテイクアウトされていた従来の屋台のスタイルが踏襲されているが、小さく切ったすしが並べられているすし箱の左には茶碗と小判型のすし桶のような容器が置かれている。容器の上には笹の葉が敷かれているので、この上にすしをのせて出し、茶をサービスしているように見える。

押しずしはテイクアウトする時代から立食いする時代へと変化していた。そして、こうした屋台の押しずし売りのなかから、すしをその場で握って食べさせるアイデ

図122　欄干付きの押しずしの屋台。立食いするスタイルではないが、茶碗と笹を敷いた小判型のすし桶のような容器が置かれている。『忍草売対花籠』（文政４年）

イアマンが現われた。それが文政十年頃のことで、すしを忍術使いのような手つきで握っているポーズが注目を浴びている、といったプロセスがみえてくる。

(五) 握りずし屋台の増加

すしは長い間日本人に親しまれてきた歴史のある食べものである。しかし、これを食べるには仕込んでから時間がかかり、出来上がるまで待たなければならなかった。仕込む時間は次第に短縮されたが、目の前で握ってもらってすぐに食べられる握りずしはすしの歴史上一大革命だった。

屋台の握りずしは、江戸っ子の人気を博し、『守貞謾稿』「巻之五・生業」に「鮓と天麩羅の屋躰見世は、夜行繁き所には毎町各三、四ケあり」とあるように、すしと天麩羅の屋台が多数町に出るようになっている。このころ、夜そば売りの屋台もかなり出ていたが、そばの屋台は町を売り巡っていた。幕末期には、一定の場所で営業していたストリートフードでは、すしと天麩羅が一番多く、すしや天麩羅の屋台では、文字通り江戸前の魚を使って握りたてのすしや揚げたての天麩羅を立食いさせていた。

江戸で握りずしが人気食品になった背景には、江戸前のすしダネに恵まれたこと

図123　搗き米屋。文中には米屋とある。唐臼を並べて米を搗いていたようすが分かる。『教草女房形気』廿一編（万延2年）

が大きいが（後述）、鰻飯のところで述べたように（一八七頁）、江戸には白米が出回っていたことにも注目する必要がある。すしの美味しさは、魚とすし飯のハーモニーによって創りだされる。江戸の町には多くの搗き米屋があり、白米が供給されていた（図123）。米を搗けば米ぬかが生じる。その米ぬかを集めて商売する「ぬか屋」まであった（図124）。江戸ではすし飯に使う上質の白米が安易に入手でき、握りずし普及の原動力になった。

握りずしは間もなく、大坂や

図124　ぬか屋の店先。糠を入れた袋や桶が置かれている。『教草女房形気』廿一編（万延2年）

名古屋に伝えられた。

『守貞謾稿』「後集巻之一・食類」によると、握りずしは文政末年には大坂に伝えられているが（三〇八頁）、文政は十三年十二月に天保と改元されている。江戸で握りずしが生まれてから三年位で大坂へ伝えられたことになる。

名古屋城下の人びとの生活を描いた絵日記『名陽見聞図会』の天保六年（一八三五）五月のところには、

「此頃より、末広町に酢店《すしミセ》を出し、是を三ずしといふ。

図 125　名古屋の握りずし店。暖簾に「江戸や」とあって、店の中では江戸者がすしを握り、店の前にはすしを売る屋台が置かれている。『名陽見聞図会』（天保 6 年）

此酢《すし》を製《つく》る手ぎは（手際）の早き事、誠に妙をつくせり。扨、此店の者、何れも江戸者にて、至極綺麗なる店なり」

とあって、「江戸者」のすし職人がすしを握り、その手際の見事さが賞賛されている。江戸で技術を磨いた握りずし職人が名古屋に進出し、「至極綺麗《しごくきれい》なる店」の店内ですしを握っている。店の前に出した屋台に握りずしを並べて売っていて、握りずしは屋台で売るものだったことが見てとれる（図125）。

（六）すし屋の増加

やがてすし屋でも握りずしを商うようになり江戸は握りずしの町へとなっていった。

『守貞謾稿』「後集巻之一・食類」によると「三都（江戸・大坂・京都）とも押鮓なりしが、江戸はいつ比《ごろ》よりか押たる筥鮓《はこ》廃し、握り鮓のみとなる。筥鮓の廃せしは五、六十年以来やうやくに廃すとなり」とあって、五、六十年前から徐々に箱ずしが廃れて、握りずしのみになったとある。『守貞謾稿』は慶応三年（一八六七）に擱筆しているので、五十年前とは文化十四年頃になる。このころに握りずしが現われたことを示す史料は見つかっていないが、握りずしが徐々に箱ずしを駆逐していった様子が分かる。『守貞謾稿』がいうように、江戸の町のすし屋がすべて握りずしの店になったとは思えないが（松がずし・笹巻ずし・かよひずしのような押しずしの名店あり）、十九世紀中頃には握りずしの時代を迎え、すし屋の数が急速に増えている。

握りずしが誕生する少し前の文化八年（一八一一）に、町名主が「食類商売人」の数を調査して奉行所に提出した報告書によると、「すし屋」の数は二一七軒だった（『類集撰要』四四）。このときの「饂飩屋・蕎麦切屋」の数は七一八軒だったので、すし屋の数はそば屋の三分の一以下だった。

それが、握りずしが誕生すると、すし屋の数が、そば屋の数を上回るようになり、「江戸は鮓店はなはだ多く、毎町一、二戸。蕎麦屋一、二町に一戸あり」（『守貞謾稿』「巻之五・生業」）といった状況になっている。

天保十年（一八三九）頃のそば屋の数は七〇〇軒位だった（一一四頁）。『守貞謾稿』がまとめられた嘉永六年（一八五三）には、すし屋の数がそば屋の数を上回っていたとすると、文化八年から嘉永六年までの約四十年間で、すし屋の数は二一七軒から七〇〇軒以上に増えたことになる。

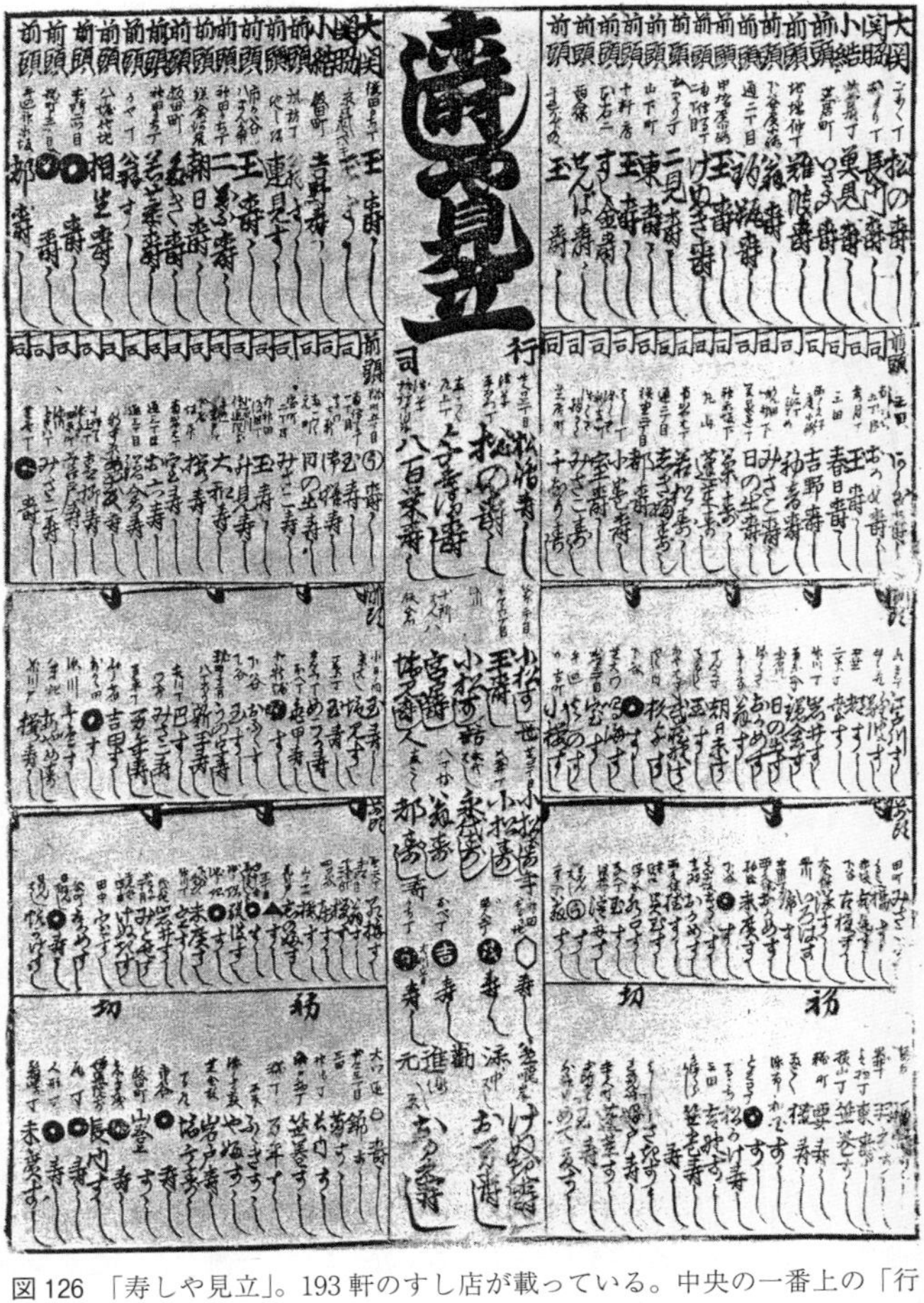

図 126 「寿しや見立」。193 軒のすし店が載っている。中央の一番上の「行司」のところに「松の寿し」「与兵衛寿し」の名が、一番下の「差添」のところに「けぬき寿し」「お万寿し」の名がみえる。（江戸後期）

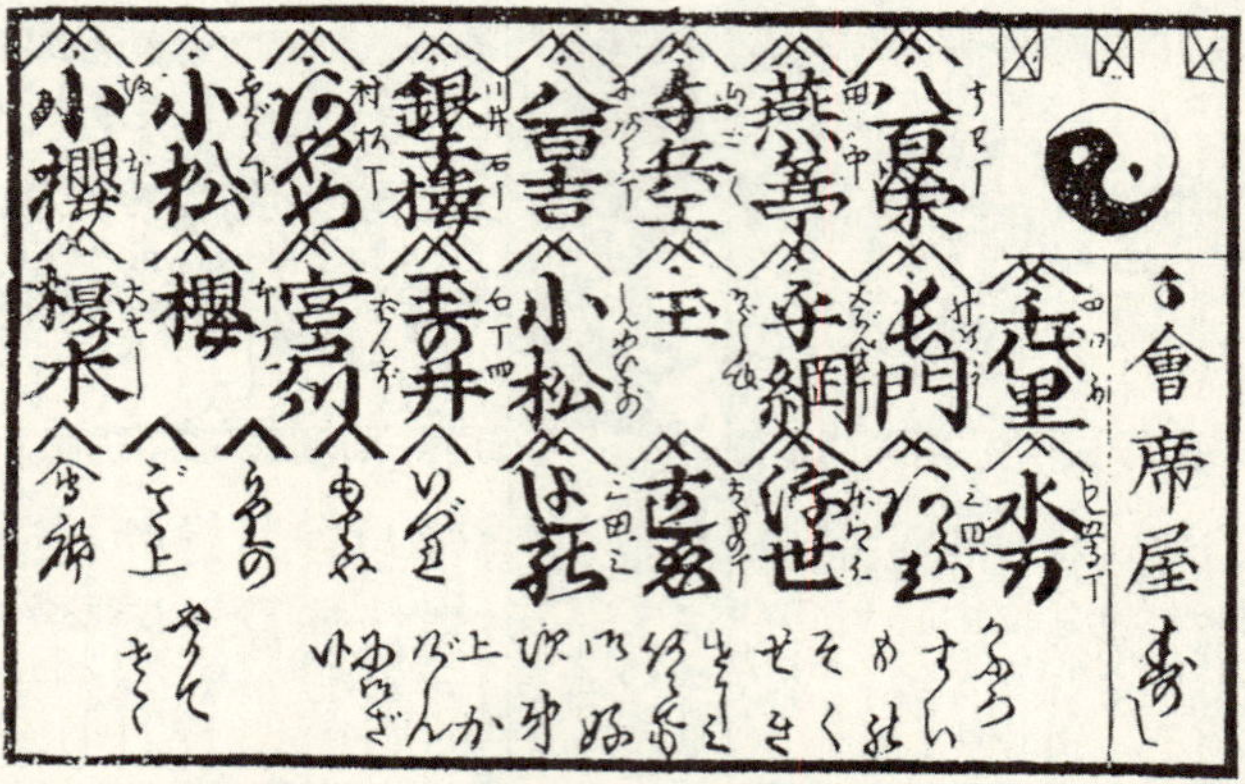

図 127　「會席屋寿し」。上段右から二番目に「田中　燕々亭」とある。『細撰記』異板（嘉永 6 年）

すし屋は握りずしを出すようになってその数を増やし、相撲番付をまねた見立番付「寿しや見立」（江戸後期）も出版され、そこには、一九三軒のすし屋が載っている（図126）。

また、握りずしは会席料理店のメニューにも加えられるようになった。嘉永六年版『細撰記』異板の「會席屋寿し」には、店名のあとに「いずれもりやうりのごく上　會席　すいもの　そくせき　さしみ　何ニても御好次第上かげんに御ざ候」とある。ここに名を連ねている店は会席料理店だが、「會席屋寿し」とあることから、すしも出していたことになる（図127）。

この内の一軒「田中　燕々亭」（上

図 128　燕々亭。「東都高名會席盡」（豊国・広重合作画）（嘉永 5、6 年）

段の右から二番目）は、吉原遊郭近くの山谷田中にあった会席料理店で、「東都高名會席盡」（豊国・広重合作画）と題して嘉永五年から六年に亘って出版された揃物五十枚の内の一枚に描かれている（図128）。すし桶にはコハダやマグロの握りずしが盛られている。現在の日本料理店でもすしをメニューに加えている店があるが、この頃には始まっている。

蒲焼屋は店舗営業が主だった。文化八年に、町名主が「食類商売人」の数を調査したときの「蒲焼屋」の数は二三七軒で（一八九頁）、「すし屋」の数と同じ位だった。蒲焼屋が「毎町」何軒に増えたかわからないが、蒲焼の値段は安くなく、日常的に食べる物ではなかったので、すし屋の数より増えたとは思えない。天麩羅はほとんどが屋台営業だった。したがって、そば屋の数よりすし屋の数の方が多いということは、幕末頃には、四大名物食のうち、すし屋が一番店舗数が多かったことになる。

（七）握りずしと粕酢

和歌山の医師・原田某は、幕末期の江戸見聞録のなかで、「鮓は握りて、押したるは一切なし。調味よし。上方の及ぶ所にあらず」（『江戸自慢』万延元年・一八六〇）といっている。江戸のすしが「押したるは一切なし」とあるのは『守貞謾稿』同様、実情を表わしているとはいえないが、「調味よし」といわれた要因には、握りずしに合う酢が開発されたことも大きい。

尾張・半田の酒屋中野又左衛門家では、文化七年より本格的に酒粕を原料とした粕酢を生産し、㊍印酢として江戸に出荷した。これが握りずしによく合い消費が伸び、幕末以降は高級粕酢「山吹」がブランド品として、江戸向きの主力商品になっている。そして、当初は「山吹」とは別のブランドであった「三ツ判」が、明治後半になると「山吹」の中の最高級品をさすようになる（『酢造りの始まりと中埜酢店』）。

『守貞謾稿』「後集巻之一・食類」には「酢　江戸にては、尾の名古屋の㊍印の製を専用す」とあって、江戸で人気を得ていることが分かるが、すし屋でも使っていて、嘉永六年版の『細撰記』「名代屋鮨九郎」には、すし屋の名の下に「まる勘」と出ている（図129）。

與兵衛鮓四代目主人の弟の小泉清三郎（迂外）は、『家庭鮓のつけかた』（明治四十三年・一九一〇）という本を出版しているが、そのなかで、

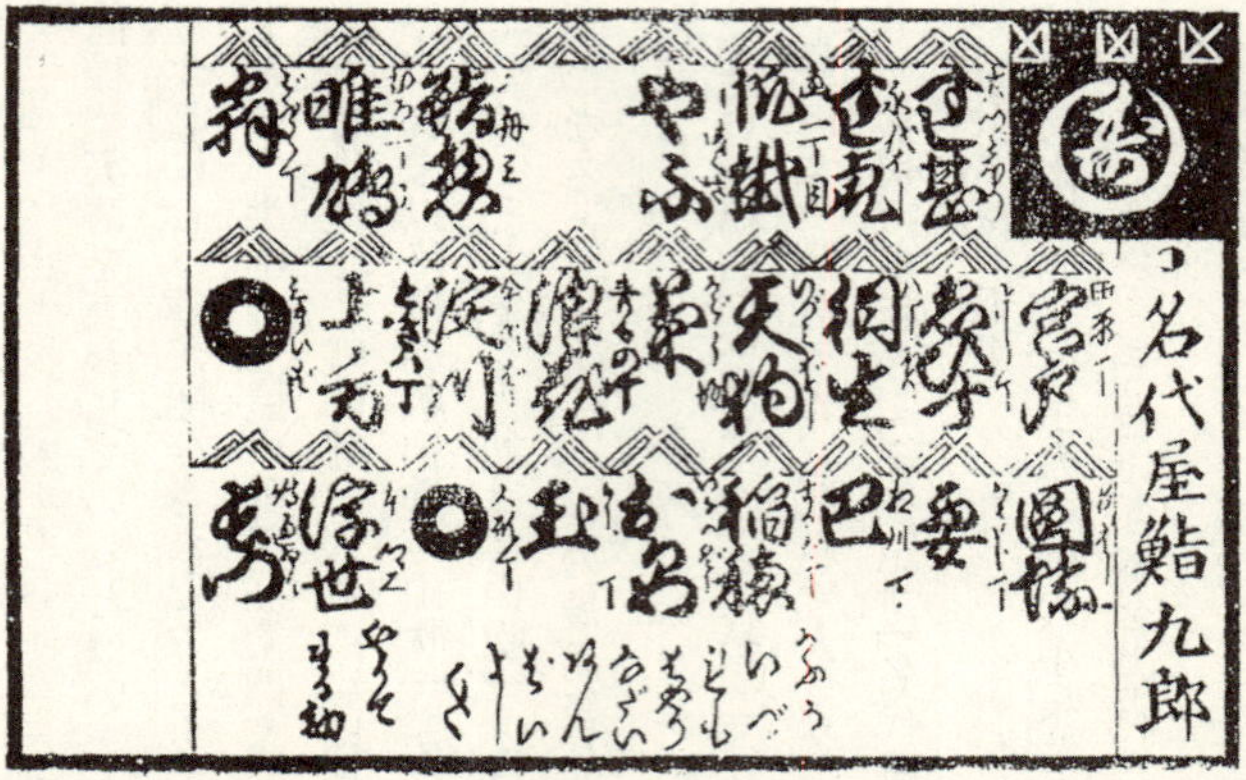

図 129 「名代屋鮓九郎」の店。すし店の名の下に「まる勘」とみえる。『細撰記』（嘉永 6 年）

「酢は飯と共に鮓には無くてならぬものですが、種々類《いろいろるゐ》がございまして、先ず普通五段ほど上下があるのです。鮓に使ひますのは、尾州半田で醸造します「山吹」に限ります。これは俗に三ツカンの最上品と申しましてこれを三ツカンの三ツ判ともいひます」

といっている。江戸ずしの老舗吉野鮨本店（日本橋）の三代目吉野昇雄《ますお》（明治三十九年生れ）は、この一文を解説して、

「すし屋にとって酢は、そのすし屋の基本的味を創り出す原動力ともい

える調味料である。（略）三ツカンの酢の中でも、「三つ判の山吹」が最上等の酢とされていたから、すし屋はみんな、三つ判の山吹を用いることを自慢にしたものである。ことほどさように、東京のすし屋にぴったり適した酢であったことは確かである。濃色赤酢であった」

といっている（『解説 家庭「鮓のつけかた」』）。粕酢は「濃色赤酢」だった。したがって、すし飯には赤い色がついたので、木下謙次郎は、

「此の酢（山吹印）は、其の名の示す如く山吹色をしてゐるので、飯を染めて鮓の色を損することは甚だ不愉快なことである。真白な飯が、鮪肉の真紅、小鰭の群青、玉子の黄、海苔の緑に対し夫々色彩の美を見せる所に握り鮓の妙味があるのである。鮓米が搗き減りに構わず思ひ切つて精白するのは、飯に真白な艶を出すためである。そこへこんな色つきの酢を使ふとなつては、米を精白する意義は全然失はれて仕舞ふわけになる。そこで鮓に使ふ醋は色のつかぬものが望ましいことになるのである」

といっている（『続々美味求真』）。米の精白度が増し、酒粕酢はすし飯に色が赤くつくことから、今では、粕酢は隠し味としてすし酢にブレンドして使われたり、すし飯に色がつく度合いの少ない粕酢や米と酒粕で醸造した色のつかないものが開発され、使われている。

四　握りずしの種類とすしの添え物

（一）すしの種類とすしダネ

『守貞謾稿』には、

「また江戸にても、原《もと》は京坂のごとく筥鮨。近年はこれを廃して握り鮨のみ。飯の上に鶏（卵）やき・鮑・まぐろさしみ・えびそぼろ・小鯛・こはだ・白魚・蛸等を専らとす。その他なほ種々を製す」（「巻之六・生業」）

「江戸、今製は、握り鮓なり。鶏卵焼・車海老・海老そぼろ・白魚・まぐろさしみ・こはだ・あなご甘煮長のまゝなり」（「後集巻之一・食類」）

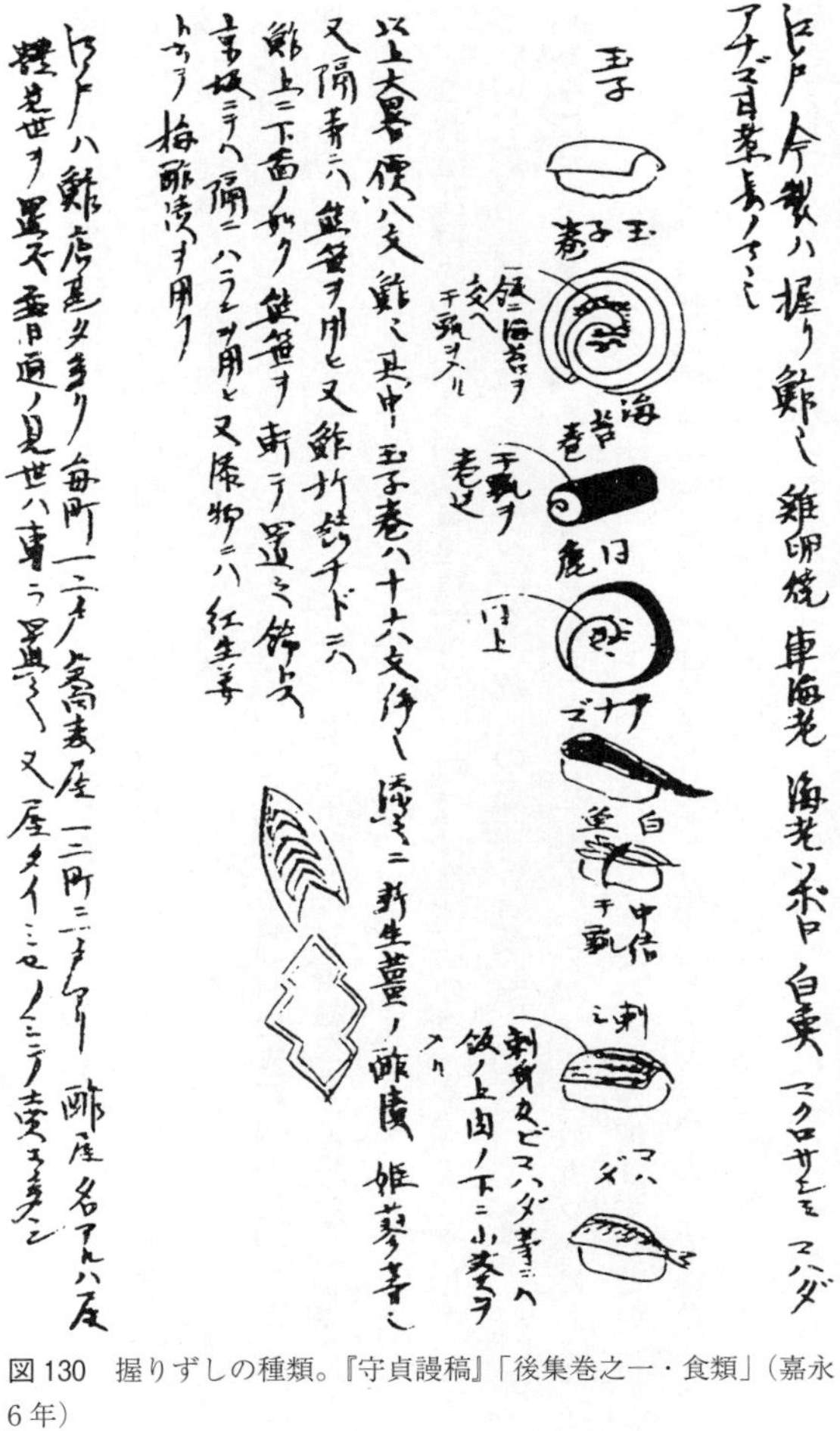

図 130　握りずしの種類。『守貞謾稿』「後集巻之一・食類」（嘉永6年）

とあって、すしの種類が載り、絵が添えられている（図130）。絵を眺めると次のようなことがわかる。

「玉子」は、今のように厚焼き玉子ではない薄焼玉子の握りで、今のすし店で「すし玉」といわれているものに相当する（これを置いている店は少ないが）。「玉子巻」は「飯に海苔を交へ干瓢を入れる」とある。

「海苔巻」は、「干瓢を巻き込む」とあるが、握りずしより前に流行った海苔巻が握りずしの一種になっている。「同鹿」は太巻きで、やはり干瓢を巻き込んでいる。今の海苔巻きは、いろんなものを巻き込んでいるが、原形は干瓢巻きである。ただし、これは江戸のことで、『守貞謾稿』は、京坂では海苔巻のことを「まきずし」といい、「飯中椎茸と独活《うど》を入れる」と、東西の違いに言及している。

「あなご」は、文中に「あなご甘煮長のまゝなり」とあって、アナゴは丸ヅケにされている。絵をみると、アナゴ一匹丸ごと使っていて、かなり大きな握りずしということになる。吉野昇雄は「今と違って昔の握りずしはずっと大きく、とうていひと口では食べられず、ひと口半ないしふた口でやっとという大きさであった。（略）屋台ずしで人々は、銭湯からの帰り道でちょっと二個か三個つまむ、という食べ方をしていた」といっている（『鮓・鮨・すし』）。

確かに江戸から明治にかけての握りずしは大きかったようで、『月刊食道楽』（明治三十九年八月号）には、「鮨行脚」と題して、井筒為蝶なる人物が、屋台ずしを食べ歩き、それぞれの屋台評をしているが、立寄った一軒の屋台について、

「其形が小振りで一口に丁度頃合《ころあひ》なところ、実用からの割出しは鮨として確《たし》かに進歩したものと云つて宜しい。全体あぐりと噛切つた残りを皿の上へ置いて、又取上げての又あぐりなんかは、あまり体裁の宜しいものではない。殊に鮪とか章魚《たこ》とかを載せた握鮨と来てからは、箸で千切らうにも噛切らうにも誠に始末にいけぬものであるが、其弊《そのへい》を避けて小さく握つたところが返すがえすも気にいつた」

と評価している（図131）。今からすると、江戸の人は食べにくい大きさのすしにパクついていたことになる。

「白魚」は「中結　干瓢」とあって、白魚が落ちないように干瓢で結んでいる。「刺身」は、文中の「まぐろさしみ」のことで、「刺身およびこはだ等には飯の上肉の下に山葵を入る」とあって、マグロとコハダには今と同じようにワサビが使われている。すしにワサビが使われ、マグロがすしダネに登場しているのが注目され

る。マグロは、江戸時代には下魚とされていたが、「マグロはすしダネにすることにより、最高の旨味を発揮する魚である」（『鮓・鮨・すし』）とあるように、マグロはすしと出合い、上魚（高級魚）に出世していく。

嘉永六年版の『細撰記』「寿し屋漬吉」にも、店名の下に「えび・玉ご・そぼろ・あじ・さより・きす・赤貝・さば」といったすしダネの名がみえる（図115、三一一頁）。『守貞謾稿』のすしダネと併せると、江戸時代には、アワビ・マグロ・車海老・白魚・コハダ・アナゴ・小鯛・タコ・アジ・サヨリ・キス・赤貝・サバといった江戸前や江戸近海の魚介類がすしダネに使われている。

冷蔵庫のない江戸時代には、『守貞謾稿』「後集巻之一・食類」の「散らし五目

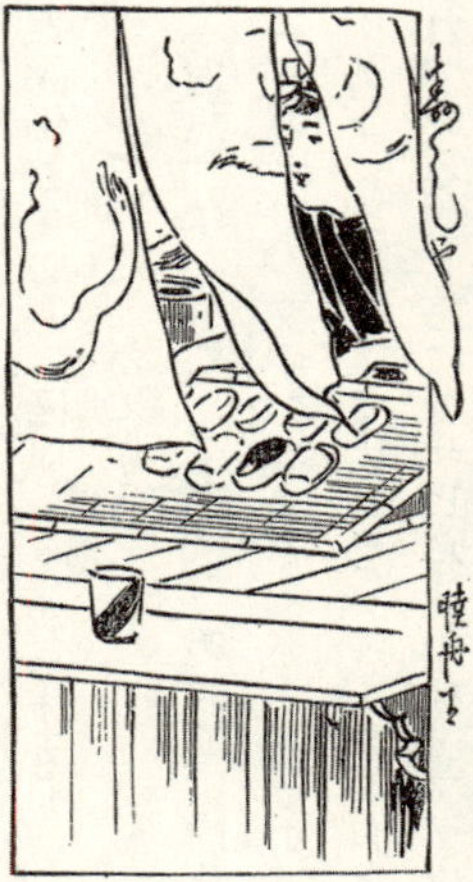

図131　握りずしの屋台。握ったすしが並べられている。『月刊食道楽』（明治39年8月号）

鮨」に「魚肉は生を酢につけたる」ものを使うとあるように、江戸のすし屋では、これらの魚介類を生のまま使ってはいなかったようだ。江戸時代の史料ではそれを具体的に知ることは出来ないが、先に紹介した與兵衛鮓四代目主人の弟・小泉迂外が書いた『家庭鮓のつけかた』(三三三頁)には、上記のすしダネの前処理方法が詳しく載っていて、江戸時代のすしダネがどのように前処理されていたか知る手掛かりになる。

それによると、アワビはみりん・酒・醬油で煮て冷まし、薄切りにして握り、赤貝は「二杯酢にザットくゞらせ、布巾にてよく酢を」切って握り、キハダ・メジマグロは「醬油にくゞらせ」て握っている。車海老は塩茹でを酢漬にして、白魚はみりん・醬油・塩で煮て、アナゴはみりん・醬油で甘煮にして、コハダ・小鯛・アジ・サヨリ・キス・サバは酢漬(酢じめ)にして握っている。タコの記載はないが、塩茹でにしたものを使用したものと思える。

江戸のすし職人は、それぞれのすしダネに見合った「仕事」をしていたようで、こうした技術が握りずしを江戸の名物食に仕立て上げる原動力になっていたにちがいない。

このように前処理されたすしダネを握ったすしは、醬油をつけて食べる必要はあ

まりなく、小泉迂外はすしの「喰い方」について

「先ず鮓が皿に装盛《さうしよく》して卓上に運ばれると、必ず別に醬油の小器が付いて現はれる。その際醬油を付けるべきものと、べからざるものがある。乃ち海苔、玉子、海老及び煮物一式は醬油を用ゐず、マグロ、赤貝、鰶《こはだ》の如きは少し付けても差支へないのである。酢魚は何れでもよいが、可成《かなり》付けぬ方に真味がある。しかし、真の鮓通は種の如何に係らず皆醬油を避けるのである」

といっている（『月刊食道楽』「鮓のはなし」明治三十八年五月号）。

屋台のすしについては、吉野昇雄は「昔の屋台のすし屋では、つけじょう油を入れた大きな丼が「膳付き」（屋台の前にある棚のような板）の中央においてあって、お客は共同で、つまんだすしの端にちょっとその丼のつけじょう油をつけて食べた。わたしのおふくろの話によると、明治二十年ごろにはすでに屋台のつけじょう油はこの形式であった」らしい、といっている（『鮓・鮨・すし』）。

「東都名所　高輪二十六夜待遊興之図」（天保七年頃）のすしの屋台には、握ったすしの右側に丼が置かれている。客はこの丼の中の醬油をつけていたようだが、丼の

図 132　握りずしの屋台。すしが並べられている前に、刷毛の入っていると思われる丼が置かれている。「東都名所　高輪二十六夜待遊興之図」（天保 7 年頃）

なかには細い棒が入っているのが見える。細い棒は刷毛で、江戸時代には刷毛で醤油を塗って食べることが行なわれていたのではなかろうか（図132）。

（二）ガリ

『守貞謾稿』に、握りずしには、

「新生姜・古生姜ともに梅酢につけず、弱蓼《わかたで》と二種をそゆる」（「巻之六・生業」）

「これに添ふるに新生薑《せうが》の酢漬、姫蓼《ひめたで》等なり。また隔て等には熊笹を用ひ、また鮓折詰などには鮓上に下図のごとく熊笹を斬りて、これを置き飾りとす」（「後集巻之一・食類」、図130）

とある。江戸のすし屋では、魚の生臭みを消し、口の中をさっぱりさせるために、生姜の酢漬けを添えることが始まっているが、生姜は季節により新生姜と根生姜《ひねしょうが》が使い分けられている（夏季に新生姜）。姫蓼は赤芽（芽タデ）のことで、色取りに添えられているが、生臭さを消すとともに、食欲を増し、消化を助ける働きもあるという。

『家庭鮓のつけかた』には、「鮓に副える生姜は極く薄くうつたもので、到底素人《しろうと》にはつくれません。故に鮓屋なども大抵、千住又は魚河岸に赴いてこれを買出します」が、自分で作るときは、「根生姜《ひねしやうが》を若干買求めて、よく土を洗ひ落しまして、庖丁で皮を掻きむしり、左手の指先で軽く押へ、薄刃で繊並《せんなり》に小口からなるべく薄く刻《う》ちます。次に水に浸してアクを除《だ》し、笊に揚げ水気を切つて、丼鉢に酢をくみ、一つまみの塩を投じ、刻《う》つた生姜を漬けて置きます」とあって、生姜の薄切りの酢漬け、今でいうガリの作り方が紹介されている。江戸時代の魚河岸でガリが売られていたか分からないが、薄切りの生姜を「湯ぶり」しておらず、酢に砂糖を加えていないなど、ここには江戸時代の作り方が示されているように思える。宮尾しげをの『すし物語』（昭和三十五年）には、

「ショウガの外側の皮をむいて薄く下したものに、摂氏六〇度から七〇度ぐらい熱いと感じる程度の湯をかけるのを「湯ぶり」といっている。そしてすぐに冷水をくぐらせて、アクを抜く。こうすると臭いにおいは消えて色を美しくして、舌ざわりをやわらげる特色がある。湯ぶりをすましてから、酢二、砂糖一、塩少々の甘酢に漬けるのが、ガリ製法の常とされている」

と、ガリの今日的作り方が紹介されている。

いずれにせよ、すしにガリは相性がよい。そばには薬味のネギ、蒲焼にはサンショウ、天麩羅には大根おろし、すしにはガリ、といったように江戸の四大名物食には相性の良い添え物が組み合わされていて、より美味しく食べるための江戸っ子の知恵が働いている。

隔《へだ》てには隈笹（熊笹）が使われ、折詰用には隈笹が巧みにカットされている（図130）。隈笹は、笹巻ずしに使われていた。そのアイディアが握りずしに応用され、色取りとして大切な役割を果しているが、隈笹に含まれているバンフォリンという成分には防腐効果があるといわれている。今のビニール製の代用品では色取りの役割しか果たしていないことになる。

五　すしの値段と散らし・稲荷ずし

(一) 握りずしの値段

『守貞謾稿』「巻之六・生業」には、

「毛ぬきずしと云ふは、握りずしを一つづゝくま笹に巻きて押したり。価一つ六文ばかり。毛ぬきずしの他は貴価のもの多く、鮨一つ価四文より五、六十文に至る。天保府命（天保改革）の時、貴価の鮨を売る者二百余人を捕へて手鎖にす。その後、皆四文・八文のみ。府命弛みて、近年二、三十文の鮨を製するものあり」

とある。天保十二年五月、老中水野忠邦による天保改革がはじまり、十月には江戸に奢侈禁止令が出された。そこで、この十二月、北町奉行遠山左衛門尉（お馴染みの遠山の金さん）は、諸商人を奉行所の白洲に呼び出し、奢侈を禁ずる申渡しをしている。

まず、並み居る諸商人に対して、商人は特に太平の御国恩を有難く心得、御触れを守り、正直に質素倹約を致すべきところ、段々に御国恩を忘却し、奢侈に移り衣食住の分限を弁えないようになっていると説教し、さらに「食物売買之もの」に対し、「四文・八文の寿しも、いつの頃か弐十文・三拾文に成り、中には殊の外高値の喰物を好み、身の分限を弁えず、高価の食物を喰ひ、すつぽん壱枚壱分もするのを喰ひても飽きず、弐分のものを喰ふといったように段々増長致している。そのようなことをしているから、ついには時節が悪るひなどと、腰掛（奉行所での訴訟人の控所）へ罷り出、お上《かみ》へご苦労かける者がいる。時節が悪るひのではなく、分限を忘れるから諸色が高値に相成る。これよりお上の御制止を相守り、正直に家業を致す」ようにと諭し、続けてすべての商人に対し、高価の売買は当年限りで停止するよう命じている（『江戸町触集成』一三五五五）。

二十文から三十文しているすしが名指しでやり玉に挙げられているが、『守貞謾稿』に「鮨一つ価四文より五、六十文に至る」とあるように、一つ六十文もする高価なすしを売る者もいたようだ。

しかし、すし屋のなかには、この命令を守らなかった者がいたとみえ、翌年の天保十三年三月八日には「高直《たかね》なる鮓を売て鮓屋三十四軒召捕るなり。五十日の戸〆にて御免なり」と処罰されている（『藤岡屋日記』）。これに対し、『守貞謾稿』には「二百余人を捕へて手鎖にす」とあって、『藤岡屋日記』と人数や処罰に違いがみられる。「手鎖《てぐさり》」は、罪人の両手に手錠をかけ、手が使えないようにする刑罰。「戸《と》〆《じめ》」は、罪人の家の門を貫《ぬき》で筋違いに釘打ちする刑罰である。召捕られたすし屋はどちらかの処罰を受けたわけだが、『藤岡屋日記』の方が処罰の内容が具体的で、人数に関しても、妥当な数に思える。高価なすしを売る三四軒のすし屋が、五十日間の営業停止処分を課せられたのであろう。

さらに、喜多村信節《のぶよ》（筠庭）の江戸年代記『き、のまにまに』（天明元〜嘉永六年）には、天保十三年四月のところに先月の頃「大橋安宅の松が鮨、両国元町の与兵衛が鮨、是らも召捕られたり」とあって、特に高価だった松がずしや與兵衛ずしがこのときに捕えられたすし屋の中に入っていたことが記録されている。

このあとの八月には、「並鮓」が「百文に付　数弐拾四」（一つ約四・二文）だったのが「数弐拾七」（一つ約三・七文）に、「上鮓」が「百文に付　数拾弐」（一つ約八・三文）だったのが「数拾五」（一つ約六・七文）に値下げさせられている（『物価書上』『守貞謾稿』「鮓直段取調書上」）。並鮓と上鮓の違いはすしダネの違いによるものであろう。『守貞謾稿』には、天保府命後「皆四文・八文のみ」とあって、『物価書上』に比べて少し高いが、高価なすしが姿を消し、一個単位ではこの値段で売られていたのであろうか。

しかし、こうして値下げさせられたすしも、天保十四年閏九月十二日に水野忠邦が罷免され、天保の改革が終りを告げると、「府命弛みて」値上がりし、すし店は息を吹き返し、「江戸は鮓店はなはだ多く、毎町一、二戸」（『守貞謾稿』）といった状態に発展している。

『物価書上』によると、天保改革によって、握りずしは一個四文と八文に、もり蕎麦は一三文に、蒲焼は一皿一七二文〜一五六文に値下げさせられている。この頃のすし、そば、蒲焼の相場が比較できる。天麩羅はまだ屋台売りが主体で、「直段取調」の対象にされていない。

(二)握りずし一人前の数

『物価書上』に、「百文に付　数弐拾四」(並鮓)とあったように、江戸時代、すし店ですしを注文する場合は、「すしをいくらくれ」というように値段をいってオーダーしていた。すしを今のように一人前単位で注文するようになるのは、明治になってからで、『続・値段の明治・大正・昭和風俗史』には明治三十五年から昭和五十六年までの「江戸前寿司の並一人前」の「値段のうつりかわり」が載っているが、明治三十五年の一人前の値段は十銭とある。『月刊食道楽』の明治四十年三月号にも、客がすし店に入ってすし一人前を注文する場面が載っている。明治時代の終わり頃のすし店では、一人前を皿盛りにして出すことが始まっていたようだが、吉野昇雄は「大正の初めの頃あたりから、店の広さに多少とも余裕があるすし屋が、店内を「食堂

図 133　老舗すし店「宝来鮨」(台東区浅草 1 丁目) に残されている委託加工請負の看板。

式」、つまり店の土間にテーブルと椅子を置いて客席をつくり、一人前皿盛りのすしを売り始めたと思われる」といっている（『鮓・鮨・すし』）。

この一人前の握りずしの数は、値段や店によってまちまちだったと思えるが、現在は握りずし八個に海苔巻二切れが基本になっている。この基本の数は、戦時中からのきびしい食糧統制が続いていた、戦後間もない昭和二十二年に始まった委託加工制に基づいている。この制度は、すし屋が加工賃四十円を受け取って、客が持参した米一合に対し、握りずし八個と海苔巻二切れを交換した制度で、このときに委託加工を請け負ったすし店には、「鮨持参米加工指定店」の看板が掲げられていた（図133）。

この委託加工制がきっかけなってすし一人前の基本パターンが定着していったわけだが、これによって握りずしのサイズが小さくなったようで、「かって一口半とされた大きさの基準が捨てられて、握りずしはずっとこぶりなものになった」とある（『鮓・鮨・すし』）。

(三) 散らしずし

握りずしのほか江戸で生まれたすしに、散らしずしと稲荷ずしがある。

散らしずしは、江戸では散らし五目ずしといわれた。天保年間（一八三〇～四四）

には売られていて、天保十三年八月に握りずしが値下げさせられたとき、「ちらし五もく鮓」も「一膳ニ付百文」のところを「六十八文」に値下げさせられている。

『守貞謾稿』「後集巻之一・食類」には、

「ちらしごもく鮨、三都ともにこれあり。起し鮓とも云ふ。飯に酢・塩を加ふことは勿論にて、椎茸・木茸・玉子焼・紫海苔（浅草海苔）・芽紫蘇・蓮根・筍《たけのこ》・蚫《あわび》・海老・魚肉は生を酢に漬けたる等、皆細かに刻み飯に交《まじ》へ丼鉢にいれ、表に金絲玉子焼などを置きたり。丼と云ふは、一人分を小丼鉢にいれて価百文あるひは百五十文ばかりなり。あるひは数客の所へ大器に入れ出し、手塩皿などに取り分けて食すもあり」


とあって、散らし五目ずしは、きのこ、野菜、魚類を細かく刻んですし飯に交ぜて、丼に入れ、その上に金糸玉子が飾られている。

『守貞謾稿』によって、いろいろな具をまぜた五目ずしの上に金糸玉子などを散らすことから、散らし五目ずしといわれたことがわかるが、ここには「起し鮓とも云ふ」とある。起し鮓は上方で使われていた名称で、西沢一鳳は『皇都午睡』三編上

（嘉永三年）において「（上方の）おこし鮓を（江戸では）ごもく又ちらし共云《とも》」といっている。

京都の医者杉野駁華《ばくか》の、大坂で出版された『名飯部類』（享和二年）には、起しずしの作り方が載っていて、

「おこしずし　前のこけら鮓（この文章の前に出ている）の具を薄く細く切りて、飯にまぜあはし、少しく厳醋《きぶきす》をふり、桶箱《をけはこ》にいれて、竹皮にて覆ひ蓋をし、圧鎮《おしかけ》する等の事、前のこけら鮓のごとし。暫《しばらく》して食ふにさじ・はしを以て鋤発《ほりをこ》しぬる故におこしずしと云」


とある。この作り方によると、起しずしは「桶箱」に入れた五目ずしの押しずしで、上置きは飾られていない。『守貞謾稿』の散らし五目ずしは、押しずしではなく、「小井鉢」に入れ、上置きが飾られている。江戸の散らし五目ずしは上方の起しずしとは異なる、江戸独自のスタイルをもっていたようだ。

散らし五目ずしは、『皇都午睡』に「ごもく又ちらし共云《とも》」とあるように、ごもく、ちらしと略称されていて、

○「はぎつ子を上に着て居る五もく鮓」（柳一二〇、天保三年）
五目ずしの上に載っている具が、つぎはぎの着物に譬えられている。このころには上に載せる具が増えているようだが、
○「山海も一口の五もく寿し」（柳一六一、天保九〜十一年）
具には魚と野菜が使われている。

嘉永六年の『細撰記』「寿し屋漬吉」には、店名の下にメニューが載っているが「ちらし」とあって、すし店のメニューに取り入れられている（図115）。

散らし五目ずしの値段は結構高く、天保十三年には「ちらし五もく鮓」は「一膳ニ付百文」のところを「六十八文」に値下げさせられている（『物価書上』）。『守貞謾稿』にも「価百文あるひは百五十文ばかり」とあって、値下げ前には、散らし五目ずしは一膳百文していた。握りずしの「並鮓」は「百文に付　数弐拾四」、「上鮓」は「百文に付　数拾弐」だったので、「ちらし五もく鮓」一膳の値段は、「並鮓」二十四個、「上鮓」十二個に相当している。先に述べたように、現在、握りずし一人前は、握りずし八個、海苔巻二切れが一般的になっているが、値段は散らしずしと同じ位である。江戸時代は、握りずしより「ちらしごもく鮓」の方が高かったことになる。

江戸の散らし五目ずしは、散らしの部分より五目ずしの部分にウエイトが置かれていた。この作り方はしばらく続いていて、明治二十八年刊の『簡易料理』「ちらし鮓」には、

「ちらし鮓の製作は誰も能く知る所なれども、少しばかり其方法を記すべし。則ち炊立ての飯に塩を以て加減し、酢を加へ、酢に加へたる魚、譬えばあなご・鱧《はも》・鰻・鯛・黒鯛・鰆《さはら》の細つくり乃至《ないし》貝の細つくり、刻みゑび又は椎茸刻み・さ、がき独活・三つ葉・焼たまごの刻み等を鮓桶の中にて熱き飯を煽《あを》ぎながらよく混ぜあはすべし。食するときには浅草海苔を火に見せ、揉みて鮓の上にふりかくべし」

とあって、五目ずしの具材は豊富だが、上に振りかけるのは浅草海苔だけだ。それが明治四十三年刊の『家庭鮓のつけかた』「ちらし五もく」になると、

「海苔飯を適宜に軽く器に盛り」、細かく切った椎茸と木耳《きくらげ》少量を混ぜて、「海苔飯の上にふりかけ、其上へ薄焼の玉子を短冊形に細く截《き》りたるを適宜に布《し》き、尚

ほ玉子を被《お》ふておぼろを敷き、上ぶき（小魚或は貝類をかく申します）を掛け生姜を添へて侑《す》めます」

「【上ぶき】五目に用ひます魚類貝類の略称です。これは季節によつて次の種類の内、一品を選み、細く短冊形などに切つて用ひます。白魚は江戸前ならば六、七尾位づゝ一人前用ひます。

小鯛、さより、きす、白魚、赤貝、みる貝」

とある。すし飯はもはや五目ずしではなく、乾海苔をもんで細かくしてすし飯に交ぜた海苔飯であって、その上にいろいろな具を敷き、さらに「上《うわ》ぶき」がのせられている。ここでは上にのせる具にウエイトが置かれるようになっていて、「上ぶき」には魚介類が使われ、現在の散らしずしに近づいている。

さらに、昭和五年刊の『すし通』「五目と散し」になると、

「飯に混ぜる材料を「もく」とか「具《ぐ》」とかいうが、蓮根、人参、干瓢、椎茸、玉子焼、糸昆布、こんにゃくなど主として野菜類の具を、酢で味付けた飯に搔き混ぜ、海苔をもんで振りかけ、生姜を細く切って添えるのが普通の家庭で造る五

目鮨とか五目飯とかいうものである。その他、剝身《むきみ》や酢の物などの生臭をいれた五目鮨もある。しかし魚のおぼろはあまり使わない。したがって見場があまりよくないので、鮨屋ではこういう五目鮨はほとんど造らない。

東京の商売人はこの五目鮨の具を飯に混ぜないで、必ず丼とか曲物の飯の上に綺麗に並べて「散し鮨」と呼んでいる。そして薄桃色のおぼろを具の間なり、一緒なりに散らしてある。

こんなふうに五目鮨と散し鮨とは判然とした区別がついているが、たいがい混同されている。鮨屋で五目をくれといっても、小僧はちゃんと心得ていて「はい散し一丁」と奥へ通じてしまう。しかし鮨屋によっては「散し」の具を五種にして「散し五目」と称しているところもある」

とあって、飯に具を混ぜない散らしずしがすし屋で提供されるようになっているが、まだ五目ずしと散しずしを混同している人もいる。昭和初期が今の「ちらしずし」への移行期だった。

(四) 稲荷ずし

散らしずしはすし店のメニューになっていたが、稲荷ずしは屋台売りが主だった。狐は稲荷大明神の使わしめとされ、この狐に油揚を供えて願掛けをする江戸の信仰から、油揚げを使ったすしを稲荷ずしというようになった。稲荷ずしを信太（信田）ずしともいうが、信太の森（大阪府和泉市）の狐の伝説が有名であることから命名されたという。

『近世《きんせい》商賈《あきんど》尽狂歌合《きょうかあわせ》』（嘉永五年）には、「いなりずし　天保年中飢饉の時より初まり、大いに流行す。いづれより起原にや。所々にありて、其もと未詳」とあって、「稲荷鮨」売りの屋台が描かれている。屋台には、狐の面を描いた幟が立てられ、「稲荷鮨」と書かれた赤い丸い提灯が吊るされている。台の上には包丁が置かれ、「壹本が十六文　へいへいへい　ありがたひ　半ぶんが八文　へいへいへい　ありがたひ　ありがたひ　一ト切が四もん　サアサア　あがれあがれ」と言い立てている。稲荷ずし売りは、注文に応じて細長い稲荷ずしを切って売っている（図134）。

『守貞謾稿』「巻之六・生業」には、

「また天保末年、江戸にて油あげ豆腐の一方をさきて袋形にし、木茸・干瓢等を刻み交《まじ》へたる飯を納れて鮨として売り巡る。日夜これを売れども夜を専らとし、

図 134　稲荷鮨売り。『近世商賈尽狂歌合』（嘉永 5 年）

行灯に華表《とりい》を描き、号して稲荷鮨あるひは篠田鮨と云ふ。ともに狐に因みある名にて、野干《きつね》は油揚を好むもの故に名とす。最も賤価鮨なり。尾の名古屋等、従来これあり。江戸も天保前より店売りにはこれあるか。けだし両国等の田舎人のみを専らとす。鮨店に従来これあるかなり」

とあって、稲荷ずしの名は狐が油揚げを好むところから生まれたとしている。

稲荷ずしが売り出された時期については、『近世商賈尽狂歌合』は、天保四～七年（一八三三～三六）に起こった全国的な飢饉のとき売り出されて流行したが、起原については未詳としている。『守貞謾稿』でも天保末年には売っていたとしているが、尾張の名古屋にはもっと前からあるので、天保以前に江戸でも店売りしていたのでは、といっていて、はっきりしない。稲荷ずしの起源については未詳だが、江戸では天保年間には売り出されていた。

稲荷ずしの値段は、『藤岡屋日記』の弘化二年（一八四五）には、「此のすし（稲荷ずし）は豆腐の油揚に飯・から（おから）、いろいろのものを入て一ツ八文也。甚《はなはだ》下直《げじき》にてわさびせふゆ（ワサビ醤油）にて喰する也。暮時より夜をかけ、往来の繁き辻々に出て商ふ也」とあって、一つ八文で、ワサビと醤油で食べるとしてい

図135　稲荷鮨売り。『魂胆夢輔譚』四編下（嘉永元年）

る。『近世商賈尽狂歌合』では一切れ四文、一本十六文で売られている。稲荷ずしは、『守貞謾稿』に「最も賤価鮨なり」とあるように、値段の安い鮨として売られていたが、一筆庵主人の『魂胆夢輔譚《こんたんゆめすけばなし》』四編下（嘉永元年）の稲荷ずし売りは、一切れは八文、十六文、一本では三十二文、五十文、七十文、百文、二百文と言い立てて売っている（図135）。物語上のことで、誇張があるものと思えるが、中身によっては高価な稲荷ずしも売られていたことがうかがえる。

　稲荷ずしの詰め物については、『藤岡屋日記』に「此のすし（稲荷ずし）は豆腐の油揚に飯・から（おから)、いろいろのものを入て一ツ八文也」とあり、『守貞謾稿』には「木茸・干瓢等を刻み交《まじ》へたる飯を納れ」るとあり、『さへづり草』「むしの声」(江戸末期)には「豆腐の油揚《あぶらあげ》に雪花菜《きらず》(おから)をつゝめるもの」とある。

江戸時代の史料では、すしといわれていても、中に詰める飯がすし飯(酢飯)とは限らなかったが、明治時代の『年中惣菜の仕方』(明治二十六年)になると、

「稲荷ずし　油揚《あげ》を生《なま》の時に、其腹《そのはら》を割き(小なれば丸のまゝ、大なれば半分に切る)、これを酒と醬油に砂糖を加へて中淡《ちううす》に煮て、其中にごもく鮨を詰める也。其《その》ごもくは蓮根・胡蘿蔔《にんじん》・椎茸・木耳・苧《を》の実・生姜などを細かく切りてこれに味を付け、其《その》煮汁共に鮨飯に掻き交ぜる也」

とある。ここでは野菜などの精進物を交ぜたすし飯が詰められており、『家庭鮓のつけかた』(明治四十三年)でもすし飯が使われている。明治時代にはすし飯にいろいろな具を交ぜた稲荷ずしが作られているが、やがて稲荷ずしは、すし飯だけを詰めるようになっていき、『すし通』(昭和五年)の時代になると、「飯の具には人参・蓮根・糸昆布など入れたるものもあるけれど、具はない方が普通である」とあって、

現在の稲荷ずしの姿に近づいている。

稲荷ずしは、日本橋の十軒店《じっけんだな》（中央区日本橋室町三、四丁目）が名物で、『魂胆夢輔譚』の稲荷ずし売りは「あァあァ　稲荷ィさァん。是は御評判の信田鮓、十軒店に置まして売弘めまする則ち正銘のおいなりさん」といって売っている。

十軒店辺りには、何人かの稲荷ずし売りがいたようだが、中でも「治郎公」の稲荷ずしが有名で、清水晴風《しみずせいふう》（嘉永四年～大正二年）が江戸時代の行商芸人等をスケッチした『晴風翁物売物貰尽』には「十軒店治郎コウのいなりすし」が描かれ、

「十軒店治郎吉の稲荷鮨は安政頃大ひに流行す。トントンガラリトンガラリと大声を発し、右に手先を振りて台を叩きなどする様面白く、治郎公の真似を町中の小供がするに至りといふ」

とある（図136）。

幕末から明治初頭にかけての江戸の暮らしぶりを著した『江戸の夕栄《ゆうばえ》』（大正十一年）には、

図 136　十軒店治郎コウの稲荷鮨。『晴風翁物売物貰尽』

「稲荷ずし　御府内各所に定見世また家台見世にあり。油揚の中に野菜を入れし鮨なり。主なるは、お蔵前の玉ずし、十軒店の治郎公、吉原江戸町角の夜あかし、千住大橋際、和泉町、人形町通り夜店、久保町そのほか各町にあり。価廉にして風味佳なる物あり」

とあって、稲荷ずし屋台のほか、稲荷ずし店も各所に出来ていたことを伝えている。稲荷ずしもまた江戸庶民に愛され発展したすしだった。

おわりに

すし・天麩羅・蕎麦・うなぎを愛する人は多いだろう。私も予算と時間の許す範囲ではあるが、この四大名物食の名店を食べ歩き、江戸時代から育まれてきた味を楽しんでいる。

したがって、この四大名物食をテーマにした本を書くのは楽しい仕事であったが、テーマが大きいだけに調査しなければならない事柄が多く、所蔵先を訪ねては史料収集にあたり、さまざまな文献や絵画に目を通しているうちに、あっという間に時間が過ぎてしまった。

江戸を代表する四つの食べ物を一冊にまとめようと欲張ったので、まだまだ書き残したことがたくさんあるが、主要なことは書きあらわせたと考えて、筆をおくことにした。機会を改めて、それぞれをテーマにしたものを書いてみたいと思っている。

江戸時代の文章を原文のまま多数引用したので、理解の手助けにと挿絵を多く入れるよう心掛けたがいかがだろうか。本書が江戸の食文化探求の一助となれば幸甚である。

二〇一四年八月に、ちくま学芸文庫から『居酒屋の誕生』を出版したが、その際、筑摩書房に紹介してくれたのが千葉大学名誉教授の松下幸子先生で、今回の出版にあたっても、いろいろと資料を提供していただいた。先生は本書の出版を楽しみにして下さっていたが、かなわずに昨年十二月に鬼籍に入られてしまった。先生にこの本を見ていただけないのは大変残念ではあるが、この場を借りて、生前のご学恩に感謝の意を表するとともに、謹んでご冥福をお祈り申し上げたい。

本書の出版にあたっては、『居酒屋の誕生』と同じく藤岡泰介氏が編集に携わってくれて、校正から挿絵のレイアウトまで、さまざまな面でお力添えを賜った。特に本書の顔となるカバーについては、数多くの案を作成して検討を重ねた上で、内容に相応しいものを選定していただいた。厚く御礼申し上げる次第である。

二〇一六年二月

飯野亮一

参考史料・文献一覧

『明烏後正夢』二世南仙笑楚満人・滝亭鯉丈作、歌川国直・渓斎英泉画　文政四〜七年（一八二一〜二四）
『東育御江戸の花』鳥居清長画　安永九年（一七八〇）
『仇敵手打新蕎麦』南杣笑楚満人作・一柳斎豊広画　文化四年（一八〇七）
『雨の落葉』山之編　享保十八年（一七三三）
『彙軌本紀』島田金谷　天明四年（一七八四）
『居酒屋の誕生』飯野亮一　ちくま学芸文庫　平成二十六年（二〇一四）
『異制庭訓往来』南北朝期　『日本教科書大系往来編』四　講談社　昭和四十五年（一九七〇）
『一向不通替善運』甘露庵山跡峰満　天明八年（一七八八）
『異本洞房語園』庄司勝富　享保五年（一七二〇）　文政八年写本（国立国会図書館蔵）
『彩入御伽草』鶴屋南北　文化五年（一八〇八）
『浮世床』式亭三馬　文化十年（一八一三）
『浮世風呂』式亭三馬　文化六〜十年（一八〇九〜一三）
『虚実情夜桜』梅松亭庭鶯　寛政十二年（一八〇〇）
『羽沢随筆』岡田助方　文政七年（一八二四）頃
『うどんそば　化物大江山』恋川春町作・画　安永五年（一七七六）
『鰻・牛物語』植原路郎　昭和三十五年（一九六〇）
『うなぎの本』松井魁　柴田書店　昭和五十七年（一九八二）
『枝珊瑚珠』鹿野武左衛門等作・石川流宣画　元禄三年（一六九〇）
『江戸江発足日記帳』酒井伴四郎　万延元年（一八六〇）

『江戸買物独案内』中川五郎左衛門編　文政七年（一八二四）
『江戸鹿子』藤田理兵衛　貞享四年（一六八七）
『江戸看板図譜』林美一　三樹書房　昭和五十二年（一九七七）
『江戸久居計』岳亭春信作・歌川芳幾画　文久元年（一八六一）
「江戸時代の料理書に関する研究」（第四報）川上行蔵（『共立女子大学短期大学部紀要』第一五号）昭和四十六年（一九七一）
『江戸砂子』菊岡沾涼　享保十七年（一七三二）
『江戸愚俗徒然草』案本胆助　天保八年（一八三七）
『江戸自慢』原田某　安政年間（一八五四～六〇）頃
『江戸蛇之鮓』池西言水編　延宝七年（一六七九）
『江戸図屛風』絵師未詳　寛永年間（一六二四～四四）頃
『江戸川柳飲食事典』渡辺信一郎　平成八年（一九九六）
『江戸惣鹿子名所大全』奥村玉華子　宝暦元年（寛延四年）（一七五一）
『江戸食べもの誌』興津要　作品社　昭和五十六年（一九八一）
『江戸塵拾』芝蘭室主人　明和四年（一七六七）
『江戸っ子はなぜ蕎麦なのか？』岩崎信也　光文社新書　平成十九年（二〇〇七）
『江戸店舗図譜』林美一　三樹書房　昭和五十三年（一九七八）
『江戸の夕栄』鹿島萬兵衛　大正十一年（一九二二）
『江戸繁昌記』五編　寺門静軒　天保七年（一八三六）
『江戸方角安見図鑑』表紙屋市郎兵衛板　延宝八年（一六八〇）
『江戸町触集成』近世史料研究会編　塙書房　平成六～十八年（一九九四～二〇〇六）
『江戸味覚歳時記』興津要　時事通信社　平成五年（一九九三）

『江戸見草』小寺玉晁　天保十二年（一八四一）
『江戸名所百人一首』近藤清春画・作　享保十六年（一七三一）頃
『江戸名物鹿子』伍重軒露月（豊嶋治左衛門）、豊嶋弥右衛門編　享保十八年（一七三三）
『江戸名物詩』方外道人　天保七年（一八三六）
『江戸名物酒飯手引草』編者不詳　嘉永元年（一八四八）
『江戸料理辞典』松下幸子　柏書房　平成八年（一九九六）
『絵本浅紫』北尾重政　明和六年（一七六九）
『絵本江戸大じまん』著者不詳　安永八年（一七七九）
『絵本江戸爵』朱楽菅江作・喜多川歌麿画　天明六年（一七八六）
『絵本江戸土産』西村重長　宝暦三年（一七五三）
『絵本続江戸土産』鈴木春信　明和五年（一七六八）
『延喜式』延長五年（九二七）　黒板勝美編『延喜式』吉川弘文館　昭和五十四年（一九七九）
『縁取ばなし』鼻山人　弘化二年（一八四五）
『鸚鵡籠中記』朝日重章　貞享元年～享保二年（一六八四～一七一七）
『大江戸史話』大石慎三郎　中央文庫　平成四年（一九九二）
『大草家料理書』著者不詳　十六世紀後半頃『群書類従』十九
『大晦日曙草紙』山東京山　天保十年～安政六年（一八三九～五九）
『教草女房形気』山東京山　弘化三年～明治元年（一八四六～六八）
『御触書寛保集成』高柳眞三・石井良助編　岩波書店　昭和三十三年（一九五八）
『御触書天保集成』高柳眞三・石井良助編　岩波書店　昭和三十三年（一九五八）
『女嫌変豆男』朋誠堂喜三二作・恋川春町画　安永六年（一七七七）
『解説　家庭「鮓のつけかた」』吉野昇雄　主婦の友社　平成元年（一九八九）

『嘉元記』法隆寺西園院　改定史籍集覧二四
『甲子夜話』松浦静山　文政四年～天保十二年（一八二一～四一）
『歌仙の組糸』冷月庵谷水　寛延元年（一七四八）
『家庭鮓のつけかた』小泉清三郎（迂外）　明治四十三年（一九一〇）　復刻版　主婦の友社　平成元年（一九八九）
『金曾木』大田南畝　文化六年（一八〇九）
『金草鞋』十返舎一九　文化十年～天保五年（一八一三～三四）
『金儲花盛場』十返舎一九作・歌川安秀画　天保元年（一八三〇）
『かの子ばなし』著者不詳　元禄三年（一六九〇）
『竈将軍勘略之巻』時太郎可候（葛飾北斎）作・画　寛政十二年（一八〇〇）
『神代余波』斎藤彦麿　弘化四年（一八四七）
『仮根草』紅月楼主人　寛政七年（一七九五）
『軽口初笑』小僧松泉編　享保十一年（一七二六）
『簡易料理』民友社　明治二十八年（一八九五）
『閑情末摘花』松亭金水作・歌川貞重画　天保十～十二年（一八三九～四一）
『簡堂先生筆録』羽倉簡堂　幕末頃
『寛政重修諸家譜』堀田正敦等編　文化九年（一八一二）
『感跖酔裏』桂井酒人　宝暦十二年（一七六二）
『気替而戯作問答』山東京伝　文化十四年（一八一七）
『季刊古川柳』（川柳評万句合索引）川柳雑俳研究会　昭和六十三年～平成五年（一九八八～九三）
『きゝのまにまに』喜多村信節　天明元年～嘉永六年（一七八一～一八五三）
『岐蘇路安見絵図』桑楊（光曜真人）　宝暦六年（一七五六）

『木曽路名所図会』秋里籬島　文化二年（一八〇五）
『旧観帖』三編　感和亭鬼武　文化六年（一八〇九）
『牛山活套』香月牛山　元禄十二年（一六九九）
『嬉遊笑覧』喜多村信節　文政十三年（一八三〇）
『狂歌四季人物』歌川広重　安政二年（一八五五）
『狂歌夜光珠』如棗亭栗洞編　文化十二年（一八一五）
『狂言綺語』式亭三馬・立川焉馬　文化元年（一八〇四）
『享保世説』著者・成立年不詳　享保二～十五年（一七一七～三〇）江戸末期の写本（宮内庁書陵部蔵）
『錦江評万句合集』錦江評　明和三年（一七六六）
『近世商賈尽狂歌合』石塚豊芥子　嘉永五年（一八五二）
『近世飲食雑考』平田萬里遠　個人社　平成十六年（二〇〇四）
『近世後期における主要物価の動態』三井文庫編　東京大学出版会　平成元年（一九八九）
『近世職人尽絵詞』鍬形蕙斎　文化二年（一八〇五）
『九界十年色地獄』山東京伝　寛政三年（一七九一）
『蜘蛛の糸巻』山東京山　弘化三年（一八四六）
『くるわの茶番』楚満人　文化十二年（一八一五）
『契情肝粒志』三篇　鼻山人　文政九年（一八二六）
『慶長見聞集』三浦浄心　慶長十九年（一六一四）
『戯場粋言幕の外』式亭三馬　文化三年（一八〇六）
『月刊食道楽』有楽社　明治三十八年五月～明治四十年八月（一九〇五～〇七）復刻版　五月書房　昭和五十九年（一九八四）
『毛吹草』松江重頼　寛永十五年（一六三八）

『元和年録』元和元～九年（一六一五～二三）内閣文庫所蔵史籍叢刊六五 史籍研究會編 汲古書院 昭和六十一年（一九八六）
『元禄世間咄風聞集』著者不詳 元禄七～十六年（一六九四～一七〇三）岩波文庫 平成六年（一九九四）
『麴街略誌稿』柳渓河内全節 明治三十一年（一八九八）頃
『好色産毛』雲風子林鴻 元禄五～十年（一六九二～九七）
『慊堂日暦』松崎慊堂 文政六年～弘化元年（一八二三～四四）
『皇都午睡』初編（燕石十種本）、三編（我自刊我本）西沢一鳳 嘉永三年（一八五〇）
『江府風俗志』著者不詳 寛政四年（一七九二）
『合類日用料理抄』無名子 元禄二年（一六八九）『江戸時代料理本集成』一
『黒白精味集』江戸川散人・孤松庵養五郎 延享三年（一七四六）『千葉大学教育学部研究紀要』三六・三

七

『古契三娼』山東京伝 天明七年（一七八七）
『古今吉原大全』酔郷散人（沢田東江）明和五年（一七六八）
『古今料理集』著者不詳 寛文十年～延宝二年（一六七〇～七四）頃 『江戸時代料理本集成』二
『滑稽和合人』滝亭鯉丈 文政六年（一八二三）
『小人国𣫍桜』山東京伝 寛政五年（一七九三）
『御府内備考』巻之十七「浅草之五」文政十二年（一八二九）
『是高是人御喰争』桜川杜芳作・北尾政美画 天明七年（一七八七）
『魂胆夢輔譚』一筆庵主人 嘉永元年（一八四八）
『細撰記』錦亭綾道 嘉永六年（一八五三）
『歳盛記』風鈴山人 慶応元年（一八六五）
『坐笑産』稲穂 安永二年（一七七三）

『三世相郎満八算』南杣笑楚満人作・歌川豊国画　寛政九年（一七九七）
『讃嘲記時之太鞁』吹上氏かわずの介安方　寛文七年（一六六七）
『事々録』作者不詳　天保六年〜嘉永二年（一八三五〜四九）
『四十八癖』式亭三馬　文化十四年（一八一七）
『慈性日記』天台僧慈性　慶長十九年〜寛永二十年（一六一四〜四三）
『七十五日』編者不詳　天明七年（一七八七）
『七福神大通伝』伊庭可笑作・北尾政演画　天明二年（一七八二）
「市中取締類集」一（『大日本近世史料』）東京大学史料編纂所編纂　昭和三十四年（一九五九）
『信濃史料』第十四巻　信濃史料刊行会　昭和三十四年（一九五九）
『忍草売対花籠』柳亭種彦作・歌川国貞画　文政四年（一八二一）
『春色梅児誉美』為永春水　天保三〜四年（一八三二〜三三）
『春色恋廼染分解』朧月亭有人　万延元〜慶応元年（一八六〇〜六五）
『春色連理の梅』二世梅暮里谷峨　嘉永四年〜安政五年（一八五一〜五八）
『定勝寺』山本英二等　浄戒山定勝禅寺　平成十七年（二〇〇五）
『正宝事録』町名主某編纂　正保五年〜宝暦五年（一六四八〜一七五五）
『醬油沿革史』金兆子　明治四十二年（一九〇九）
『昭和四年農業調査結果報告』内閣統計局　昭和五年（一九三〇）
『食道楽　春の巻』村井弦斎　明治三十六年（一九〇三）
『続日本紀』藤原継縄・菅原真道等編　延暦十六年（七九七）
『新撰絵本柳樽初編』五代目川柳　刊行年不詳
『新撰遊覚往来』南北朝期　『日本教科書大系往来編』四　講談社　昭和四十五年（一九七〇）
『人倫訓蒙図彙』蒔絵師源三郎　元禄三年（一六九〇）

『振鷺亭噺日記』振鷺亭　文化三年（一八〇六）
『粋興奇人伝』仮名垣魯文・山々亭有人編・歌川芳幾画　文久三年（一八六三）
『還魂紙料』柳亭種彦　文政九年（一八二六）
『鮓・鮨・すし』吉野曻雄　旭屋出版　平成二年（一九九〇）
『すし通』永瀬牙之輔　四六書院　昭和五年（一九三〇）　復刻版　東京書房社　昭和五十九年（一九八四）
『すしの美味しい話』中山幹　中公文庫　平成十年（一九九八）
『すしの事典』日比野光敏　東京堂出版　平成十三年（二〇〇一）
『すし物語』宮尾しげを　井上書房　昭和三十五年（一九六〇）
『酢造りの始まりと中埜酢店』日本福祉大学知多半島総合研究所・博物館「酢の里」中央公論社　平成十年（一九九八）
『晴風翁物売物貰尽』清水晴風　成立年不詳
『善庵随筆』朝川鼎（善庵）　嘉永三年（一八五〇）
『撰要永久録』『東京市史稿産業篇』一三　享保十四年（一七二九）
『川柳江戸名物』西原柳雨　大正十五年（一九二六）
『川柳雑俳集』日本名著全集刊行會編　昭和二年（一九二七）
『川柳食物事典』山本成之助　牧野出版　昭和五八年（一九八三）
『川柳蕎麦切考』佐藤要人監修　太平書屋　昭和五十六年（一九八一）
『川柳大辞典』大曲駒村編　高橋書店　昭和三十年（一九五五）
『川柳風俗志』西原柳雨編　春陽堂　昭和五十二年（一九七七）
『続江戸砂子』菊岡沾涼　享保二十年（一七三五）
『俗事百工起源』宮川政運　慶応元年（一八六五）
『続々美味求真』木下謙次郎　昭和十五年（一九四〇）　復刻版　五月書房　昭和五十一年（一九七六）

『続・値段の明治・大正・昭和風俗史』朝日新聞社　昭和五十六年（一九八一）
『そば・うどん百味百題』柴田書店書籍編集部編　柴田書店　平成三年（一九九一）
『蕎麦史考』新島繁　錦正社　昭和五十年（一九七五）
『蕎麦全書』日新舎友蕎子　寛延四年（一七五一）
『そば通』村瀬忠太郎　四六書院　昭和五年（一九三〇）　復刻版　東京書房社　昭和五十八年（一九八三）
『そばの本』植原路郎・薩摩卯一編著　柴田書店　昭和四十四年（一九六九）
『大千世界楽屋探』式亭三馬　文化十四年（一八一七）
『多佳余宇辞』不埒散人　安永九年（一七八〇）
『唯心鬼打豆』山東京伝　寛政四年（一七九二）
『たねふくべ』三友堂益亭　天保十五～弘化五年（一八四四～四八）
『玉川砂利』大田南畝　文化六年（一八〇九）
『親元日記』蜷川親元　寛正六年～文明十七年（一四六五～八五）
『茶湯献立指南』遠藤元閑　元禄九年（一六九六）
『中山日録』堀杏庵　寛永十三年（一六三六）
『塵塚談』小川顕道　文化十一年（一八一四）
『通詩選諺解』大田南畝　天明七年（一七八七）
『毬唄三人娘』初編　松亭金水　安政年中（一八五四～六〇）
『てんぷらの本』平野正章・小林菊衛　柴田書店　昭和五十五年（一九八〇）
『天婦羅物語』露木米太郎　自治日報社　昭和四十六年（一九七一）
『天保撰要類集』旧幕府引継書　国立国会図書館蔵
『天保佳話』丈我老圃　天保八年（一八三七）
『東雅』新井白石　享保二年（一七一七）

『東京買物独案内』上原東一郎編　明治二十三年（一八九〇）
『東京市史外篇　日本橋』鷹見安二郎　聚海書林　昭和六十三年（一九八八）
『東京百事便』永井良知編　明治二十三年（一八九〇）
『東京風俗志』平出鏗二郎　明治三十四年（一九〇一）
『東京名物志』松本順吉編　明治三十四年（一九〇一）
『東京流行細見記』野崎左文　明治十八年版
『どうけ百人一首』近藤清春画・作　享保（一七一六〜三五）中頃
『東照宮御実紀附録』第二　国史研究会　大正四年（一九一五）
『徳川禁令考』（前集第五）石井良助編　創文社　昭和三十四年（一九五九）
「徳川実紀第五篇」『国史大系』黒板勝美編　吉川弘文館　昭和六年（一九三一）
『土地万両』見笑　安永六年（一七七七）
『友だちばなし』鳥居清経画　明和七年（一七七〇）
『中洲雀』道楽山人無玉　安永六年（一七七七）
『流山の醸造業Ⅱ』（本文編）流山市教育委員会　平成十七年（二〇〇五）
『錦の袋』娯渚堂白応　享保年中　『雑俳集成』四（享保江戸雑俳集）東洋書院　昭和六十二年（一九八七）
『日本近世社会の市場構造』大石慎三郎　岩波書店　昭和五十年（一九七五）
『女房の気転』自在亭主人　博文館　明治二十七年（一八九四）
『鼠の笑』著者不詳　安永九年（一七八〇）
『値段の明治・大正・昭和風俗史』朝日新聞社　昭和五十六年（一九八一）
『根南志具佐』平賀源内　宝暦十三年（一七六三）
『後は昔物語』平沢常富（手柄岡持）享和三年（一八〇三）
『俳諧江戸広小路』不卜編　延宝六年（一六七八）

『誹風柳多留全集』岡田甫校訂　三省堂　昭和五十一〜五十三年（一九七六〜七八）
「幕藩制前期の幕令」藤井譲治（『日本史研究』一七〇）　昭和五十一年（一九七六）
『麻疹噺』著者不詳　享和三年（一八〇三）
『花筐』松亭金水　天保十二年（一八四一）
『囀物語』幸佐作・吉田半兵衛画　延宝八年（一六八〇）
『花の御江戸』市場通笑作・北尾政美画　天明三年（一七八三）
『早道節用守』山東京伝　寛政元年（一七八九）
『春告鳥』為永春水　天保八年（一八三七）
『万金産業袋』三宅也来　享保十七年（一七三二）
『半日閑話』大田南畝　成立年不詳
『日永話御伽古状』森羅亭萬宝作・勝川春英　寛政五年（一七九三）
『美味廻国』本山荻舟　四條書房　昭和六年（一九三一）
『美味求真』木下謙次郎　大正十四年（一九二五）　復刻版　五月書房　昭和五十一年（一九七六）
『白増譜言経』仲夷治郎　寛保四年（一七四四）
『評判龍美野子』泉山坊・梁雀州　宝暦七年（一七五七）
『ひろふ神』山東京伝・本膳亭坪平　寛政六年（一七九四）
『風俗粋好伝』鼻山人作・渓斎英泉画　文政八年（一八二五）
『風俗文選』五老井許六編　宝永三年（一七〇六）
『風俗遊仙窟』寸木主人　寛延四年（一七五一）
「ＦＯＯＤ ＣＵＬＴＵＲＥ」11　キッコーマン国際食文化研究センター　平成十七年（二〇〇五）十二月
『風流たべもの誌』浜田義一郎　人物往来社　昭和四十三年（一九六七）
『深川のうなぎ』宮川曼魚　住吉書店　昭和二十八年（一九五三）

『富貴地座位』悪茶利道人　安永六年（一七七七）
『武江産物志』岩崎常正　文政七年（一八二四）
『武江年表』斎藤月岑　正編（嘉永元年・一八四八）　続編（明治十一年・一八七八）
『藤岡屋日記』須藤由蔵　文化元年〜慶応四年（一八〇四〜六八）
『婦人世界臨時増刊』実業之日本社　明治四十一年五月
『武総両岸図抄』雲井圓梅信　安政五年（一八五八）
『物価書上』天保十三年（一八四二）　旧幕府引継書　国立国会図書館蔵
『武徳編年集成』木村高敦撰　天文二年〜元和二年（一五四二〜一六一六）　名著出版　昭和五十一年（一九七六）
『物類称呼』越谷吾山　安永四年（一七七五）
「文昭院殿御実紀」（「徳川実紀第七篇」）『国史大系』黒板勝美編　吉川弘文館　昭和七年（一九三二）
『反古染』越智久為　宝暦三年〜天明九年（一七五三〜八九）
『邦訳日葡辞書』イエズス会編・土井忠生等編訳　慶長八年（一六〇三）
『北越雪譜』鈴木牧之　天保七〜十三年（一八三六〜四〇）
『ほりさらい』西村重長作・画　享保十八年（一七三三）頃
『本草綱目啓蒙』小野蘭山　享和三〜文化三年（一八〇三〜〇六）
『本朝食鑑』人見必大　元禄十年（一六九七）
『本朝世事談綺』菊岡沾涼　享保十九年（一七三四）
『町会所一件書留』天保十一年（一八四〇）　旧幕府引継書　国立国会図書館蔵
『真佐喜のかつら』青葱堂冬圃　江戸末期頃
『味覚極楽』東京日日新聞社社会部編纂　光文社　昭和二年（一九二七）　復刻版　子母沢寛著　新評社　昭和五十二年（一九七七）

『見た京物語』木室卯雲　天明元年（一七八一）
『明治十年東京府統計表』東京府　明治十一年（一八七八）
『名飯部類』杉野駁華　享和二年（一八〇二）
『闇明月』神田あつ丸　寛政十一年（一七九九）
『昔々物語』財津種莢　享保十七年（一七三二）頃　明和七年の写本（存採叢書所収本）
『夢想大黒銀』伊庭可笑作・北尾政美画　天明元年（一七八一）
『明治世相百話』山本笑月　第一書房　昭和十一年（一九三六）　復刻版　有峰書店　昭和四十六年（一九七一）
『明治東京逸聞史』森銑三　平凡社東洋文庫　昭和四十四年（一九六九）
『明和誌』青山白峯　文政五年（一八二二）頃
『むかし唄今物語』大原和水・双木千竹　安永十年（一七八一）
『盲文画話』猿水洞蘆朝　文政十年（一八二七）
『守貞謾稿』（『近世風俗志』）喜多川守貞　嘉永六年（一八五三）
『山科家礼記』大沢久守・重胤等　応永十年～明応元年（一四〇三～九二）
『大和本草』貝原益軒　宝永六年（一七〇九）
『柳樽二篇』万亭応賀　天保十四年（一八四三）
『遊子方言』田舎老人多田爺　明和七年（一七七〇）
『遊僊窟烟之花』薄倖隠士　享和二年（一八〇二）
『遊歴雑記』大浄敬順　文化十一～文政十二年（一八一四～二九）
『用捨箱』柳亭種彦　天保十二年（一八四一）
『養老令』養老二年（七一八）　井上光貞等編『律令』岩波書店　昭和五十一年（一九七六）
『能時花舛』岸田杜芳　天明三年（一七八三）

『よしの冊子』水野為長　文政十三年（一八三〇）
『芳野山』古喬子　安永二年（一七七三）
『吉原よぶこ鳥』著者不詳　寛文八年（一六六八）
『夜野中狐物』王子風車作・北尾政演画　安永九年（一七八〇）
『略画職人尽』葛飾文々舎編、岳亭定岡・谷文晁・柳川重信画　文政九年（一八二六）
『料理塩梅集』「天の巻」塩見坂梅安　寛文八年（一六六八）『千葉大学教育学部研究紀要』二五
『料理辞典』斎藤覚次郎　明治四十年（一九〇七）
『料理食道記』奥村久正　寛文九年（一六六九）
「料理書に見る江戸のそばとそば汁」松下幸子「そばうどん」（第三八号）柴田書店　平成二十年（二〇〇八）
『料理手引草』下田歌子　明治三十一年（一八九八）
『料理のおけいこ』東京婦人会　明治四十年（一九〇七）
『料理網目調味抄』嘯夕軒宗堅　享保十五年（一七三〇）『江戸時代料理本集成』四
『料理物語』著者未詳　寛永二十年（一六四三）『江戸時代料理本集成』一
『類集撰要』旧幕府引継書　国立国会図書館蔵
『我衣』加藤玄悦（曳尾庵）文政八年（一八二五）
『若葉の梢　下』金子直徳　寛政十年（一七九八）
『わすれのこり』四壁庵茂蔦　天保（一八三〇～四四）末年頃
『童謡妙々車』二三編　二世柳亭種彦作・梅蝶楼国貞画　慶応四年（一八六八）

本書は「ちくま学芸文庫」のために新たに書き下ろしたものである。

ちくま学芸文庫

すし 天《てん》ぷら 蕎麦《そば》 うなぎ

江戸《えど》四大名物食《よんだいめいぶつしょく》の誕生《たんじょう》

二〇一六年三月十日 第一刷発行
二〇二四年九月五日 第七刷発行

著者 飯野亮一（いいの・りょういち）

発行者 増田健史
発行所 株式会社 筑摩書房
東京都台東区蔵前二―五―三 〒一一一―八七五五
電話番号 〇三―五六八七―二六〇一（代表）
装幀者 安野光雅
印刷所 株式会社加藤文明社
製本所 株式会社積信堂

ISBN978-4-480-09727-9 C0177